QUANDO O CORAÇÃO ESCOLHE

Américo Simões
Ditado por Clara

QUANDO O
CORAÇÃO ESCOLHE

Barbara

Este romance é uma releitura do livro "A alma ajuda".

Revisão
Sumico Yamada Okada

Capa e diagramação
Meco Simões

Foto capa: C. Devan/Corbis(DC)/Latinstock

Foto escolhida por Maria Toledo Garrido

Dados Internacionais de Catalogação na Publicação (CIP)
(Câmara Brasileira do Livro, SP, Brasil)
Garrido Filho, Américo Simões
Quando o coração escolhe / Américo Simões. - São Paulo:
Barbara Editora, 2010.

1. Espiritismo 2. Romance espírita I.Título.

05-0616

CDD-133.9

Índices para catálogo sistemático:
1. Romances espíritas: Espiritismo   133.9

BARBARA EDITORA
Av. Dr. Altino Arantes, 742 — 93 B
Vila Clementino — São Paulo — SP — CEP 04042-003
Tel.: (11) 5594 5385
E-mail: barbara_ed@estadao.com.br
www.barbara_ed@estadao.com.br

É proibida a reprodução de parte ou da totalidade
dos textos sem autorização prévia do editor.

Não é porque você não vê que não está lá,
no infinito, a vida eterna...

Para as trigêmeas
Lourdes, Ana Maria e Maria Antonieta.

Capítulo 1

I

O jovem Romani Guiarone nasceu em Florença na Itália. Assim que se casou mudou-se para o Brasil, pois acreditava piamente que esse seria o país ideal para prosperar. Com a herança que recebera dos pais, comprou uma fazenda de terra roxa, excelente para o plantio de grãos nas proximidades de um pequeno município chamado Girassóis.

A cidade recebera esse nome, logicamente, pelos inúmeros campos de girassóis existentes na redondeza. Girassóis de uma beleza extraordinária.

Quando os Guiarone chegaram à cidade, ela não tinha mais que 5000 mil habitantes e muitos deles moravam nas fazendas vizinhas. Apesar de ganhar novos habitantes a cada ano, aumentando sua população, Girassóis demorou muito para constar no mapa e, quando isso aconteceu, não passava de um pontinho quase invisível.

Romani Guiarone construiu numa pequena elevação no meio de sua propriedade, a morada de seus sonhos. Uma casa ampla, porém, de arquitetura simples. De um lado ficavam quatro quartos e do outro, tomando a mesma extensão dos quartos, havia uma vasta cozinha e uma ampla sala. Ao redor da casa, exceto nos fundos, havia uma varanda coberta.

Alcântara, esposa de Romani, que até então parecia ser frágil e sem ação, revelou-se, após mudar-se para a fazenda, uma mulher de fibra, eficaz, pronta para ser o braço esquerdo e o direito do marido. Assessorava-o em tudo na fazenda. Desde fazer açúcar a dar ordens aos empregados. Em menos de um ano, sua pele clara ficara bronzeada e o corpo tornara-se forte e vigoroso.

Os Guiarone aguardaram até que estivessem totalmente bem instalados na fazenda para gerar um filho. Romani achou, desde o início, que esta seria a atitude mais sensata a se tomar. Alcântara concordou com o marido, plenamente. Seria de fato muito complicado ter um filho durante o processo de mudança. Romani aprendera com seu pai que toda e qualquer atitude deveria ser muito bem estudada antes de ser posta em prática; aprendera que o homem recebera um cérebro para ser usado com inteligência e não para servir como enfeite.

No momento certo, Alcântara engravidou e exatamente nove meses depois nasceu o primeiro filho do casal, Felipo Guiarone. Um filho admirável que desde a infância, foi um trabalhador incansável. Nem bem o pai terminava de pedir, ele já estava fazendo. Tornou-se um jovem de grande energia. Andava de cabeça erguida, peito estufado, imponente.

Felipo teve apenas um irmão, Tiziano, que nasceu cerca de um ano depois dele. Quando criança, Tiziano passou meses acordando a certa hora da madrugada chorando copiosamente, alto e incomodamente. A pedido do marido, para que este pudesse dormir, a esposa transferiu o menino para o quarto dos fundos da casa.

Tinha-se a impressão de que o pai se apegara mais a Felipo por ser o primogênito, mas não, apegara-se a ele por considerar Tiziano fraco das ideias. Achava o menino fisicamente preguiçoso e supunha que também fosse mentalmente. Para ele, Tiziano havia puxado a um tio de Romani que fora considerado a *ovelha negra* da família Guiarone, um tipo de Midas ao contrário, aonde punha a mão fazia desmoronar os negócios, atrair geadas, era, enfim, o que se podia chamar de um verdadeiro *pé frio*.

Dizem que mãe se dedica aos filhos por igual. Se isso é verdade, Alcântara foi uma exceção, voltava toda a sua atenção e carinho para Felipo, talvez por querer imitar a atitude do marido em relação ao filho, por crer, indiscutivelmente, que ele, o marido, agia sempre certo.

Pelo desprezo que recebera dos pais, Tiziano não se sentiu intimidado nem afetado no coração quando se viu diante da possibilidade de se afastar deles. No colegial apaixonou-se por uma irlandesa, quatro anos mais velha do que ele, de lindos cabelos louros, olhos de cor violeta; uma verdadeira beldade que viera ao Brasil para aprender português, casou-se com ela num repente e mudou-se para a Europa de onde se limitou a enviar somente um cartão de Natal no final de ano para os pais.

O rapaz acabou sendo encarado por Romani e Alcântara como um filho frio e Romani deu-se por satisfeito por tê-lo tratado como o tratou a vida toda, como que prevendo que ele não seria aproveitável para nada. Chegou a acreditar que o filho acabaria sendo sustentado pela esposa e quando soube que eles não podiam ter filhos, acreditou que Tiziano era estéril, o que provava a sua inutilidade.

Romani e Alcântara limitavam-se a lembrar do filho mais novo somente quando recebiam o tal cartão de Natal, no mais, era como se ele nunca tivesse existido.

Felipo estava com dezenove anos quando Romani morreu repentinamente devido a uma picada de cascavel.

Felipo sentiu pesar pelo acontecido, considerou um ato injusto por parte de Deus. Queria que o pai o tivesse visto casado, conhecido os filhos que pretendia ter, convivido com eles, senão convivido, pelo menos presenciado o nascimento deles.

Apesar de Romani ter morrido repentinamente, os anos que passou ao lado do filho foram suficientes para que ele lhe ensinasse tudo que acreditava ser importante para a sua prosperidade na vida.

Para Alcântara o marido havia morrido satisfeito por ter conseguido transmitir ao filho tudo aquilo que vinha sendo passado de geração para geração na família Guiarone.

Visto que ele agora era o homem da casa, e que uma esposa faria companhia a sua mãe, Felipo Guiarone decidiu se casar.

Para isso tratou logo de encontrar uma mulher para realizar o seu propósito, o que não demorou muito. Encontrou uma descendente de portugueses, impetuosa, com sonhos semelhantes aos seus com quem se casou com apenas dois meses de cortejo.

Seu nome era Marina Lisboa. Seu pai não lhe permitiu estudar mais que a quarta série; era da opinião que mulher não precisava dos estudos além dos elementares, lugar de mulher era dentro da casa cuidando e atendendo as necessidades dos filhos e, principalmente, as do marido.

Marina nunca, sequer considerou a hipótese de que a visão do pai fosse limitada. Acreditava piamente que ele estava certo e ela tornar-se-ia, por vontade própria, excelente naquilo que o pai acreditava ser o dever de uma mulher. Se empenharia ao máximo para tornar-se uma excelente esposa, mãe e ser humano.

Felipo e Marina tinham pontos de vista muito similares sobre quase tudo na vida. Mesmo quando ela discordava de algo que Felipo dizia ou fazia, ela logo tratava de analisar sua reação e seu parecer e acabava chegando à conclusão de que ele estava certo por pensar e agir daquela forma.

Marina tornou-se tal como a sogra, uma esposa totalmente dedicada ao marido. Mantinha a casa impecavelmente arrumada e limpa e estava sempre com um sorriso sereno nos lábios, levemente protuberantes, para receber Felipo quando ele voltava para a casa do trabalho. Era ela própria quem chegava a pendurar o chapéu do esposo e tirava-lhe as botinas.

Marina engravidou logo nos primeiros meses de casada e deu à luz a uma bela menina que recebeu o nome de Nazaré.

Felipo ficou feliz pelo nascimento da filha, mas não plenamente. Esperava um menino; um varão que desse sequência ao nome da família e seguisse os seus passos. Sim, ele queria um filho que se tornasse como ele, um grande homem, de presença, posição social e influência política.

Desde então, Felipo ficou aguardando a esposa engravidar novamente e que fosse dessa vez de um menino. No entanto, por mais que Marina tentasse engravidar, ela não conseguia. Os meses de espera foram se tornando anos sem a vinda de uma criança.

Neste período Felipo, Marina e Alcântara rogavam aos céus para que fossem abençoados com a vinda de um bebê e que ele fosse indubitavelmente um menino.

Felipo chegou a construir uma capela na fazenda na intenção de que a mulher engravidasse de um varão.

Marina, por sua vez, deixou de comer seu prato favorito durante um ano, na intenção de que Deus a ajudasse a engravidar. Sim, ela precisava engravidar; seria uma grande decepção não poder realizar o desejo do marido – dar-lhe um filho homem.

Diante da dificuldade, Marina começou a sentir ódio de si mesma por não poder realizar o desejo do homem amado. Sentia ódio de si mesma também pelo ódio com que Felipo passou a olhar para ela nos últimos tempos. Um olhar ressabiado, de desprezo. Se Deus não lhe concedesse a graça de engravidar novamente e de um menino, chegou a pensar, ela preferiria morrer a ter que viver ao lado de um homem que ela sabia que não lhe perdoaria por não ter-lhe dado um filho homem. Seria melhor deixá-lo viúvo para poder se casar com outra que pudesse realizar seu intento. Sim, aquele seria o melhor desfecho para aquela triste história, concluiu.

Certo dia, Felipo, teve o que chamamos hoje de "insight"*. Percebeu que desde que um certo empregado havia começado a trabalhar na fazenda, a esposa não conseguiu mais engravidar. Felipo aprendera cedo com o pai e o pai aprendera com seus antepassados, que certas pessoas eram mais suscetíveis ao demônio, ou seja, não tinham o poder de impedir que ele se apoderasse de seus corpos. O empregado em questão poderia ser um desses, concluiu, e o era com certeza, por isso que o diabo estava ali, proliferando o mal.

O que seu pai faria nesse caso?, perguntou-se Felipo, consultando a memória. Despediria o homem, para exorcizar o diabo de suas terras o mais rápido possível, concluiu, chegando a ouvir a sugestão na cabeça como se fosse o próprio pai quem a tivesse dito.

No mesmo momento, Felipo despediu o homem e exigiu que ele partisse de suas terras com sua família o mais rápido possível.

O homem e sua família ficaram atônitos. O empregado tentou falar com Felipo, implorar-lhe nem que fosse de joelhos para que ele não o demitisse, mas o patrão se fechou no casarão e de lá não saiu até que teve a plena certeza de que o empregado já havia deixado suas terras com a família.

Os demais empregados sentiram imensa pena do amigo despedido, uns chegaram até pensar em pedir ao patrão que voltasse atrás, mas foram desaconselhados pelos colegas, lembrando o quão severo e impiedoso era Felipo Guiarone.

---

*Clareza súbita na mente, iluminação, estalo, luz. (Nota do autor).

Uma semana depois, apareceu na fazenda um homem em busca da vaga do emprego. Ao ver que era um negro, Felipo nem sequer o atendeu. Mandou um dos empregados dizer ao homem que a vaga já havia sido preenchida e que se livrasse dele o mais rápido possível.

Felipo aprendera com o pai a jamais empregar negros. Nunca soubera exatamente o porquê, mas nem era necessário, tudo o que o pai dizia para ele, era o certo.

Para espanto de todos os moradores da fazenda, Marina Guiarone engravidou em menos de duas semanas após a demissão do tal empregado. O acontecimento deu a Felipo a certeza mais uma vez de que tudo que o pai lhe ensinara estava absolutamente certo.

Para celebrar a gravidez, Felipo pediu ao padre da pequena paróquia de Girassóis que rezasse uma missa na capela que ele havia construído na fazenda. Não era propriamente um pedido e sim, uma ordem. O padre acatou a ordem no mesmo instante, afinal, o que Felipo Guiarone determinava era lei para todos ali.

Felipo estava tão radiante com a gravidez da esposa que, em nenhum momento cogitou a possibilidade de que a esposa estivesse gerando, em seu ventre, uma menina e não um menino, como ele tanto queria.

Ao contrário da maioria das mulheres, Marina estava mais temerosa quanto ao parto do segundo filho do que com o do primeiro, porque temia que o pior acontecesse, que a criança que gerava em seu ventre fosse menina e não menino. Ela bem sabia que Felipo não lhe perdoaria dessa vez se ela desse à luz a uma segunda menina.

Para garantir o nascimento de um varão, Marina prometeu a Deus que se o bebê fosse menino, ela o batizaria com o nome de Gabriel, em homenagem ao anjo, de quem era muito devota.

Para reforçar seu pedido, ela fazia longas preces, de manhã, de tarde e à noite ao lado da sogra. Alcântara também queria muito a vinda de um neto.

De repente, tornou-se mais importante para as duas mulheres, que a criança fosse do sexo masculino do que nascesse gozando de saúde perfeita, algo raro de acontecer com uma futura mamãe.

II

Foi num dia de sol esplendoroso, por volta das quatro horas da tarde que a bolsa de Marina estourou. Alcântara, no mesmo instante pediu a empregada que fosse avisar o patrão a respeito do grande acontecimento.

Ao chegar à varanda do casarão, a moça chamou pelo patrão a toda voz:

– Senhor Felipo!

Percebendo que ele não a ouvira a empregada desceu as escadas e correu pelo terreirão, em frente a casa, esgoelando-se:

– Senhor Felipo!

– O que foi, mulher? – perguntou Felipo, com certa irritação, saindo do curral.

– A bolsa... estourou – respondeu a criada, esbaforida.

– Quando?! Por que não me chamou antes? – ralhou Felipo correndo em direção ao local onde deixava a charrete.

– Eu o chamei, sim, senhor! – respondeu a moça com voz cansada pelo esforço da corrida e tensão pelo medo que tinha do patrão.

– Eugênio! – berrou Felipo. – Eu vou buscar a parteira.

Felipo montou na charrete, agradecendo a Deus pelo cavalo já estar preso a ela e partiu, exigindo o máximo do cavalo. Torcia para que o parto fosse da alçada da parteira, caso contrário, teria de ir à cidade buscar o médico.

Por sorte, a parteira, dona Luzia, morava num sítio próximo da fazenda, por isso não levou muito tempo para que Felipo voltasse à fazenda trazendo consigo dona Luzia.

Os dois entraram na casa a passos largos e encontraram Marina estirada na cama de casal, gemendo devido as fortes contrações. Dona Luzia a examinou e logo deu início ao processo de parto normal.

Marina gemia tão alto que seus berros chegavam a doer nos ouvidos de todos que estavam ao seu lado.

Dona Luzia lhe dizia:

– Respire fundo e faça força, meu bem. Respire fundo, vamos lá!

Felipo suava frio também, acometido de profunda tensão e ansiedade; andava de um lado para o outro, enxugando a testa, volta e meia, com um lenço que logo ficou encharcado de suor.

– Acalme-se, filho, tudo vai terminar bem – disse Alcântara, na tentativa de acalmá-lo.

Ele fez um gesto impaciente com as mãos, pedindo para a mãe que se calasse.

Nisso a empregada chegou trazendo sobre uma bandeja três xícaras com chá de erva cidreira.

– É bom o senhor tomar um pouco, acalma os nervos – disse ela, gentilmente.

Felipo deu-lhe um safanão tão forte que a moça perdeu o equilíbrio e deixou a bandeja ir com tudo ao chão. A louça se espatifou no mesmo instante.

– Limpe isso imediatamente – bramiu Felipo, vermelho de cólera.

A moça, chorando calada, agachou-se e começou a catar as xícaras transformadas em cacos pela queda.

Felipo Guiarone tinha o péssimo hábito de descontar suas tensões e irritações nos outros. Principalmente nos empregados, que eram obrigados a aguentar calados seus *esporros* por medo de serem despedidos.

Todos os presentes naquele aposento estavam tão tensos, que ninguém se deu conta de que havia mais alguém ali: a pequena Nazaré, nessa época com seis anos de idade, assistindo a tudo, calada, com olhos assustados, encostadinha num cantinho do aposento.

Nisso ouviu-se o choro agudo de uma criança. Felipo perguntou, imediatamente:

– E então, dona Luzia, o que é?

– É um menino.

– Deus seja louvado! – agradeceu Felipo, esfregando as mãos e ajoelhando-se.

Marina sentiu-se realizada ao ver a expressão de alegria no rosto do marido. Ali estava, finalmente e felizmente, o filho homem que ele tanto sonhou ter. O filho que ela chegou a pensar que jamais teria.

Antes ela o tivesse tido em primeiro lugar, assim teria poupado a todos aquela agonizante espera.

III

Decidida a cumprir o prometido a Deus, Marina disse a Felipo:

– Se não se importar, meu marido, eu gostaria muito de batizar o nosso menino com o nome de Gabriel em homenagem ao anjo.

Felipo estava tão imerso em seus pensamentos, admirando o filho que nem ouviu a esposa.

– Felipo... eu... – arriscou ela, novamente.

– O que disse? – perguntou ele no seu tom seco de sempre.

– O nome do menino... eu gostaria de chamá-lo de Gabriel.

– Gabriel?! Isso não é nome de homem, Marina. Meu filho terá o nome do meu pai. Chamará Romani Guiarone Neto.

– Mas eu fiz uma intenção – observou a esposa.

Entretanto, diante do olhar do marido, ela calou-se, sabia que seria inútil insistir. O que Felipo determinava era lei.

Restou à mulher pedir perdão a Deus por não cumprir o prometido. Ele haveria de compreendê-la e perdoar-lhe o lapso.

Desde a chegada de Romani Guiarone Neto, dona Luzia visitava Marina constantemente para ver como o menino se desenvolvia. Visto que o pequenino parecia desnutrido, ela aconselhou aos pais da criança que o alimentassem com leite de cabra, por ser um leite forte.

Felipo no mesmo instante foi comprar algumas cabras para poder tirar o leite em sua própria fazenda e alimentar o filho com fartura.

Neste ínterim, a mulher de um dos empregados de Felipo havia também dado à luz a uma criança que apresentava o mesmo estado de inanição. Por sugestão de dona Luzia, o empregado foi pedir ao patrão permissão para tirar um pouco de leite de cabra para alimentar seu filho.

Felipo respondeu para o homem que de suas cabras ele não teria uma única gota sequer, pois temia que faltasse para o filho. Ele que pedisse a dona Luzia, já que fora ela quem lhe fizera tal sugestão, que lhe providenciasse o leite, caso contrário ficaria sem.

Felipo aprendera com o pai que nunca se deve favorecer muito os empregados, senão eles abusam dos patrões.

Crente de que o patrão não daria pela falta de um bocadinho do leite produzido por suas cabras, o empregado arriscou ordenhar uma delas, em surdina. Infelizmente, para sua má sorte, uma das cabras escapou do cercado enquanto ele ordenhava a bichinha, obrigando o pobre coitado a interromper o que fazia e correr atrás da danada.

Ele voltava para o cercado com a fugitiva nos braços quando encontrou Felipo pelo caminho, que o acompanhou até o local e chegando lá descobriu o que o pobre homem estava fazendo.

O empregado tentou dar uma desculpa, mas Felipo o largou falando sozinho. Apenas o informou que estava despedido.

A família despedida foi pedir abrigo à dona Luzia até que encontrassem um lugar para morar, a mulher acolheu a todos calorosamente em seu sítio e, no dia seguinte, assim que pôde, foi ter uma palavra com Felipo a respeito da sua mesquinhez.

Felipo foi curto e grosso com a senhora. Disse-lhe com todas as letras que ela não passava de uma mulher ignorante e que saísse de suas terras o quanto antes.

Dona Luzia esperava que Marina dissesse alguma coisa a seu favor, mas ela não se manifestou. Restou apenas à mulher dar as costas para o casal e partir.

Dona Luzia não era de guardar rancor, apesar de achar o ato de Felipo desumano, continuou cumprimentando-o e a esposa toda vez que os encontrava em Girassóis, especialmente durante a missa. Felipo e Marina, no entanto, ignoravam sua pessoa, tratando-a como se fosse um mero mosquito passando por entre eles.

IV

Enquanto o filho crescia, Felipo se dedicava de corpo e alma as suas terras. Acordava religiosamente às cinco horas da manhã e, na maioria dos dias, bem antes de o galo cantar. Ele, então, esquadrinhava a escuridão por uns segundos, respirava fundo, empurrava o cobertor para o lado e se levantava; dava então um bocejo longo, espreguiçava, coçava a cabeça atrás da orelha e começava a se vestir.

A esposa acordava por ouvi-lo. Então, levantava-se, vestia seu camisolão que descia até os tornozelos e seguia rapidamente para a cozinha para acender o forno a lenha. Às vezes, a própria madeira usada na noite anterior ainda conservava a brasa, assim sendo, bastava assoprar um pouco que logo a madeira voltava a inflamar.

Marina, então, enchia a chaleira de água e a punha no fogo para o marido e, depois ela, lavarem o rosto.

Enquanto o leite, a água para fazer o café e o pão eram aquecidos pelo fogo, Marina cortava algumas fatias generosas de queijo, feito por ela mesma, para ser comido com doce de compota, geralmente de laranja, mamão, sidra ou abóbora também feitos por ela própria.

Depois de forrar o estômago com um farto café da manhã, Felipo administrava suas terras, seu orgulho, com mãos de ferro. Aprendera com o pai que não existe ditado mais certo do que aquele que diz: "um porco se engorda sob os olhos do dono." Ou seja, quanto mais um homem se dedica a sua fazenda, a comanda com garra e determinação, melhor será sua prosperidade.

Por isso Felipo era totalmente devotado as suas terras, a organizara tal qual uma base militar e quando se via adoentado, dizia:

— Temos de ser fortes, jamais nos curvar totalmente a uma doença, seja ela qual for. Pois as necessidades de uma fazenda não esperam que um homem restabeleça a sua saúde.

Essa era mais uma lição preciosa que ele havia aprendido com seu pai que aprendera com o pai dele e assim sucessivamente. Lições que atravessavam gerações de sua família.

Nesses dias, então, Felipo tomava um café forte e ingeria doses generosas de mel diversas vezes ao dia para se manter inteiro no trabalho, garantindo assim, a prosperidade de suas terras.

"Um homem que não aprende com a experiência dos mais velhos é um mentecapto". Afirmava ele constantemente para a esposa, filhos e empregados, referindo-se, logicamente, aos conselhos que recebera do pai.

Sua dedicação ao trabalho estava garantindo, cada vez mais, bons frutos. Aquelas terras nunca estiveram tão bem cuidadas e bonitas como agora sob a administração de Felipo Guiarone. As plantações cresciam exuberantes, fartas, davam gosto de se ver.

Tal como o marido mantinha a fazenda, Marina cuidava da casa e dos afazeres domésticos também de modo impecável. Estava sempre assando pão, costurando, incutindo nos filhos boas maneiras e uma moral sólida.

Felipo aprendera também com o pai a ser exigente e severo com os empregados. Exigia que eles lhe prestassem um relatório sucinto diariamente sobre o trabalho que haviam feito na fazenda. Caso achasse que o trabalho não havia sido bem feito, explodia com o funcionário, levando a auto-estima deste a zero. Não aceitava desculpas e caso cismasse que esse funcionário estava sendo displicente com o trabalho ou tomasse alguma de suas palavras como um desaforo, respondia à altura e com uma demissão.

Devido à falta de empregos na região, Felipo explorava o povo. Sabendo que, para os pobres, era melhor ganhar uns trocados do que não ganhar nada, ele os empregava pelos salários absurdamente mais baixos que podia existir na época, naquele tipo de função. Como não havia leis ou fiscalização para esse tipo de atitude naqueles tempos, Felipo fazia o que bem entendia, sem problema algum com a justiça.

Devido à miséria, Felipo se via obrigado a manter funcionários vigiando suas plantações, especialmente a de milho, pois os pobres costumavam roubar os milhos quando já se encontravam prestes a serem colhidos. A falta de comida naquelas redondezas era tamanha que roubavam o milho para se alimentarem, não para vendê-lo.

Se o Brasil, nos dias de hoje, enfrenta problemas de fome e desemprego, naquela época os problemas eram ainda maiores, pela escassez de fonte de trabalho e pela ganância e exploração dos poderosos.

Felipo Guiarone aprendera também com seu pai a se precaver contra geadas, secas e pragas. Sabia o quanto elas eram nocivas para as plantações, podendo deixar os fazendeiros por meses, até mesmo por anos, sem receber um tostão.

Por isso também ele economizava o máximo de dinheiro, para que, caso houvesse um imprevisto desse tipo, ele pudesse continuar sustentando sua família e seus empregados nesse período.

No entanto, com o passar do tempo, Felipo deixou de encarar as geadas, secas e pragas como um mal, percebeu que elas lhe permitiam comprar fazendas daqueles que não pouparam dinheiro para estes períodos difíceis, levando-os a tomar dinheiro emprestado dele, e, mais tarde, sem ter como pagá-lo, viam-se obrigados a entregar suas terras para poderem saldar esses empréstimos.

Foi assim, que Felipo Guiarone conseguiu triplicar o tamanho da fazenda que seu pai deixara de herança para ele, o que lhe dava grande satisfação.

V

Haviam se passado dez anos desde o nascimento de Romani Guiarone Neto. Nessa data, Felipo comemorava também dez anos de sucesso. A fazenda nunca fora tão próspera como nos últimos dez anos. Fato que o envaidecia muito.

O único desagrado nesses dez anos foi a morte da mãe. Alcântara faleceu de uma hora para outra. Num dia esbanjava saúde e vigor, no outro caiu de cama e nunca mais se levantou.

Nesse periodo, Romani Guiarone Neto cresceu belo e viçoso como o pai tanto desejara. Estava cada vez mais parecido com o pai, tanto no fisico como no seu modo de ser. Acatava tudo o que Felipo lhe dizia e pedia, e quando não correspondia às expectativas do pai, Felipo o fazia se sentir a pior pessoa do mundo.

Certa tarde, ao chegar da escola que passou a frequentar desde os sete anos de idade, em Girassois, o menino desceu da carroça, guiada por um empregado, que o levava e buscava todos os dias na escola, louco para falar com o pai. Correu veloz, em direção ao casarão da familia, chamando por Felipo.

Marina veio ao seu encontro.

– *Cadê* o papai, mamãe? – perguntou o menino, resfolegante.

A resposta da mãe foi imediata:

– Seu pai saiu para pescar, Romani.

Um ar de desapontamento tomou o rosto do garoto. Ao ver a irmã, aproximou-se dela e disse.

– Nazaré, olha o desenho que eu fiz.

Nazaré sorriu para ele e pegou a folha de sua mão.

– É lindo... – exclamou, com verdadeira admiração e, em seguida, deu um beijo no rostinho do irmão.

Nazaré aos dezesseis anos de idade, havia se tornado uma bela jovem, considerada uma das mais belas de Girassóis. Vestia-se de modo discreto, como o pai exigia que ela o fizesse. Nada de vestidos modernos, nada de vulgaridades como ele definia os modelos que surgiam naquela época. Felipo queria e teria uma filha de respeito, custasse o que custasse, afirmava. Nazaré, como todos, acatava as ordens do pai sem contestá-las.

Nisso, ouviu-se novamente o estrondo de um trovão.

– Vai cair uma tempestade – comentou Marina, com certa preocupação.

– Poxa, que chato, a estrada vai ficar toda enlameada e amanhã tenho prova – observou Nazaré, com pesar.

A mãe olhou para a filha com curiosidade. Notou mais uma vez que seu semblante refletia uma felicidade que outrora não estava ali. Há tempos que vinha notando o estado alterado da filha. Para ela, Nazaré estava encantada por algum colega de classe. Que fosse um do agrado de Felipo, rogou aos céus.

– Precisamos preparar seu vestido de noiva para a quadrilha, filha.

– A senhora sabe que já faz muito tempo eu queria ser a noiva da quadrilha, nunca conseguia.

– Finalmente chegou a sua vez, Nazaré. Quem será o seu par?

– Tarsis, o filho do seu Viriato.

A mãe percebeu o prazer com que a filha pronunciou o nome do rapaz. Ele era, com certeza, a razão da esplendorosa felicidade que reluzia em seu rosto.

Mal Marina entrou na casa acompanhada dos filhos, nuvens e mais nuvens carregadas de chuva escureceram ainda mais o céu. Parecia que iria cair um novo dilúvio.

VI

No rio que atravessava as vastas terras da família Guiarone, encontrava-se Felipo, tranquilo, pescando dentro de uma canoa. Segundo sua experiência com as condições do tempo, a tempestade iria desabar por sobre terras muito longe dali. Por isso não havia razão para interromper sua pescaria e procurar abrigo. Porém, naquele dia, Felipo se enganara quanto a sua previsão. Em questão de minutos a tempestade desabou e com uma força estrondosa. O zunido do vento parecia um grito de dor agudo e profundo, assustador para os ouvidos.

O vento fazia a água do rio ondular e a canoa balançar a ponto de provocar náusea. Sem perder a calma, Felipo tentou remar para margem, mas o vento era tão forte que, por mais que ele remasse, a canoa se mantinha no mesmo lugar. Impondo mais força aos remos, ele acabou deslocando seu ombro. Visto que a dor provocada pelo deslocamento era insuportável, ele não pôde mais remar.

As águas do rio balançavam agora tão fortemente que a canoa de repente virou e Felipo caiu no rio.

Com esforço sobrenatural, o homem se agarrou ao casco do bote. Seu rosto agora era uma máscara pétrea e rígida devido ao grande esforço que fazia para se manter ali.

Como a chuva lhe tapava a visão, Felipo não podia ver a margem do rio, tampouco sabia precisar a que distância se encontrava dela.

Cogitou a possibilidade de haver alguém por ali. Se houvesse, poderia ouvir seu pedido de socorro e ajudá-lo. Por isso começou a gritar por ajuda com toda a força de que dispunha na garganta.

Era um apelo inútil, concluiu ele, minutos depois. Quem estaria por aquelas bandas, ainda mais numa hora daquelas? Foi tomado de um súbito desânimo que por pouco não o fez soltar-se do casco da canoa e afundar.

Seu coração agora batia em disparada e as ondas provocadas pelo vento forte encharcavam seu rosto e sua boca, fazendo-o, muitas vezes, engolir água e se engasgar.

A imagem de seu pai despontou em sua mente com a força e a luminosidade de um raio. Ele implorou a ele, estivesse onde estivesse, que o ajudasse naquele momento tão difícil. Em seguida pediu a Deus também por ajuda.

Percebeu, então, para a sua surpresa, que o vento o havia arrastado para mais próximo da margem do rio. A descoberta deixou-o menos tenso.

Teve, então, a impressão de ver alguém à margem do rio; deveria estar delirando, certamente, afinal, quem haveria de estar ali, àquela hora? O que vira deveria ser provavelmente um arbusto se mexendo com a força da tempestade.

O ventou cegou-o novamente. O desespero tomou conta de vez da sua pessoa. Ele sabia que não poderia aguentar por muito tempo, a dor no ombro era horrível, em pouco tempo não haveria mais como se segurar ao casco da canoa.

Ele estava prestes a se soltar do casco quando a mão de um homem segurou-o pelo pulso direito, fortemente. Num movimento rápido, esse homem segurou Felipo por trás e com toda sua força arrastou o homem, a nado, até a margem do rio.

O salvamento foi tão rápido que Felipo nem viu o que aconteceu com detalhes. Engolira tanta água que no minuto seguinte vomitava água. Somente quando se sentiu melhor é que ele prestou atenção àquele que o havia tirado de dentro do rio.

O homem que acabara de salvar a sua vida era um homem maduro, de estatura baixa, com bigodes a militar e com uma larga testa aonde se encontrava um ferimento sangrando. A água da chuva ainda escorria por seu rosto e trazia um pouco de sangue com ela.

– Quem... quem é você? – perguntou Felipo, confuso.

O homem respondeu à pergunta imediatamente:

– Meu nome é Juarez, meu senhor. E o senhor, quem é?

– Meu nome é...

A resposta de Felipo Guiarone foi cortada por um desmaio repentino.

Juarez ficou ali sem saber o que fazer, tentou reanimar Felipo, mas não conseguiu. Entregou-se, então, ao desespero. O que fazer? Uma vida estava em jogo. Juarez lembrou-se, então, do resto de aguardente que deixara na sua garrafinha. Sempre levava um pouco para beber enquanto pescava. Pôs o gargalo da garrafa na boca de Felipo na tentativa de reanimá-lo. Conseguiu. Felipo recobrou a consciência.

Por não ser um homem dado a extremos emocionais, o rosto de Felipo permaneceu impassível, apenas os olhos negros se arregalaram um pouco quando ele voltou a si.

– Você... – murmurou –, você salvou a minha vida... seu nome é...

– Juarez, senhor e o seu nome, meu senhor, qual é?

– Felipo... Felipo Guiarone.

Juarez aquiesceu e em seguida ajudou Felipo a ficar em pé. Felipo levantou-se com dificuldade e foi invadido por uma inexorável vertigem assim que se apoiou novamente sobre as suas duas pernas. O mal-estar, no entanto, foi passageiro.

– Se o senhor quiser – ofereceu-se Juarez –, posso ajudá-lo a voltar para a sua casa.

– Não é preciso, eu já estou melhor, posso ir por mim mesmo...

Felipo, então, estendeu a mão para Juarez, apertou a mão do homem fortemente e disse:

– Serei eternamente grato pelo que fez por mim.

– Que é isso, meu senhor? O senhor teria feito o mesmo por mim se eu estivesse nas suas condições.

Felipo olhou de esguelha por alguns segundos para o pobre homem. Por fim, disse:

– Nunca o vi pela redondeza, é novo por aqui?

– Sim, mudei-me há pouco tempo para Girassóis com a minha esposa e a minha filha. Vim à procura de emprego na região.

– Tem experiência em que?

– Em diversas coisas, meu senhor. Depois de trabalhar como vaqueiro para um grande fazendeiro por dez anos, fui caseiro numa fazenda por mais dez, mas devido à geada do ano passado, tiveram que me demitir por não terem condições financeiras de me manter por lá.

– Quero que me acompanhe.

– Pois não, meu senhor. – concordou Juarez, solenemente. – O senhor mora por aqui, nas redondezas? Trabalha em alguma fazenda?

Felipo gargalhou diante da pergunta.

– Sim, trabalho numa fazenda – respondeu em meio a um sorriso sarcástico.

– Qual?

– Na minha. Isso tudo aqui é meu, dali até lá – indicou Felipo com o dedo a direção do começo e do fim da propriedade, que a olho nu era impossível de ser ver com exatidão.

– Bem que o nome do senhor não me é estranho, o senhor é um dos candidatos a prefeito da cidade, não é mesmo?

– Sou eu mesmo.

Havia agora um tom de insípido orgulho na voz de Felipo Guiarone.

Parte do caminho Juarez contou sobre a região de Minas Gerais de onde viera. Felipo ouviu tudo demonstrando interesse.

VII

Marina, visivelmente preocupada, aguardava pela volta do marido na varanda do casarão quando ele chegou ali acompanhado de Juarez. Nessa hora a chuva já havia amenizado.

– Santo Deus, meu marido! Por onde você andou? O que aconteceu? – quis saber ela, aflita, com os olhos lacrimejando.

Felipo lhe explicou o acontecido.

– Com a graça de Deus está salvo! – atestou a esposa, unindo as mãos em louvor.

Ao ver que Juarez vestia roupas, além de úmidas, amarfanhadas e imundas. Felipo disse:

– Peça a Janaína que arranje alguma roupa do Eugênio para esse homem vestir e que o leve para tomar um banho na sua casa.

– Não é preciso – agradeceu Juarez, humildemente.

– É preciso, sim. Depois conversaremos – replicou Felipo, seriamente.

Assim que ouviu a voz do pai, Romani veio correndo ao seu encontro.

– Papai, o que houve? – perguntou, choroso.

– Estou bem filho, não precisa chorar.

– Pensei que nunca mais voltaria, tive medo. Medo de que a tempestade o matasse.

– Estou aqui, filho, e isso é o que importa.

– Quem era aquele homem?

– Juarez. Ele salvou a minha vida.

– É mesmo?

– Sim, a canoa virou e por pouco não morri afogado.

– Que homem bom!

– Sim filho, e serei grato a ele até o fim da vida.

Romani mostrou, então, para o pai o desenho que havia feito para ele. Felipo admirou a obra e a seguir, voltou-se para Nazaré e disse:

– Nazaré, veja se tem alguma roupa velha para poder dar para a esposa e a filha de Juarez. Eles precisam, não têm onde caírem mortos.

Ela assentiu com a cabeça, de modo submisso e foi para o quarto.

Minutos depois, Juarez regressava ao casarão acompanhado de Eugênio. Havia tomado banho e agora vestia uma das roupas do empregado. Com um gesto seco, Felipo dispensou Eugênio e levou Juarez para a cozinha para jantar com ele. Juarez recusou a princípio, mas acabou aceitando quando Felipo lhe disse que seria uma desfeita muito grande se não aceitasse. O pobre homem sentou-se à mesa, sentindo-se muito constrangido.

Marina serviu pão, manteiga, preparou um café e esquentou o leite para quem quisesse. Fez também alguns bolinhos de chuva. Ao terminar de comer, Juarez disse com sinceridade:

– Agradeço de coração pela comida...

Felipo interrompeu o que o homem dizia:

– Você me disse que está à procura de emprego, não? Pois bem, talvez eu possa ajudá-lo.

– Eu agradeceria muito ao senhor; qualquer tipo de ajuda é bem-vinda. Eu, minha mulher e minha filha estamos praticamente vivendo dos últimos centavos de minhas economias e...

Felipo o cortou novamente:

– Ofereço-lhe um trabalho aqui na minha própria fazenda.

– Aqui, meu senhor?

– Sim. Não posso lhe pagar muito, mas é melhor ganhar pouco do que ficar desempregado, concorda?

– Sem dúvida, meu senhor... eu... eu nem sei o que dizer... muito obrigado.

– Volte amanhã aqui e lhe mostrarei a casa onde ficarão morando e lhe darei as instruções de trabalho. A casa em questão precisa de algumas reformas, que você ficará incumbido de fazê-las, aceita?

– Lógico que sim, meu senhor.

Felipo acompanhou Juarez até a porta. Antes de partir, Juarez apertou novamente a mão de seu novo patrão e disse numa voz embargada de emoção e com profunda sinceridade:

– Eu lhe sou muito grato. Foi Deus que orientou os meus passos para o rio, neste dia.

Juarez já ia descendo o lance de escadas em frente ao casarão quando Felipo o segurou pelo braço e falou seriamente:

– Estou fazendo isso em agradecimento pelo que me fez, o que não quer dizer que não exijo competência e honestidade no trabalho. Se não me servir bem, não deixarei de demiti-lo, mesmo sabendo o que fez por mim.

– Eu sei, meu senhor, pode confiar em mim.

O homem agradeceu novamente e partiu.

Felipo Guiarone ficou observando-o até ele sumir de sua vista.

VIII

No dia seguinte, Juarez chegou de carroça trazendo com ele a mulher, a filha e seus poucos pertences. Os três foram levados à casa onde iriam residir. Uma casa de madeira simples e bastante estragada pelo tempo. Suas paredes eram irregulares, construídas com madeiras aplainadas; um dos cômodos tinha o pé direito bem baixo, a cabeça de Juarez chegava a ficar a menos de um palmo do teto.

Haveria muito conserto a se fazer por ali, percebeu Juarez, mas ele faria tudo com o tempo, deixando o patrão orgulhoso de seu serviço.

Enquanto a esposa e a filha começaram a limpar a casa, Felipo explicou a Juarez tudo o que lhe cabia fazer na fazenda e o modo como queria que o trabalho fosse executado.

Horas depois, Marina deu as boas vindas a Leonor, esposa de Juarez e a Yolanda, filha do casal, que tinha a mesma idade de Romani.

Leonor não era muito bonita. Os olhos eram claros, a pele pálida e os dentes tortos. Nas semanas que se seguiram revelou-se uma mulher de qualidades admiráveis, asseada e meticulosa no trabalho. Apressava-se ao redor do fogão a lenha localizado sob um caramanchão próximo à casa onde morava com o marido e a filha para preparar a comida e ferver as roupas com eficiência. Ainda sobrava-lhe tempo para oferecer seus préstimos a Marina na cozinha e para qualquer outra coisa de que ela precisasse. Marina ficou admirada com a mulher, principalmente por ser alguém que sabia falar na hora certa.

Juarez também se revelava um excelente trabalhador, sempre disposto a agradar seus superiores, fazer mais do que lhe cabia fazer.

A filha do casal, Yolanda, também se mostrou muiito prestativa tal e qual a mãe, só abria a boca para responder a uma pergunta e só falava quando puxavam conversa com ela.

IX

Nazaré estava mais uma vez no seu lugar predileto: seu quarto. Um cômodo bonito, com as paredes pintadas numa tonalidade creme, onde havia alguns quadros pendurados com a foto de Jesus Cristo, Virgem Maria e da família. A cama de solteiro era larga, de uma largura atípica, sempre coberta por uma bela colcha de retalhos feita por Alcântara pouco antes de morrer. Ao lado do leito, havia um criado-mudo, sobre ele uma lamparina e uma moringa. Sobre a cabeceira da cama um crucifixo.

Nazaré, no momento, encontrava-se sentada à escrivaninha lendo um poema, algo que gostava muito de fazer e quando um poema tocava-lhe fundo na alma, ela o lia e relia até decorá-lo, depois andava pelo jardim da casa, onde havia as mais diversas e belas flores, declamando os poemas em voz alta e regada de paixão. Um de seus poemas favoritos era este. Dizia:

"Passamos por tanta coisa que nem pensamos passar

Atravessamos tantas coisas que nem pensamos conseguir

Quando o amor dá voltas e nos revolta nos faz querer até mudar de país,

para quem sabe, voltar a ser feliz...

Voltar a ver o sol nascer, ver a lua crescer,

Ver a gente cantar o que pescamos lá no mar do amar...

Acreditamos no amor e por isso nos entregamos de verdade, com toda vontade...

E, de repente, já não é mais amor, virou apenas uma dolorosa saudade, só, e em metades.

Depois desse morro de amor que a gente subiu, escorregou e caiu

Foi apenas uma prova de amor, não é preciso sofrer, é só se erguer, sorrir, esquecer e prosseguir...

Porque isso nos faz crescer, isso nos faz renascer,

Voltar a ver o sol que se apagou com a saudade do mar do amor...

Nazaré estava tão concentrada na leitura que nem notou a entrada do pai no aposento.

– O que está fazendo? – perguntou Felipo, no tom seco que sempre usava para falar com a filha.

Nazaré levou um susto, seu rosto empalideceu, seus lábios branquearam, não sabia o que responder a princípio, vencendo o medo disse apenas, numa voz abafada:

– Estou *apenas* lendo um poema, papai...

– Eu não a mando para escola para aprender poemas; mando você para lá para estudar, deveria gastar mais o seu tempo estudando do que lendo essas bobagens.

Num gesto rápido, Felipo pegou o caderno da filha, arrancou a folha onde estava escrito o poema, passou os olhos por ele, balançou a cabeça negativamente e disse:

– Quanta bobagem.

Em seguida, rascou a folha em picadinhos e a pôs em cima da escrivaninha.

– Jogue no lixo! – ordenou.

O tom era cortante, fez com que a menina sentisse um aperto no estômago. Ela contorceu os lábios e apertou a região do umbigo. Estava trêmula, sentindo bem mais que medo, na verdade, pavor, o pavor que ela sempre sentia toda vez que se via diante do pai.

X

Uma semana depois, Nazaré encontrava-se em seu quarto experimentando o vestido de noiva que usaria para dançar a quadrilha na festa junina da escola. Admirava-se no espelho. Estava amando se ver trajando o vestido. Imaginou-se dançando a quadrilha ao lado de Tarsis, seria um dia inesquecível.

Nisso o pai chamou a esposa. Marina seguiu rapidamente ao seu encontro. Ela sempre acatava prontamente o chamado do marido, largava fosse lá o que estivesse fazendo para atendê-lo. Chegava até a evitar ir ao banheiro no período em que o marido costumava regressar para a casa, para que ela estivesse disponível caso ele precisasse dela.

Passaram-se alguns minutos e o pai entrou no quarto de Nazaré acompanhado da mãe. A filha virou-se para ele, surpresa e atônita com sua chegada.

— Filha minha não dança quadrilha com o filho de nenhum adversário político meu! — esbravejou o pai.

— Mas, papai... — as palavras de Nazaré foram cortadas pela nova torrente de palavras do pai.

— Não tem mais, nem menos, peça à sua professora para escolher outra garota para ser a noiva. Com o filho do Viriato Graziani você não dança e ponto final!

Felipo virou-se e deixou o quarto.

A filha abaixou a cabeça e desatou a chorar.

— Nazaré, seu pai sabe o que diz — disse a mãe.

— É apenas uma *quadrilha*... — atalhou a menina, chorosa.

— Seu pai quis saber quem seria seu par na quadrilha e eu lhe disse. Eu não sabia que o senhor Viriato havia resolvido apoiar o outro partido. Você tem de ficar do lado do seu pai, Nazaré, ele tem razão, não fica bem você dançando quadrilha com o filho de um adversário dele. Seria tal como uma traição para com ele.

Nazaré olhou para a mãe com olhos agoniados. Percebia, agora, que se o pai não permitia que ela dançasse uma simples quadrilha de São João com Tarsis, não permitiria jamais que eles namorassem, como ela tanto almejava fazer.

Tarsis já vinha há meses paquerando-a e ela já havia desistido de evitar encarar seus olhos, pois se pegou também atraída por ele.

Ela não sabia o que era o amor, mas acreditava ser aquilo que estava sentindo toda vez que se encontrava com o rapaz na escola.

Assim que a mãe saiu do quarto, Nazaré deitou na cama e chorou copiosamente por um longo tempo. No dia seguinte, explicou à professora que não poderia mais participar da quadrilha, pedindo-lhe mil desculpas. A professora a tranquilizou informando-a que arranjaria uma outra menina. Quando Tarsis soube da notícia, tentou falar-lhe, mas ela o evitou furtivamente.

Durante a festa junina, Nazaré assistiu à quadrilha com tamanha amargura que sentiu um nó na garganta ao ver Tarsis ao lado da outra mocinha, sentindo na alma por não ser ela que estava ali ao seu lado. Era ela que era para estar ali, não outra. Ah, por que teve de haver aquela rixa entre os pais, por quê?

De cima do tablado, Tarsis olhou para Nazaré por diversos momentos, sempre endereçando a ela um sorriso bonito e apaixonado. Sorrisos que despertaram dentro da jovem tanto felicidade quanto medo, pois temeu que o pai visse Tarsis sorrindo para ela.

Tarsis Graziani era um jovem de dezesseis anos, estatura mediana e individualmente bem definida. Tinha o rosto bem barbeado, a boca expressiva e os olhos cor-de-chuva que ganhavam ainda mais destaque e beleza em contraste com a sua pele bronzeada. Era bem apessoado, com modos discretos e bem educados e um visível talento para a oratória.

Assim que a *quadrilha* terminou, ele procurou por Nazaré.

A jovem estremeceu diante de sua repentina chegada.

— O que foi, Nazaré? — perguntou o rapaz surpreso com sua reação.

— Nada! — mentiu ela, mas sem grande sucesso.

— Não, houve alguma coisa. Você anda me evitando desde que comunicou à professora que não iria mais dançar a quadrilha.

Começo a acreditar que o motivo para a sua desistência, seja eu.
– Ele pegou a mão da menina e olhou gravemente para ela. –
Diga-me, Nazaré, por que você anda me evitando?

– ... – os lábios dela moveram-se, mas nenhuma palavra
conseguiu atravessá-los.

– Eu a amo, Nazaré! – confessou ele.

Uma confissão que deixou a menina assustada.

– Não devia – disse ela, aflita.

Sua respiração estava agitada, agora.

O cérebro de Tarsis disparou, tentando encontrar as palavras
certas para exprimir os seus sentimentos por Nazaré.

– Eu a amo, Nazaré, e sei que sente o mesmo por mim.

– Não! – atalhou ela. – Eu não sinto nada por você!

– Não minta!

– Eu jamais minto.

Ele a segurou firmemente nos braços e fez novamente a
pergunta, porém, desta vez, num tom mais incisivo:

– Por que está fugindo de mim?

O rosto da jovem assumiu uma expressão de tristeza e dor a
seguir.

– Nosso amor é impossível, Tarsis... – desabafou ela –, não
percebe? Seu pai faz oposição a meu pai. Meu pai não consente
nem que eu seja sua amiga, quanto mais...

– Por isso desistiu de dançar a quadrilha comigo?

Nazaré baixou os olhos, queria esconder as lágrimas que
começavam a aflorar deles.

– Sim. Quando ele soube que eu iria ser seu par, não admitiu
que eu dançasse a seu lado por causa do seu pai. O mais sensato
a se fazer é esquecermos um do outro.

– Jamais.

– É o certo!

– Não é! Vou lutar pelo nosso amor!

Nazaré sentiu uma profunda ternura invadi-la. Nisso, Débora,
a amiga mais próxima de Nazaré, chegou ao casal e puxou Nazaré
pelo braço enquanto dizia baixinho em seu ouvido:

– Seu pai vem vindo para cá.

Nazaré seguiu para longe dali, acompanhada da amiga, a passos rápidos. Tarsis ficou olhando para ela à distância. Sentia-se inquieto, agora, com o coração em disparada. Meio minuto depois ouviu uma voz na sua cabeça, dizendo:

"Vá até Felipo Guiarone, ponha-o a par dos seus sentimentos por Nazaré e peça-lhe permissão para cortejá-la."

Tarsis gostou do que ouviu. O rapaz já ouvira falar do modo rígido de ser de Felipo, mas aquilo não o amedrontava. No entanto, achou melhor aguardar um tempo na esperança de que Felipo mudasse de ideia em relação a ele e Nazaré. Seria melhor, vai que ele se enfurecesse ainda mais por causa da sua ousadia.

Desde aquele dia, Tarsis não perdia uma única oportunidade para ficar ao lado de Nazaré na escola. Por um tempo ela até conseguiu lutar contra suas abordagens, mas depois, devido ao amor que sentia por ele, o qual crescia cada vez mais em seu coração e que por mais que tentasse extirpá-lo dali, não conseguia, passou a conversar com ele e permanecer a seu lado, como ele fazia questão.

Morria, certamente, de medo de que o pai os pegasse juntos, mas na escola isso seria impossível; ele jamais aparecia por lá, a não ser em festas.

As eleições chegaram e Felipo Guiarone foi eleito prefeito. Apesar de nunca ter tido o título nas mãos, ele sempre fora indiretamente o mandachuva da cidade. Todos os prefeitos até então só decidiam alguma coisa de acordo com as suas ordens. Não era para menos, o dono do dinheiro ali, naquelas bandas, era ele, e por isso, ele mandava e desmandava em tudo.

Para Felipo, Girassóis era dele. Não só a cidade como também os habitantes.

XI

Tarsis ficou radiante com o resultado da eleição e explicou a Nazaré o porquê.

– *Meu pai perdeu a eleição, não é ótimo?* – *disse ele verdadeiramente feliz pelo acontecido.*

– Como pode se alegrar com seu pai perdendo a eleição?! – espantou-se Nazaré. – Ainda mais algo que envolve seu pai?

Tarsis apressou-se em dizer:

– Não vê, Nazaré? Agora poderemos namorar. Seu pai não vai se recusar a consentir o nosso namoro agora que ele ganhou a eleição.

Um brilho resplandeceu no olhar da menina, mas foi temporário, logo se apagou. Com tristeza, ela disse:

– Eu não sei, Tarsis... Conheço bem meu pai e não acredito que vá mudar de ideia somente porque ganhou a eleição. Quando ele implica com uma coisa...

– Mudará, Nazaré, você verá! Com o tempo convencerei meu pai a mudar para o partido dele e tudo acabará bem entre todos nós.

– Será?

– Por favor, não desista de nós dois, continue acreditando no nosso amor! Por favor!

Nazaré mordeu os lábios, apreensiva, querendo muito acreditar nas palavras do rapaz amado. No segundo seguinte, Tarsis correu até o jardim da escola e colheu uma flor que presenteou à jovem. Dando um rápido giro com a cabeça para certificar se não eram observados por alguém, deu um rápido beijo na bochecha de Nazaré. Ela corou enquanto um sorriso bonito resplandeceu em sua face.

– Ah, Nazaré, eu a amo muito. Pense em mim porque estou sempre pensando em você.

Daquele dia em diante, Nazaré atravessou noites rezando para que Tarsis estivesse certo no que dissera a respeito do pai, pois ela o amava. Queria a todo custo namorá-lo e depois se casar com ele, ter filhos, viver até que a morte os separasse.

O amor entre os dois crescia tanto que ambos passavam todo o período do recreio juntos enquanto expressavam os sentimentos mutuamente.

Certo dia, Nazaré precisou ir à casa de Débora, sua melhor amiga, fazer um trabalho escolar. Débora morava num sítio próximo à cidade.

Ao comentar com Tarsis, o rapaz viu que aquele seria o momento ideal para se encontrar com Nazaré pela primeira vez fora das repartições do colégio.

Com o consentimento de Débora, Tarsis foi fazer o trabalho de escola com as duas. Entretanto, os dois mal conseguiram se concentrar na tarefa. Deliciavam-se com o olhar encantador de um para o outro, com o perfume exalando de suas peles, com as ondas de calor que emanavam de seus corpos.

A certa altura, Débora informou à mãe que eles iriam descansar um pouco do estudo no pomar, junto às jabuticabeiras. Com o consentimento da mãe, os três se dirigiram para lá. Ao chegarem ao local, Débora deixou Nazaré a sós com Tarsis.

Tarsis pegou a mão da jovem e a levou dali. Todavia, Nazaré estancou de súbito.

– Venha, vamos andar um pouco – disse ele. – Não tenha medo.

Nazaré acabou cedendo e os dois seguiram de mãos dadas por entre as árvores.

– Eu queria sair com você, assim, de mãos dadas por aí, para todo mundo ver o quanto a gente se gosta, se ama... – confessou o jovem – Ah, como seria bom nós dois juntos sem medo de ser feliz...

Tarsis notou que suas palavras deixaram a jovem amada, tensa. Para relaxar, ele falou:

– Seu pai vai consentir com nosso namoro, Nazaré, eu sei que vai. Ele não pode ser tão mau...

Tarsis mordeu os lábios ao perceber que dissera algo grosseiro.

– Desculpe-me. Eu me expressei mal.

Nazaré não se manifestou, permaneceu em silêncio até os dois chegarem a uma mangueira. Ali os dois pararam e ficaram de frente um para o outro, admirando-se com olhos apaixonados.

O solo aquecido pelo sol irradiava calor e havia no ar um cheiro inconfundível de pinho. O rapaz farejou o ar, delicadamente, e encaminhou novamente o olhar para Nazaré, que se mantinha olhando para ele com afeto, reprimindo a vontade crescente de beijar forte e ardentemente o rapaz que tanto amava.

Um passarinho passou por eles, agitando as folhas dos galhos mais baixos. Seguiu-se então um silêncio profundo, onde ambos perceberam que até o silêncio absoluto pode ser ouvido.

Tarsis permanecia olhando fixamente para ela com um daqueles olhares que despertam paz e harmonia no íntimo do ser humano. O rapaz então afagou o cabelo bonito e delicado de Nazaré, afastou uma mecha que caía sobre seu rosto e enfim, beijou-a.

O beijo pareceu transportá-los dali para um mundo onde a gravidade não existia, sentiam flutuar, livres, leves e soltos por entre as nuvens de amor. Era o primeiro beijo entre eles que seria eternamente guardado no coração de ambos. A sensação jamais seria esquecida, e sim perfeitamente revivida toda vez que fechassem os olhos e regressassem àquele instante.

No colégio, uma semana depois, Tarsis aproximou-se de Nazaré e lhe disse baixinho:

– Estou louco para ficar novamente a sós com você, meu amor.

– Impossível.

– Impossível, nada! Vamos nos encontrar às escondidas!

– Nunca!

– Ninguém vai saber. Pode ser na sua própria fazenda, às margens do rio que passa por ela, assim poderá ir sem ter de arranjar desculpas para se ausentar de sua casa. O sentimento entre nós é belo demais para ser destruído assim, por uma bobagem, uma rixa entre nossos pais.

Tarsis fitava a jovem, agora, com a expressão carregada de intenso desejo de obter uma resposta positiva.

– Está bem! – respondeu Nazaré, conseguindo fazer com que um sorriso quebrasse a rigidez em seu rosto causada pela dúvida e pelo medo.

XII

Dias depois, Tarsis chegou ao local marcado às margens do rio, na hora prevista. Nazaré ainda não havia chegado. O rapaz se escondeu atrás de um tronco de árvore para se precaver, caso o pai de Nazaré aparecesse por ali repentinamente ou tivesse seguido a filha.

Com os minutos se passando e nada de Nazaré aparecer, o rapaz começou a ficar preocupado. Teria ela desistido do encontro?

Teria seu pai descoberto? A tensão se apoderou dele naquele instante.

Ouviu, então, folhas secas estalando, como acontece quando se pisa sobre elas. Alguém se aproximava. Olhou com cuidado na direção que ouviu os estalos e para seu alívio era Nazaré quem vinha pisando majestosamente pelo tapete de folhas secas.

Ele se mostrou e seguiu a passos largos em sua direção. Ao alcançá-la, abraçou-a forte e calorosamente. Os dois ficaram enlaçados, por longos minutos, como crianças amedrontadas, que se reencontram após longas e terríveis horas de separação.

Tarsis enterrou o rosto nos cabelos de sua amada, apertando-se contra sua quentura sedosa e perfumada por diversas vezes. Beijou-lhe os cabelos, depois o pescoço e, por fim, os lábios macios.

Nazaré estava visivelmente perplexa consigo mesma, por ter tido a coragem de ir ao encontro, mal conseguia falar.

Ele sorriu para ela, levou as mãos dela aos lábios e as beijou. Depois a apertou contra ele, mais uma vez, ficando fortemente enlaçados, enquanto afagava-lhe os cabelos com os dedos.

Nazaré ao afastar o rosto, desabafou:

— Santo Deus, nem sei como consegui chegar aqui.

— Está arrependida?

— Não. Não é isso. Estou surpresa. Surpresa comigo mesma. Surpresa por ter tido força e coragem para tal.

— Essa força chama-se amor, Nazaré.

Ela exibiu seu lindo sorriso diante daquela explicação. Colocou as duas mãos na face do amado e lhe beijou novamente os lábios, delicadamente.

De repente, recordando algo, ela puxou o jovem pela mão, por entre as árvores, até chegarem à margem do rio.

— Adoro a visão que se tem daqui do rio, não é linda?

O sol insidia calmo sobre a superfície da água.

— A água está tão tranquila que dá até para a gente ver nosso reflexo como se fosse um espelho.

O casal curvou-se sobre a margem do rio e se admiraram.

— A água espelhada não só reflete nossas imagens, mas o nosso sentimento mais profundo, o amor infinito que sentimos um pelo outro, Nazaré.

Com um suspiro, Tarsis levou a mão dela novamente até seus lábios e a beijou ternamente.

Desde esse momento, Tarsis e Nazaré se encontravam às margens do rio que atravessava a fazenda da família Guiarone pelo menos uma vez por semana. Todo encontro era um risco tremendo, mesmo com medo, na verdade pavor, de que seu pai descobrisse, Nazaré não desistia de ir. Era por amor, pelo amor imenso que ela sentia por Tarsis Graziani.

Ela o amava demais. E por amá-lo tanto assim seria capaz de correr o risco que fosse para vê-lo. Seu amor por ele parecia ter ancorado em sua alma para sempre. Um amor que se sobrepunha com facilidade ao pavor que sentia do pai, do que ele pudesse fazer, caso descobrisse o relacionamento que os unia cada vez mais.

XIII

Em uma tarde quente de outono, após o café da tarde, Felipo Guiarone selou sua égua castanha e saiu para inspecionar a criação, como fazia pelo menos uma vez na semana. Deu por falta de um dos bezerros e enquanto o procurava, avistou Tarsis caminhando ao longe, a passos rápidos pela trilha estreita que levava à cidade. Por estar contra o sol, não reconheceu o rapaz, via apenas a sua silhueta.

Para Felipo, a figura parecia completamente deslocada naquela paisagem. Não trazia nem mesmo um chapéu para proteger a cabeça do sol da tarde. Quem seria?

– Só pode ser um malandro – comentou consigo –, sondando a criação e, ao me ver, *deu no pé*. Meliante! Só pode ter sido ele quem roubou meu bezerro! Desgraçado! Vou dar-lhe uma lição!

Felipo deu com as esporas na égua que soltou um relincho de dor e disparou na direção que Felipo determinava.

Quando o rapaz começou a correr, Felipo fez a égua correr ainda mais. De longe, o animal parecia uma lebre afoita. Foi só quando estava mais próximo que Felipo pôde ter uma visão mais clara do estranho. Não era um homem, era um jovem e ele o conhecia muito bem: tratava-se de Tarsis, o filho daquele que considerava seu inimigo número um.

Não levou muito tempo para encontrar a razão pela qual o rapazola andava por ali, àquela hora. Deveria, certamente, ter acompanhado a filha na volta da escola e, agora, regressava a pé.

– Vou dar-lhes uma lição bem dada! – trovejou Felipo já se dilacerando pelo ódio.

XIV

Felipo empurrou a porta da frente de sua casa com tanta força que o estrondo assustou todos que estavam por ali. Imediatamente tomou a direção do corredor lateral, onde ficavam os quartos da casa, pisando duro, fazendo suas botinas rangerem sobre o piso de tábuas largas.

Felipo abriu abruptamente, com o pé, a porta do quarto da filha. Nazaré que no momento encontrava-se deitada de bruços, em sua cama, estudando ergueu-se de susto com a entrada abrupta do pai. Apavorou-se quando viu o rosto de Felipo avermelhado pela raiva.

– Você deveria sentir vergonha por fazer o que fez comigo, seu pai! – vociferou Felipo Guiarone. – Sou eu que luto para lhe dar do bom e do melhor. Você não tem mesmo vergonha nessa face, tampouco respeito pela minha pessoa.

– O que houve? – perguntou Marina chegando até eles, atônita.

– Acabo de ver o filho do meliante saindo de nossas terras. Deve ter acompanhado a charrete que trouxe Nazaré da escola, de volta para casa.

Por sorte o pai pensara que Tarsis a houvesse acompanhado na volta da escola; se soubesse que, na verdade, ele fora para lá para se encontrar com ela, como sempre faziam, às margens do rio, toda semana, com certeza ele a mataria com uma surra de cinto.

Por sorte, a mãe também não percebeu que aquilo não poderia ter sido possível, pois Nazaré já regressara da escola há quase três horas.

– Ele insistiu em me acompanhar, papai... – defendeu-se Nazaré, fazendo uso de uma mentira para o seu próprio bem. – Veio porque queria discutir sobre um trabalho que temos de fazer para a escola.

– Eu não quero você fazendo trabalhos escolares com esse rapaz, não quero nem que faça com um outro qualquer. Meninas fazem trabalhos com meninas. Que professora é essa que permitiu tal coisa? Amanhã mesmo terei uma conversa com a diretora do colégio.

Felipo fechou o cenho novamente, cerrou os olhos, aproximou-se da filha, pegou o braço dela com força e perguntou, mirando fundo em seus olhos:

– Você não anda dando trela para esse moço, anda, Nazaré?

Ela respondeu negando com a cabeça. Estava branca, agora, sem cor nos lábios, suando frio por dentro, quase a ponto de desmaiar.

– Se eu pegar vocês dois juntos algum dia, Nazaré, eu acabo com vocês, está me ouvindo?

A menina respondeu que sim, balançando positivamente a cabeça.

– Compreendeu mesmo?!

– Sim, papai.

O pai deixou o quarto. Nazaré fechou a porta e se escorou contra ela, murmurando palavras que pareciam escapar-lhe dos lábios por vontade própria. Seu coração batia tão forte, que mal conseguia respirar. De repente, explodiu num choro agonizante. Derramou mais lágrimas naquele dia do que em toda a sua vida.

XV

No dia seguinte, no colégio, assim que teve uma oportunidade, Nazaré foi ter uma palavra com Tarsis em particular. Contou-lhe tudo o que acontecera no dia anterior.

– Eu irei falar com o seu pai.

– Não faça isso, pelo amor de Deus.

– Eu falarei com ele e ponto final, Nazaré.

– Por tudo que há de mais sagrado, Tarsis, não faça isso, eu imploro, em nome do nosso amor.

Nazaré despencou a chorar. Ele abraçou a jovem amada e afagou seu rosto em seu ombro. Com carinho acariciou seus cabelos.

– Calma, meu amor, muita calma... – disse ele, baixinho, ao pé do seu ouvido.

Nisso, Nazaré recuou o rosto, Tarsis assustou-se ao ver seus olhos arregalados tomados de pavor.

– O que houve?

Virou-se na direção que ela olhava e deparou com a diretora olhando para eles com severidade.

– Que pouca vergonha é essa, aqui? – perguntou a mulher com sua voz arranhada.

– E-eu... – gaguejou o rapaz.

– Para a diretoria agora mesmo! Os dois! – ordenou a diretora, tomada de fúria.

Quando Felipo foi até a escola fazer sua reclamação a respeito do procedimento da professora da filha quanto juntar rapazes e moças para fazerem trabalhos escolares, foi informado sobre o flagrante que ela, a diretora, dera nos dois jovens. Felipo controlou-se na frente à mulher, com toda a força de que dispunha, para não esmurrar o móvel de ódio.

Ao deixar a diretoria, coincidentemente cruzou com Tarsis no corredor, bebendo água durante a pausa do treino com o time de futebol da escola. Felipo olhou atravessado para o rapaz, soltou um grunhido de escárnio e partiu.

Ao chegar a casa, informou à filha de que ela seria transferida para um colégio interno na cidade grande. Infelizmente a transferência não poderia ser feita naquele instante, o ano letivo já estava para terminar. Portanto, ela só estudaria fora no ano seguinte. Porém, para evitar a sua aproximação de Tarsis Graziani, ela não mais iria à escola, deixaria de frequentá-la já a partir daquele dia, perderia o ano, infelizmente, mas por um motivo justo, explicou-lhe o pai. A notícia foi recebida por Nazaré como uma punhalada.

Nos dias que se seguiram, os almoços e jantares em família na casa dos Guiarone tornaram-se morbidamente silenciosos. O silêncio só era rompido pelo barulho dos talheres e da mastigação. O pai volta e meia afugentava com a mão as moscas que circulavam a comida. Era um gesto impaciente, uma vontade louca de esganar uma a uma. Diante de sua face inflamada de ódio ninguém ali ousava se pronunciar.

XVI

Débora ficou preocupada com o desaparecimento repentino de Nazaré da escola. Estaria a amiga doente? Para descobrir, ela foi até a fazenda da família Guiarone obter informações. Foi Marina quem recebeu a jovem à porta, com bastante frieza, porém, não objetou que a mocinha visse a filha.

Débora ficou chocada ao rever Nazaré. Seu estado era deplorável, tinha olheiras profundas, estava abatida, parecia anêmica. Nazaré, a princípio, não conseguiu falar muito, só chorou. Débora procurou consolá-la.

Somente quando se acalmou é que Nazaré conseguiu explicar para a amiga a decisão que o pai tinha tomado para afastá-la de Tarsis.

Débora ficou literalmente boquiaberta com o que ouviu, sentindo ainda mais pena da amiga. Antes de partir, Débora perguntou a Nazaré se queria que ela levasse algum recado para Tarsis, pois ele também estava preocupado com o seu desaparecimento. Nazaré respondeu na mesma hora que sim. Disse:

— Diga a ele, por favor, que me esqueça. Que me esqueça para sempre!

— Nazaré...

— Por favor, Débora, não diga mais nada.

Débora partiu da casa de Nazaré ultrajada com a decisão do pai da amiga. No dia seguinte, assim que encontrou Tarsis na escola, passou-lhe o recado.

XVII

Afundado numa das poltronas da sala de estar de sua casa, estava Felipo Guiarone, próximo a ele encontrava-se o rádio ligado na hora do Brasil. Seu ouvido apurado captou o galope de um cavalo aproximando-se da casa. Consultou o relógio sobre a mesa, já era tarde para visitas; quem seria àquela hora? Irritou-se. Logo ouviu alguém subindo o lance de escadas em frente ao casarão e em seguida batendo à porta.

Marina olhou surpresa para a porta e assustada para o marido. Ele fez um sinal para que ela atendesse à porta. A visão de Tarsis a surpreendeu.

– Boa-noite, dona Marina. Preciso falar com o senhor Felipo.

– Aconselho-o ir embora, meu rapaz! – disse Marina, baixinho, para que o marido não a ouvisse.

Vendo Felipo em sua poltrona, Tarsis entrou no aposento.

Felipo rapidamente mediu o rapazinho de alto a baixo, depois voltou o olhar para o nada. Marina fitava-o com uma expressão aturdida. Tarsis dirigiu-se ao dono da casa em tom cortês:

– Senhor Felipo, preciso ter uma palavra com o senhor.

A respiração de Tarsis estava ofegante.

O rosto de Felipo tornou-se convulso ao dizer:

– Não converso com fedelhos.

Tarsis limitou-se a continuar calmo:

– Eu não quero que Nazaré seja prejudicada por minha causa...

– Suma daqui, moleque!

A voz de Felipo soou impregnada de raiva.

O corpo do rapaz manteve-se imóvel, mas estava agora tenso por dentro.

Assim que Nazaré ouviu a voz de Tarsis ecoar na sala, saiu de seu quarto e correu ansiosa até um canto do corredor de onde poderia ouvir a conversa entre ele e seu pai. Seu queixo tremia compulsivamente de aflição. Temia pela segurança do rapaz. Sabia que quando pai ficava irritado, ele era capaz de tudo. Até mesmo das piores coisas.

O cérebro de Tarsis disparou, tentando encontrar as palavras certas para exprimir seus sentimentos:

– Amo Nazaré e ela me ama, senhor Felipo.

– Ama? Desde quando uma mulher sabe o que sente? Mulher tem coração mole, não tem capacidade de saber o que é certo ou não para a sua vida. É preciso alguém forte para guiá-la. Essa é a nossa função, de pais. Além do mais, filha minha não namora qualquer um.

– Não é justo que não possamos namorar porque meu pai apoiou outro partido nas eleições passadas, senhor Felipo. O senhor ganhou a eleição, ele perdeu, já não está bom assim?

– Não quero o seu sangue misturado com o meu!

Tarsis sentiu vontade de dizer àquele homem intolerante as palavras que emergiam de seu âmago naquele momento e com a força de um vulcão: "o senhor é um estúpido, um preconceituoso", mas conteve-se; era preciso. Se fosse grosseiro, perdesse a paciência, Felipo não lhe perdoaria jamais e assim estaria agravando para sempre a situação incômoda entre os dois. No seu tom mais ponderado, Tarsis acrescentou:

– Se o senhor me considera um qualquer, indigno para ter como genro, tudo bem eu me afasto de Nazaré, mas, por favor, permita que ela continue seus estudos por aqui, é uma pena ter de perder o ano por minha causa.

Felipo levantou-se abruptamente e foi para cima do jovem:

– Quem é você para me dizer o que fazer, seu fedelho?

– Sou aquele que ama a sua filha, senhor Felipo!

– Fora daqui, seu imundo!

Felipo pegou o braço do rapaz com toda força e o arrastou para fora da casa.

– O senhor vai se arrepender pelo que está fazendo com sua própria filha! – berrou Tarsis, pasmo com a reação do homem.

Felipo o empurrou escada abaixo. Tarsis desequilibrou-se e caiu sentado. Felipo bramiu:

– Nunca mais ponha seus pés imundos nessas terras, se ousar, eu chamo a polícia e o ponho na cadeia!

– O senhor vai se arrepender, senhor Felipo! – repetiu o rapaz, indignado.

Felipo Guiarone entrou e fechou a porta da casa, abruptamente. Tarsis montou seu cavalo, estufou o peito e partiu. Se Felipo Guiarone pensava que conseguira assustá-lo com tudo aquilo levando a desistir de Nazaré ele se enganara profundamente, ele não desistiria da mulher amada assim tão fácil. Nunca!

XVIII

Dias depois, logo pela manhã, Leonor foi até o quarto de Nazaré e lhe deu uma flor que havia colhido no canteiro junto a sua casa.

– Eu trouxe para você, Nazaré, sempre a vejo por entre as flores cantarolando versos, declamando poemas – disse a mulher, com carinho.

Nazaré enxugou as lágrimas e agradeceu o gesto prestimoso.

– O-obrigada.

– Não fique com raiva do seu pai, ele só quer o seu bem, filha. Ele é um homem bom. A senhorita sabe disso, no íntimo. É preciso compreender, filha, que por trás daquela carranca e de toda a sua austeridade, há um pai que a ama e que só pensa no seu melhor.

– E-eu sei.

– Se não fosse o seu pai, nem sei o que teria acontecido conosco, Nazaré. Ele tem sido muito bom para nós, para a cidade em si, temos de reconhecer isso, se ele é bravo, às vezes perde a paciência, é pelos altos e baixos que a vida nos traz, só por isso. Perdoe qualquer atitude severa por parte dele, continue querendo-lhe bem em seu coração, será melhor assim.

Nazaré pareceu acolher as palavras de Leonor com profundo agradecimento.

XIX

Haviam se passado quase dois meses desde que Nazaré foi tirada da escola pelo pai e Tarsis não suportava mais a saudade que sentia dela. Queria vê-la a qualquer custo. Nem mais à missa na igreja matriz da cidade ela ia. O pai deveria tê-la proibido também de frequentá-la para que os dois não se encontrassem.

Débora, disposta a ajudar o casal, foi visitar a amiga, mas Marina que a recebeu à porta, desculpou-se dizendo que o pai proibira qualquer visita à filha. A informação não só chocou Débora como também a Tarsis.

Decidido a ver o amor de sua vida, Tarsis pegou o cavalo e seguiu para a fazenda da família Guiarone no dia e hora em que o casal Guiarone ia para Girassóis assistir à missa na igreja matriz, deixando a filha sozinha na fazenda. O rapaz sabia que teria pouco tempo, mas seria o suficiente para matar a saudade.

Chegando às imediações da casa, Tarsis amarrou o cavalo num tronco fino de árvore e seguiu a pé, furtivamente, até o casarão da família.

Por sorte, não havia empregados por ali naquele dia, a maioria também costumava ir à missa daquele horário. Ainda assim ele teve o cuidado de não bater palmas nem chamar por Nazaré por receio de que alguém que, porventura não tivesse ido à missa, o ouvisse e estragasse os seus planos.

Tarsis apertou o ouvido direito contra a porta da frente da casa e como não ouviu nenhum som no interior dela, girou a maçaneta, com cuidado, na esperança de que a porta se abrisse. Por sorte, abriu. Alívio, sem delongas o rapaz entrou no recinto e se pôs a procurar pelo quarto de Nazaré. Foi de porta em porta até encontrar o quarto da amada. Nazaré soltou um grito de susto ao vê-lo. Tarsis correu até ela e disse, baixinho:

– Desculpe-me, meu amor, pelo susto. Mas eu precisava vê-la.

Nazaré contraiu-se, quando Tarsis a tocou com a mão direita. O rapaz ficou desconcertado com a reação da jovem que definira como sendo a razão de seu afeto.

– O que há? – perguntou, aflito.

A expressão no rosto de Nazaré tornou-se sombria. Tão sombria quanto a sua voz:

– Como pode ter tido a petulância de vir até aqui, Tarsis? Já não basta tudo o que me fez de mau?

Tarsis engoliu em seco.

– O que há com você, Nazaré? – perguntou, surpreso com a reação da jovem.

– Os pais sempre sabem o que é certo para nós, Tarsis, sempre, compreende? – explicou Nazaré. – Há inúmeros exemplos disso a nossa volta. Não sei como não percebi isso antes. Eu vou seguir o que os meus pais determinarem para mim. Por serem mais velhos, eles têm mais experiência sobre a vida e, portanto, sabem o que é melhor para os filhos.

Era evidente que Nazaré procurava se convencer do que estava afirmando.

– Parece até que seus pais fizeram uma lavagem cerebral em você.

– Exijo respeito quando falar dos meus pais!

– Eu pensei que ficaria feliz por me ver!

– Enganou-se e, por favor, nunca mais me procure! Você pode desgraçar a minha vida ainda mais!

Nazaré atravessou o quarto em direção à porta e pediu para que o rapaz se retirasse.

Tarsis não podia acreditar no que via. Tentou sair, mas não tinha forças nas pernas para tal. Parou junto de Nazaré e a encarou. Ela baixou o olhar para evitar seus olhos. O tempo pareceu parar naquele instante para os dois. A moça, enfim, ergueu o rosto, revelando as doces feições graves e pálidas e repetiu o pedido:

– Retire-se!

Um pensamento varou a mente do rapaz de lado a lado. Aquilo só podia ser um sonho, ou melhor, um pesadelo. Ele haveria de acordar num instante. Nazaré em breve voltaria a ser quem sempre fora. Não, ela não podia ter mudado, ter se tornado a imagem e semelhança do pai.

Tarsis se arrastou com grande dificuldade para fora da casa e depois até o local onde deixara o cavalo amarrado. Ele que sempre fora tão seguro de si e sereno, naquele instante sentia-se perdido num deserto de sol a pino.

Assim que chegou junto ao animal, todas as forças o abandonaram. Apertou as duas mãos contra o rosto e começou a chorar como nunca havia chorado. Chorava de amargura, de indescritível infelicidade. Que o tempo fizesse dele o que bem entendesse, pensou. Nada mais lhe importava agora. Ele havia perdido Nazaré, o grande amor de sua vida. Sem ela, sua vida não tinha sentido.

Foi preciso muito esforço por parte do rapaz para montar o cavalo e partir. Foi neste instante que um último resquício de esperança raiou no céu de sua mente: "Ela não aguentará ficar longe de mim por muito tempo, vai voltar atrás, eu sei que vai, porque me ama. Sempre chega aquele momento em que o coração fala mais alto e é impossível negar a ordem que ele nos dita!".

Infelizmente, Nazaré não voltou atrás na sua decisão. Tarsis tentou por diversas vezes aproximar-se dela para declarar-lhe novamente o seu amor, mas ela o ignorava. E assim, se passaram oito anos... Oito longos anos desde que tudo isso aconteceu.

Capítulo 2

I

Nos oito anos que se passaram, Felipo Guiarone foi reeleito prefeito da cidade. Continuava acreditando que era preciso proteger a cidade e o país. Por isso, durante seus mandatos chegou a proibir a entrada de parques, ciganos e circos na cidade. Os parques, por acreditar que roubavam o povo com jogos viciados; os circos por acreditar que iludiam as crianças e os jovens com fantasias e os ciganos por terem fama de ladrões e pelos boatos de que eram traficantes de drogas.

E não adiantava contestar sua opinião, pô-la em dúvida, informá-lo de que não se devia generalizar as pessoas, Felipo não ouvia ninguém. O que ele pensava era certo, incontestável e ponto final.

Jamais, em momento algum, Felipo Guiarone considerou a hipótese de que os valores e padrões de pensamento que aprendera com seu pai, que passavam de geração a geração em sua família, estivessem errados, fossem avessos à realidade da vida, fossem fruto de uma visão limitada e preconceituosa do mundo, uma visão racista e, por isso, eram, consequentemente, formas de pensar e valores prejudiciais ao ser humano. Não, ele nunca parou para refletir a respeito. Se não fosse a vida, que tudo revela através dos tempos, ele não teria descoberto jamais.

Felipo carregava em seu caráter aquilo que seu pai considerava uma relíquia hereditária: o dom de jamais se arrepender por algo feito.

Nesses oito anos, muita coisa mudou na pequena Girassóis, a cidade prosperou, ganhou novos habitantes, expandiu-se.

A casa da fazenda dos Guiarone também mudou nesse período. Recebeu reparos e uma nova pintura. Era pintada agora na cor camurça. As janelas ficaram praticamente encobertas por trepadeiras lindas e viçosas.

Depois de completar os estudos no colégio interno na capital, Nazaré passou a assessorar o pai na prefeitura de Girassóis.

Tarsis, por sua vez, acabou se cansando de procurar Nazaré e pedir-lhe uma chance de ser feliz ao seu lado. Ela não o ouvia, não permitia sequer sua aproximação. Visto que ela não voltaria atrás na sua decisão, ele, a conselho da mãe e dos irmãos decidiu abrir seu coração para uma outra mulher: Márcia Teixeira. Casou-se com ela, mudou-se de cidade onde teve filhos e procurou ser feliz com sua família. Se no íntimo ele ainda guardava algum sentimento por Nazaré? Sim, a sete chaves.

Os mesmos oitos anos transformaram Romani Guiarone Neto num belo jovem de dezoito anos. Forte, com traços tanto da mãe quanto do pai.

Assim que terminou o terceiro colegial, o jovem prestou vestibular para Direito numa faculdade na cidade de São Paulo, foi aprovado e mudou-se para lá para realizar seus estudos. Tornou-se um estudante compenetrado, um verdadeiro *Caxias*, como se costuma dizer. Felipo sentia muito orgulho do empenho, dedicação e da inteligência do filho.

Nas suas primeiras férias de julho, Romani foi visitar os pais, para a total felicidade deles. O pai o recebeu com um caloroso abraço e a mãe com muitos beijos. Nazaré também se mostrou contente pela chegada do irmão.

No primeiro dia de férias, na fazenda, Romani despertou da sesta após o almoço ao ouvir o ranger de uma cadeira de balanço oscilando calmamente para frente e para trás. O som despertou nele uma certa nostalgia, lembranças dos tempos queridos de criança. Ao sair para ver quem balançava, Romani encontrou Yolanda, a filha de Juarez e Leonor.

A moça estava também com 18 anos nessa época. Tornara-se uma jovem bonita. As maçãs do rosto tinham contornos suaves. Apesar de larga, a boca era delicada. O tom de azul dos olhos era surpreendentemente claro, lindos. E os cabelos tinham matizes dourados, parte conferidos pelos raios do sol. A pele também era dourada devido ao sol.

Romani sorriu para ela antes de perguntar:

– Como você cresceu, garota!

– Como vai, Romani?

– Muito bem e você?

– Bem também. E a cidade grande, como é?

– É bem diferente daqui.

– Eu imagino. Às vezes penso em me mudar para uma cidade grande, porque elas nos oferecem muito mais oportunidade de trabalho do que aqui.

– Isso é verdade. Entretanto, o custo de vida de uma cidade grande é bem maior do que o daqui. Ganha-se mais por lá, mas também gasta-se mais.

– Pelo visto, todo lugar tem seus prós e contras, não?

Ele concordou com a cabeça, pediu licença e se retirou. Yolanda voltou seus pensamentos para o futuro, que rumo daria para a sua vida.

Dali, Romani caminhou até o celeiro, pediu a Juarez que selasse um dos cavalos para ele cavalgar. O funcionário atendeu o seu pedido, prontamente.

Minutos depois, Romani Neto cavalgava pelos belos cantos da propriedade da família, admirando o vigor com que as plantações cresciam. Inspecionando o trabalho dos empregados que usavam lenço em torno do nariz e da boca para evitar comerem poeira e chapéu de palha para se protegerem do sol. Voltou para a casa contente por ver a fazenda do pai cada vez mais próspera.

Nos dias que se seguiram, Romani permaneceu boa parte do dia ao lado do pai na prefeitura. Admirou Nazaré pela dedicação ao trabalho chegando até a elogiá-la por sua competência. Foi num desses dias, à tarde, quando deixava a prefeitura que uma moça que andava pela calçada despertou sua atenção. Sua beleza o deixou fascinado.

A primeira coisa que ele notou foi o perfume dela, suave e doce como uma chuva recém-caída. Em seguida, seus olhos, belos, mareados de compaixão. Sem delongas, ele foi até ela e lhe pediu licença para trocar uma palavra.

A moça sorriu, revelando uma arcada dentária bem esculpida pela natureza. Seu encanto tornou-se ainda maior quando Romani soube que seu nome era Laura.

– Romani. Romani Guiarone. – apresentou-se ele.

Laura Marques apaixonou-se por Romani Guiarone também à primeira vista. Uma semana depois, Romani pedia ao pai da moça permissão para namorá-la, o que foi concedido prontamente e com grande satisfação pelo pai da jovem que tinha grande admiração e respeito pelo mandachuva da cidade: Felipo Guiarone.

Ao tomar conhecimento do namoro entre o filho e Laura Marques, filha do fazendeiro Gracindo Marques, Felipo ficou emocionado.

– Você é orgulho da minha vida, Romani – confessou. – Como se não bastasse seguir os meus passos, escolheu a mulher certa para se casar: bela, fina, de boa família, especialmente uma que nos apoia.

Romani sentiu-se alegre por dar mais uma vez tanta alegria ao pai.

Com a volta para a faculdade, Romani passou a se corresponder semanalmente com Laura, por meio de cartas. Nelas Romani contava o que havia feito na semana. Laura por sua vez, deixava transparecer nas palavras todo o encanto que sentia pelo namorado.

E assim se passaram mais quatro anos...

II

Nesses quatro anos, Romani empenhou-se ao máximo nos estudos. Pouco antes da festa de formatura, voltou a Girassóis para fazer o que há muito planejava. Chamou Laura para dar um passeio a cavalo pela fazenda e, no momento, que achou propício, cercado pelo verde lindo da natureza, disse:

– Escolhi este lugar privilegiado pela natureza, tendo esse céu azul lindo sobre nós, Laura, para lhe dizer algo muito importante. Na verdade, para lhe fazer um pedido muito importante: casa comigo?

O rosto de Laura iluminou-se naquele instante.

– Eu nem sei o que dizer, Romani, eu..

– Você não me quer?

– É lógico que sim, Romani. Casar com você é o que eu mais quero na vida. Eu o amo. Eu sonho em viver ao seu lado, para sempre, desde que me descobri amando você.

– Então, diga que sim.

– Sim!

Um sorriso bonito floriu nos lábios de Romani Guiarone Neto.

– Pedirei sua mão ao seu pai logo mais. Espero que ele aceite.

– Ele aceitará. Ele gosta muito de você. É o genro que ele sempre sonhou ter.

– E eu sou o homem com o qual você sempre sonhou se casar?

– É muito mais do que eu sonhei, Romani, muito mais...

Os dois se beijaram e continuaram a cavalgar.

Na semana seguinte, a família de Laura Marques e Romani Guiarone reuniram-se para o noivado dos filhos. Era evidente a felicidade de todos. Até mesmo Nazaré parecia feliz com o acontecido.

Na semana seguinte aconteceu a formatura do rapaz na capital. Seu diploma foi emoldurado e pendurado na sala do casarão da fazenda pelo próprio Felipo, orgulhoso do filho.

Dois meses depois aconteceu o casamento de Laura e Romani. Foi outro dia feliz para todos, especialmente para Felipo. Um dia para ser guardado na memória para sempre e, com muito carinho.

Durante a festa de casamento, Romani voltou-se para a esposa e disse:

– Hoje é o dia mais feliz da minha vida!

– O meu também.

– Seremos felizes, muito felizes.

– Sim, meu bem.

– Quero ver a nossa casa cheia de filhos.

– Cheia? – Laura olhou para Romani com expressão de surpresa.

– Quero ter pelo menos quatro filhos, o que acha?

Ela não respondeu, apenas lhe deu um sorriso e o beijou nos lábios com ternura.

III

Dez anos haviam se passado desde o casamento de Laura Marques e Romani Guiarone Neto. Nesse período, o casal mudou-se para São Paulo por causa do trabalho e tiveram os quatro filhos tão almejados: Fabrízio, Ettore, Rocco e Sofia, com intervalos de um ano e alguns meses de um para o outro.

Foi Laura quem escolheu os nomes dos quatro filhos. Romani quis pôr o nome do pai no filho mais velho, mas a esposa se opôs, porque, segundo os antepassados de sua família, batizar uma criança com o mesmo nome do pai ou do avô não trazia sorte para a criança e, consequentemente, para seus pais.

Romani não era supersticioso, entretanto, já que o conselho atravessara gerações da família da esposa é porque algum fundamento tinha, e como ele queria que o filho tivesse tanto sucesso na vida quanto ele, era melhor não arriscar.

Nesses dez anos que se passaram, Felipo Guiarone completou os seus cinquenta e sete anos de idade e ganhou um farto cabelo grisalho. Seu rosto ficou mais redondo e rechonchudo. Mas a imponência que a cabeça erguida e o peito estufado lhe davam não deixou de existir, bem como sua personalidade forte, seus padrões de pensamento, que consequentemente geravam o seu comportamento austero, também estavam lá e cada vez mais radicais. Parecia que o tempo deixava seus valores e padrões de pensamento mais rígidos e sólidos.

Felipo amava os netos, desde que eles acatassem suas ordens e seguissem o que ele acreditava ser o certo para eles despertarem o melhor de suas vidas.

Nesses dez anos, Nazaré se dedicou totalmente ao seu trabalho na prefeitura. Vivia para trabalhar e para a Igreja. Não se interessou por nenhum dos pretendentes que apareceu, nem sequer olhava para eles direito. Se ela ainda pensava em Tarsis, ninguém sabia dizer. Talvez nem ela própria, ela havia sublimado todo o amor que sentia por ele há muito tempo.

Nesses mesmos dez anos, Yolanda conheceu um caminhoneiro chamado Euclides com quem se casou e teve um filho: Inácio. Uma criança bonita, sorridente, de bem com a vida. O casal e a criança mudaram-se de Girassóis para São Paulo quando Euclides encontrou um emprego numa transportadora de lá.

Leonor e Juarez sentiram muito a mudança da filha para a capital, não queriam viver tão distante dela, passar somente as festividades de fim de ano ao lado da filha era muito pouco tempo não opinião do casal. Yolanda também sentiu muito a distância que ficou dos pais por ter se mudado para São Paulo. O que fazer se a mudança era necessária? O jeito era procurar se conformar com a situação e foi o que eles fizeram.

Juarez e Leonor nesses dez anos continuaram trabalhando firmes e fortes na fazenda de Felipo Guiarone. No entanto, nos últimos anos Juarez se viu obrigado a pegar bicos para poder ganhar um pouquinho mais para pagar os remédios que Leonor passou a ingerir para equilibrar sua saúde. Leonor sentia muita pena do marido por ele ter de se esforçar tanto, mas o que fazer se não havia outro recurso?

IV

O mês de julho se aproximava mais uma vez, sabendo que os netos gostavam de garapa, Felipo Guiarone comprou um moedor de cana para poder fazer garapa para eles beberem à vontade quando viessem passar as férias de julho na fazenda com os avós, fato este que se tornou habitual.

Marina, por sua vez, já havia começado desde o início de junho a fazer doces de compota para servir aos netos quando eles ali chegassem.

Faltavam apenas onze dias para a chegada de julho quando desabou uma violenta tempestade por sobre Girassóis e região. Era por volta da uma hora da madrugada. Os raios e o som ameaçador dos trovões pontuavam o céu sem parar. Leonor dormia tranquila ao lado de Juarez quando ouviu o que pareceu ser alguém batendo à porta da humilde casa em que viviam. A mulher despertou assustada, virou-se para o marido e perguntou:

– Juarez, você ouviu?

O marido continuou dormindo.

Leonor pensou em se levantar para ver quem ou o que havia batido à porta, mas desistiu. Os toques só poderiam ter sido provocados pelo vento e a tempestade. Assim, procurou voltar a dormir. Nem bem fechou os olhos, os toques na porta se repetiram. Leonor mexeu delicadamente no ombro do marido na tentativa de acordá-lo.

– O que... o que...? – perguntou Juarez, embriagado de sono.

– Ouvi batidas na porta, marido.

– O que?

– Alguém bateu à porta.

– Você deve estar sonhando, meu bem, deve ter sido o...

– Vento? Foi o que eu pensei, mas... Vamos, Juarez, não custa nada você dar uma olhada, vai que seja o senhor Felipo.

– Se fosse ele teria dado um berro e não batidas, Leonor. Agora volte a dormir, por favor.

Coitada da esposa, pensou Juarez, a preocupação com o resultado dos exames que fizera e cuja resposta aguardava deveria estar perturbando sua mente, tirando sua paz, seu sono. Ao lembrar-se dos exames, Juarez rogou aos céus, mais uma vez, para que não acusassem nada de grave. Calado, fez mais uma oração em prol da saúde da mulher até ser tragado novamente pelo sono.

Leonor tentou dormir, mas não conseguiu. Ao perceber que o marido havia pregado no sono outra vez, ela levantou-se da cama, com cuidado para não fazer barulho e acordá-lo. Não podia, Juarez estava exausto, vinha trabalhando muito ultimamente e tinha de acordar cedo.

Leonor deixou o quarto caminhando com passos bem concentrados, aproximou-se da janela da sala e olhou por uma fresta que havia sido deixada ali por uma ripa que apodrecera.

A janela estava caindo aos pedaços. Na verdade toda a casa, mas ao menos ainda podia abrigá-los da chuva. Exceto num vão da cozinha onde havia goteiras.

Lá fora, a chuva caía torrencialmente e o céu brilhava com os raios.

De repente sua atenção foi chamada para algo que estava na varanda; parecia ser as pernas de alguém, não podia ver direito. Quem seria? Preocupou-se. E se fosse alguém precisando de ajuda, o que fazer? Abrir ou não a janela? Chamar por Juarez? Sim, seria o melhor a se fazer, mas ao lembrar-se do cansaço do marido, Leonor teve pena de acordá-lo.

O jeito era ela mesma tentar abrir a janela um tanto que lhe possibilitasse ver quem era. Não poderiam ser assaltantes. Nenhum deles aguardaria para fazer um assalto, quebraria a janela, entraria na casa e faria o furto o mais rápido possível. Por outro lado que assaltante perderia seu tempo furtando uma casa pobre como aquela, de moradores pobres como eles?

Com cuidado, Leonor abriu a janela até poder ver quem era o estranho parado na pequena varanda em frente a sua humilde casa. Não demorou muito para reconhecer a pessoa, tratava-se de Yolanda, sua filha. Leonor ficou perplexa, fechou a janela rapidamente e caminhou até a porta aflita. Ao abri-la, despertou Yolanda do sono.

– Filha, você por aqui?

– Mãe!

Yolanda, encharcada pela chuva, beijou a mãe no rosto com cuidado para não molhá-la. Foi só então que Leonor avistou o neto ao chão dormindo como um anjo.

– Entrem – disse a mulher, dando passagem para a filha.

Yolanda acordou o filho, com delicadeza e o guiou até o quarto da casa que outrora fora ocupado por ela, quando morava com os pais. Tirou as roupas do menino, secou-o e após vestir-lhe um pijama, acomodou a criança debaixo do lençol e da coberta de retalhos que havia ali.

Em seguida, Yolanda tirou sua roupa úmida, secou-se, vestiu uma seca e perfumada e foi para a cozinha onde a mãe aguardava por ela.

Leonor, naquele momento, punha sobre um dos bocais do fogão a lenha uma chaleira com um pouco de água para ferver para fazer um chá para a filha. Sobre o outro bocal, ela colocou uma frigideira com gordura para fritar dois ovos para que a filha os comesse com pão caseiro. Depois, atiçou o fogo, cuidadosamente, com gravetos, até que as chamas ardessem e aguardou a fervura.

– E o Inácio como está? – perguntou Leonor enquanto aguardava a fervura.

– Crescendo, mamãe, cada vez mais – respondeu Yolanda com orgulho. – É um filho maravilhoso.

– Que Deus o conserve assim.

Assim que os ovos ficaram com as beiradas rendadas e escuras, a mãe os serviu para a filha. Yolanda os comeu com muita vontade, estava com fome, não comia nada já fazia umas dez horas. Só então, Leonor perguntou a filha o que havia acontecido para ela chegar na fazenda no meio da noite e somente na companhia do filho.

– O que houve filha? Por que veio assim no meio da noite, por que não esperou pela manhã? *Cadê* seu marido? Vocês brigaram, não foi?

A filha olhou profundamente nos olhos da mãe, contendo-se para não chorar.

– Sim, mamãe, eu e Euclides brigamos, feio, e dessa vez foi pela última vez. Ele me agrediu. Está cada vez mais descontrolado. Outro dia deu uma surra no Inácio, que se eu não tivesse chegado a tempo ele teria aleijado o menino.

Leonor estremeceu não só por ouvir a revelação da filha, mas também por notar o vermelhão em volta do olho direito dela. Para dissipar a tensão, Leonor serviu-lhe o chá.

– Quem trouxe vocês até a fazenda? – perguntou a seguir.

– Pedi para o seu Euzébio da estação que gentilmente me trouxe até o portão da fazenda, depois andamos até aqui. Ele não quis entrar; ficou com medo de atolar as rodas no lamaceiro. Na verdade não queria me trazer, eu é que insisti, acho que ficou com dó de mim e do Inácio, por isso é que veio.

– Vou chamar seu pai.

– Não, deixe-o dormir.

– Ele anda muito cansado e...

– E o que, mamãe?

– Preocupado. Está endividado. Teve de emprestar dinheiro de um agiota para poder comprar os meus remédios, pagar as minhas consultas médicas, meus exames.

– E o que o médico disse, mamãe?

– Pediu-me para fazer mais alguns exames, o resultado deve sair daqui a alguns dias... não se preocupe, não será nada grave.

Yolanda pegou a mão da mãe e a beijou com carinho. Leonor comentou a seguir:

– A vida nos prega cada surpresa, não, filha?

– Nem fale, mamãe, nem fale. Mas temos de seguir em frente. Será que o senhor Felipo se importará que eu fique hospedada aqui na casa de vocês por um tempo?

Leonor mordeu os lábios, antes de opinar:

– A gente nunca sabe, aquele homem é imprevisível, você bem sabe...

– Não vou morar aqui para sempre, é só até eu arranjar um emprego, ter condições de pagar o aluguel de uma casinha para morar com o Inácio.

– Depois a gente vê isso, filha, vamos dormir agora que é o melhor a se fazer para recobrar as nossas energias.

Yolanda bebeu mais um pouquinho do chá que nunca lhe pareceu tão saboroso quanto naquele dia. Leonor também tomou um bocadinho para acalmar-lhe os nervos. Após Yolanda comer mais um pedacinho de pão molhado na gema do ovo, ela e a mãe foram se deitar.

Leonor acompanhou a filha até seu quarto e após dar-lhe um beijo de boa-noite voltou para a cama junto do marido. Juarez dormia pesado, como dormem todos que estão exaustos. Ele iria ficar surpreso com a chegada da filha, pensou Leonor, e ainda mais surpreso pelo motivo que a trouxera de volta para a casa dos pais. Ele sempre acreditou que a filha e o marido seriam um casal perfeito, inseparável. Pobre Juarez, errou feio na sua previsão, o que prova que o futuro somente a Deus pertence.

Na manhã do dia seguinte, Juarez, como Leonor havia previsto, ficou pasmo ao saber da chegada de Yolanda e dos motivos que a trouxeram para lá somente na companhia do filho.

Juarez caminhou até o quarto agora ocupado pela filha e pelo neto, pisando com cuidado no chão de madeira para que o rangido do assoalho não a despertasse nem o neto querido. O homem emocionou-se ao ver a filha deitada, exprimida, na pequena cama ao lado de Inácio, dormindo profundamente.

V

Assim que Felipo Guiarone partiu para a cidade, Leonor foi até a casa da patroa para lhe pôr a par dos acontecimentos da madrugada. Marina disse:

– Que situação, Leonor. Espero de coração que as coisas melhorem para a sua filha e seu neto. Coitados. Entretanto, não acho que Yolanda agiu certo largando o marido, uma mulher tem de aguentar os altos e baixos da vida de casada sob qualquer circunstância. Assim dita as leis de Deus. Além do mais, como é que vai sustentar a si mesma e ao filho? Se quer o meu conselho, Leonor, incentive sua filha a voltar para o marido. Será bem melhor para ela e para o menino. Se fizer isto, estará deixando de ir contra os mandamentos da Igreja, o que servirá para aliviar seus pecados.

Leonor discordou da patroa porque sabia que, se Yolanda voltasse para o marido, seria novamente espancada com o filho, como das outras vezes. Raramente um homem como Euclides deixa de ser agressivo, o avanço da idade só faz com que piore sua agressividade.

Momentos depois, o pequeno Inácio, com nove anos de idade, acordou e, ao ver a mãe dormindo profundamente, levantou-se da cama com cuidado para não acordá-la e foi para a cozinha em busca da avó.

— Vovó!

— Inácio! Meu neto, querido! — alegrou-se Leonor, abraçando o menino com carinho. Ao tentar erguê-lo, Leonor soltou um grunhido de dor.

— O que foi?

— Você está pesado, meu querido, cresceu um bocado, hein? Assim, você logo será um homenzinho. Sente-se, vou lhe preparar um copo de leite quentinho e gostoso, como só a vovó sabe fazer.

— A mamãe me disse que nós nunca mais voltaremos para a casa, é verdade?

A avó olhou para o menino sem saber o que responder.

— Sua mãe está nervosa, filho, depois as coisas se resolvem.

— Papai deu um tapa no rosto dela, vovó.

— Como sabe?

— Eu vi, através da fresta da porta. Ele berrava tanto com ela, vovó, que seria melhor a gente nunca mais voltar para casa.

Leonor passou a mão na cabeça do garoto num gesto carinhoso e sorriu para ele. Naquele instante, Leonor lembrou-se do que Marina havia lhe dito há pouco, então disse para si mesma: "Não, dona Marina, eu não concordo com sua sugestão de pedir a minha filha que volte para o marido. Duvido que a senhora aconselharia o mesmo se fosse sua filha quem estivesse nessa situação."

VI

Uma semana depois da chegada de Yolanda e Inácio a fazenda Guiarone, chegaram os netos de Felipo e Marina para passarem mais uma férias de julho na companhia dos avós.

Assim que avistou o carro do filho atravessando a porteira que levava à sede de sua propriedade, o homem saltou de sua cadeira de balanço e um sorriso tomou-lhe a face. Desceu lepidamente o lance de escadas, mal contendo a ansiedade.

– *Mulher*, eles chegaram! Nossos netos chegaram! – gritou para esposa com sua forte e pungente voz.

Assim que Fabrízio, o neto mais velho, saiu do carro, correu para os braços do avô.

– Fabrízio, meu neto querido! – exclamou Felipo agachando-se para poder dar um abraço apertado e demorado no menino.

Fabrízio, com onze anos nessa época, era parecidíssimo fisicamente com Felipo. Não só no físico como na personalidade. Até o modo de falar se assemelhava ao dele.

Depois, Felipo abraçou os outros dois netos, Ettore e Rocco, mas não da mesma forma calorosa que abraçara Fabrízio. Era evidente, qualquer um podia ver que Felipo tinha predileção pelo neto mais velho. Não desmerecia os outros, mas se dedicava mais a ele. Dava-lhe atenção redobrada, um carinho ao quadrado.

Ettore, com 10 anos, era fisicamente mais parecido com Romani. Era um garoto esguio e bonito, gentil e meigo, que desde pequeno demonstrava uma grande reserva de polidez e sensibilidade. Jamais causava problema para os pais e jamais parecia estar mal vestido, mesmo quando estava.

Rocco, com 9 anos, era mais parecido com a mãe. Tinha um riso tão constante que era impossível não se sentir alegre na sua companhia. Tudo ao seu lado parecia ser mais alegre do que realmente era. Os olhos eram grandes, porém, delicados, de um azul reluzente como os de Laura.

Sofia foi a última a ser abraçada pelo avô. A menina adorava Felipo tanto quanto ele a adorava. Era a menina dos seus olhos, como dizem os poetas. Estava com 8 anos, tinha uma feição diferente. Puxara à família da avó materna. Podia-se notar que teria uma personalidade forte, assemelhava-se muito a Fabrízio no seu modo de ser.

Marina surgiu de dentro da casa também eufórica para ver as crianças. Os quatro netos também cumprimentaram a avó com grande alegria.

Romani, com 33 anos, cumprimentou os pais com grande entusiasmo, no que foi seguido por Laura, 32.

Nazaré também se mostrou feliz pela chegada dos sobrinhos. A ida deles para lá quebrava um pouco a solidão em que vivia. As crianças também fizeram grande festa ao vê-la. Gostavam da tia, muito. Especialmente, Ettore e Sofia.

Todos entraram na casa e as mulheres foram desfazer as malas que haviam sido levadas para os quartos com a ajuda de dois empregados.

– À tarde vamos andar a cavalo! – anunciou Felipo, alegremente.

Os netos urraram de empolgação.

VII

Após a sesta, Romani foi até a varanda, aconchegou-se na cadeira de balanço e relaxou. Precisava descansar. Vinha trabalhando exaustivamente. Dividindo seu tempo com sua carreira de advogado e como político. Certas noites chegava a dormir somente cerca de quatro horas. Laura se juntou a ele pouco tempo depois, trazia na mão uma xícara contendo um café cheiroso. Serviu um pouco ao marido.

– *Cadê* as crianças? – perguntou.

– Saíram com papai.

– Eles o adoram.

– E como.

Laura avistou, então, Yolanda com o filho sentados na varanda da casa de Juarez e Leonor.

– Quem são? – perguntou.

– Não sei. – murmurou Romani franzindo os olhos para enxergar melhor.

– Deve ser a tal filha dos empregados – continuou Laura. – Uma que sua mãe estava me contando a respeito há pouco, enquanto enxugávamos a louça do almoço. Parece que ela se mudou para cá, após ter abandonado o marido.

– Deve ser Yolanda, filha do Juarez e da Leonor. – comentou Romani, com estranheza na voz. – Não a vejo há anos.

Romani levantou-se e caminhou até Yolanda e o filho. Laura ficou observando o marido dali, degustando, sem pressa, o café fumegante.

– Yolanda? Quanto tempo... – disse Romani ao se aproximar da moça.

– Como vai, Romani?

– Bem e você? O menino é seu filho?

– Sim, este é o Inácio, meu filho.

Romani baixou a voz ao perguntar:

– É verdade que você se separou do seu marido?

Ela mordeu os lábios antes de assentir com a cabeça.

– Tem certeza que fez a coisa certa, Yolanda?

– Sim.

A conversa dos dois foi interrompida pela chegada de uma carroça. Era Juarez e Leonor que voltavam da consulta médica em Girassóis. Romani cumprimentou o casal, cordialmente e voltou para junto da esposa.

– É mesmo Yolanda e o filho – afirmou ele para Laura. – Onde já se viu largar o marido assim de uma hora para outra? Só uma mente tacanha faria uma coisa dessas. Ela vai viver do que? Ainda mais numa região como esta onde empregos são escassos. Sua atitude impensada vai trazer não só problemas para os pais dela como para nós. Meu pai não deve estar gostando nada disso.

Um ar enigmático transpareceu nos olhos de Romani, quando ele finalizou seu parecer.

VIII

Leonor entrou na humilde casa onde vivia acompanhada pelo neto. Yolanda ia indo atrás dos dois quando o pai a segurou pelo braço. Assim que ficou certo de que a esposa não podia ouvi-los, Juarez falou para a filha:

– Os exames... o médico disse que...

Juarez não foi além dessas palavras, o choro não lhe permitiu.

– O que papai?

– Sua mãe terá de fazer uma cirurgia. Ela não está nada bem.

– Acalme-se, papai, vai dar tudo certo.

Yolanda assim que pôde foi até a capela da fazenda, rezar. Nunca precisara tanto de Deus em sua vida como agora. Diante da imagem da Virgem Maria ela se ajoelhou e orou.

Dizem que é somente nas horas mais sombrias da vida que muitas pessoas se lembram de Deus. Yolanda, não. Ela O tinha como seu confidente, sempre.

IX

Na primeira noite dos netos na casa dos avós, Marina fez omelete para todos. Eles adoravam a omelete da avó. Para eles, só ela sabia fazê-la tão saborosa. De sobremesa havia pães doces recheados com geleia e para beberem leite com açúcar queimado. Uma delícia. A única polêmica da noite foi se a garotada jogava o jogo da memória ou ludo.

Na tarde do dia seguinte, Leonor convidou os netos do patrão para irem até sua casa comerem bolinhos de chuva e pipoca em comemoração ao aniversário do neto.

Sofia foi quem mais se encantou por Inácio e, desde então, não mais se desgrudou dele. Convidava-o para ir junto com ela e os irmãos para todo lugar que fossem na fazenda e para participar de todas as brincadeiras que faziam. Só não podia convidar o menino para brincar com eles à noite, porque as brincadeiras noturnas geralmente aconteciam dentro da casa dos avós e lá, a avó não permitia a presença dos filhos dos empregados. Sofia insistiu com Marina para que ela permitisse a presença de Inácio ali brincando com eles, mas a avó foi categórica: "não é não!" Sofia não se deu por satisfeita, quis saber o porquê. Marina explicou à neta que ela era muito criança para compreender. A menina continuou não se dando por vencida.

No dia seguinte, Rocco, Ettore, Sofia e Inácio encontravam-se no terreirão, brincando, quando Rocco, subitamente, explodiu numa gargalhada.

– Vovô ronca como um trem em alta velocidade – comentou, aos risos.

Ettore, Sofia e Inácio riram com ele. Porém, Ettore parou de rir de súbito ao perceber que Fabrízio havia se aproximado, sem que nenhum deles houvesse notado.

Diante do semblante assustado de Ettore os demais voltaram-se para trás, na direção em que Fabrízio se encontrava, parado, olhando seriamente para todos. As risadas se dissiparam, evaporando no ar no mesmo instante.

– Você é um cretino, Rocco – observou Fabrízio, com acidez. – Não deveria falar assim do meu avô!

– Nosso avô – corrigiu Rocco, de cabeça erguida.

A mão de Fabrízio se fechou compulsivamente. Quis esmurrar o irmão, mas conteve-se, pensou no avô, que atitude ele teria naquele momento. Com certeza não aquela, usaria apenas palavras, palavras ásperas, cortantes, incisivas e determinadas, não murros.

Fabrízio fez então uso delas:

– Vovô não só merece o nosso respeito, mas o nosso profundo agradecimento por tudo o que ele fez e faz por nós. É por causa dele que temos tudo isso.

Fabrízio deu as costas para os quatro e regressou para a casa. Considerava-se um adulto em pele de criança, tanto que participava somente de algumas brincadeiras com os irmãos. Geralmente dos jogos da noite. No restante, permanecia ao lado do avô e do pai, acompanhando-os onde quer que fossem.

Ao entrar na casa, Fabrízio encontrou a sala mergulhada numa profunda penumbra. As duas janelas do cômodo seriam suficientes para deixar passar a claridade do sol, mas por causa das trepadeiras frondosas penduradas junto a elas isso tornou-se impossível.

De repente, Fabrízio viu pelo canto do olho direito o vulto de uma pessoa caminhando pela sala, virou-se instantaneamente naquela direção, mas não havia ninguém ali. Balançou a cabeça negativamente, e num tom austero falou:

– Rocco, pare de fazer criancices comigo, seu tolo. Deveria gastar seu tempo fazendo coisas mais proveitosas e não pregando susto nas pessoas. Desista! Cresça e apareça! Já! Está mais do que na hora de você crescer, meu rapaz.

Não houve resposta. Fabrízio voltou até a porta da casa e de lá avistou os dois irmãos junto da irmã e Inácio brincando no terreirão. Se todos estavam lá, quem teria passado por ele, então? Aquela não era a primeira vez que ele tinha visões daquele tipo, algo que por mais que procurasse entender, não conseguia. Fabrízio fez uma careta, deu de ombros e deixou a sala.

X

Nos dias que se seguiram as mulheres começaram os preparativos para a festa junina que a família nos últimos anos passou a realizar em julho porque os netos não podiam estar em junho lá para comemorar as festividades, por ser um período de provas na escola.

Os empregados armaram uma enorme fogueira e prepararam o mastro para ser erguido. Às vésperas da festividade, Felipo chamou os netos para ir com ele a Girassóis comprar os fogos de artifício.

– Podemos levar o Inácio conosco, vovô? – perguntou Sofia.

– Não! – respondeu Felipo, rispidamente.

– Por que não, vovô? – retrucou a neta. – O Inácio é tão bacana.

– Não se deve dar liberdade aos empregados, minha neta. Muito menos aos filhos dos empregados, senão eles perdem o respeito para conosco, coisas que você não entende, ainda, por ser muito criança. Mas um dia você me compreenderá e me agradecerá por ter-lhe ensinado isso.

Sofia mordeu os lábios, ressabiada.

Na loja de fogos, Felipo Guiarone comprou traques, vulcões, fósforos de cor, bombinhas, busca-pés e rojões. Felipo fazia os pedidos para o vendedor, seu Nicolau, velho conhecido seu, quando Sofia disse para o avô:

– Vovô, não esqueça dele...

– Dele quem, minha neta?

– Do Inácio, vovô.

– Inácio?!

– Sim, do Inácio – enfatizou a menina.

O avô riu, com ironia.

– Só me faltava essa, ter de comprar fogos de artifício para o filho de um empregado. Se eu tiver de comprar fogos para os filhos dos empregados da fazenda, estarei perdido, minha neta. Eles com comprem com o dinheiro deles, não com o meu. Meu dinheiro é ganho com muito suor. Não é para ser gasto com gente que não me cabe.

Fabrízio virou-se para a irmã e lhe lançou um olhar de reprovação. Sofia revidou fazendo uma careta desdenhosa e mostrando-lhe a língua.

Manhã da festa *julhina*

Nem bem a festa tinha tido inicio, Sofia chamou Inácio até um canto da varanda e lhe pôs na mão uma caixa de fósforos de cor e uma outra de traque. Inácio ficou tão feliz com o presente que correu, no mesmo instante, até Yolanda e lhe mostrou o que havia ganhado da amiguinha. Yolanda beijou o filho radiante e quando encontrou Sofia, lhe deu um beijo em agradecimento.

A maioria dos presentes à festa eram funcionários da prefeitura e partidários. Diante deles Felipo se mostrava diferente, extremamente simpático e generoso, como age todo político.

Os estrondos das bombinhas, traques e rojões se misturavam ao som da música alegre tocada por sanfoneiros da região. Os clarões dos rojões iluminavam o céu. Era uma bela visão. O dia não poderia estar mais propício para realização da festa.

Depois de um tempo houve a apresentação da quadrilha, formada pelos alunos de uma das escolas da cidade.

Minutos depois, Fabrízio perguntou para ao irmão mais novo:

– Rocco, aonde está o Ettore?

– Eu não sei, deve estar com a Sofia e o Inácio.

– Aqueles dois não tem jeito mesmo. Onde já se viu ficar brincando por aí com Inácio, o neto de um subalterno?

– Subalterno? O que significa isso, Fabrízio?

– É uma palavra que o papai sempre diz.

– E o que significa?

– Gente pobre, acho...

Sofia surgiu do meio das pessoas e veio na direção dos dois irmãos correndo e alegre:

– Sofia, você quer se comportar? – repreendeu-a Fabrízio com austeridade.

– Estou brincando, Fabrízio.

– Com quem, sua boba, sozinha?

– Não. Com o Ettore e o Inácio de pic-esconde-esconde. Eu sou o pic, estou procurando por eles. Vocês os viram?

– Não!

Sofia saiu correndo em busca do esconderijo dos dois participantes da brincadeira.

Nesse momento, Felipo foi até seu quarto para pegar os rojões para serem soltos durante a erguida do mastro. Estava prestes a entrar no seu quarto quando ouviu uma conversinha no quarto que era ocupado pelos netos.

"*Catso!* Eu disse para essa criançada não brincar aqui dentro, só pode ser o Rocco, ou Ettore ou Sofia, Fabrízio nunca faria isso."

Felipo caminhou silenciosamente até o quarto dos netos, disposto a dar um susto e uma dura naqueles que haviam desobedecido a suas ordens.

Diante da porta entreaberta do quarto Felipo avistou Ettore de frente para Inácio, falando baixinho com o menino. Felipo estava prestes a berrar com os dois garotos quando viu Ettore e Inácio se beijando na boca. Beijando-se com muita vontade.

Felipo levou a mão ao peito, sentiu seu coração enrijecer, avermelhou-se. Tentou falar, mas sua voz não saía. Para um homem defensor fervoroso da moral e dos bons costumes aquilo era a maior afronta que se podia fazer contra a moral humana e a Deus.

Num estalo deu um soco na porta que a fez se abrir por inteira. Os garotos deram um pulo de susto pela entrada tão abrupta e repentina de Felipo. Sua aparição súbita paralisou os dois meninos.

– O que é isso? – indagou, controlando-se para não berrar. Se berrasse poderia ser ouvido do lado de fora da casa, o que não seria adequado com tanta gente importante ali.

Apontando o dedo indicador para Inácio, Felipo ordenou, entredentes:

– Fora daqui seu moleque!

O menino, assustado, acatou a ordem no mesmo instante. Felipo tentou agarrá-lo quando passou por ele, mas seus dedos escorregaram da camisa do menino.

Ettore ainda se mantinha olhando alarmado para o avô. Quando Felipo aproximou-se, ele recuou um passo.

– Tenha calma meu neto, calma, tudo vai ficar bem. – disse Felipo passando a mão pela cabeça do menino.

Ettore tremia agora por inteiro. Seu queixo era o que mais tremia violentamente. Estava quase chorando.

Nisso Romani entrou no quarto. Ao ver o pai e o filho, exclamou:

– Vocês dois aqui! O que houve?

– Não... nada – respondeu Felipo, gaguejando.

– O senhor parece que viu um fantasma, papai.

Ettore, de repente, desvencilhou-se das mãos do avô e deixou o quarto, correndo.

– O que deu nesse menino? – perguntou Romani.

Felipo sentou-se na beiradinha de uma das camas que havia no aposento, mergulhou o rosto entre suas mãos grandes e procurou se acalmar.

– O senhor não está bem, papai, o que houve? – preocupou-se Romani, ficando de frente para o pai.

Felipo contou a seguir o que presenciou entre Ettore e Inácio. Romani parecia mal acreditar no que ouvira. Havia uma expressão trágica agora sombreando seu rosto.

– Acalme-se, Romani – disse Felipo –, eu tomarei as devidas providências, não se preocupe.

Romani assentiu com a cabeça, olhando para o pai como o se visse de uma longa distância.

Logo pela manhã do dia seguinte, Romani com sua família partiu para São Paulo. Através da janela do carro, Sofia acenou para Inácio com um sorriso reluzente no rosto. Ettore olhava também para o menino, porém, de modo enigmático. Nem bem eles partiram, Felipo chamou Juarez para ter uma conversa.

– Pois não, senhor Felipo?

Felipo foi direto ao assunto:

– Não preciso mais dos seus serviços, Juarez. Está dispensado. Quero que partam daqui o mais rápido possível.

Os olhos de Juarez arregalaram-se até que o branco em torno das pupilas aparecesse por completo. A respiração cessou, o corpo enrijeceu.

– Mas...

– Sem mas... – interveio Felipo num tom áspero.

O empregado lançou um olhar agoniado ao patrão e disse:

– Senhor Felipo, desculpe-me, se fiz algo de errado, algo que eu não tenha percebido é só me dizer.

Felipo limitou-se a receber a pergunta em silêncio.

– Sempre fui um empregado fiel e dedicado. – continuou Juarez, com dignidade.

O patrão remexeu-se na poltrona, tirou o ar dos pulmões e disse:

– Foi. Agora está cansado. Não dá mais conta do serviço.

Juarez continuou em sua defesa:

– Se é por causa da minha filha, ela irá embora assim que conseguir um emprego. Não posso deixar de estender a mão para ela num momento tão difícil de sua vida.

Felipo foi incisivo, mais uma vez.

– Quero que partam de minhas terras o mais rápido possível.

Felipo encerrou o assunto, levantando-se e deixando o aposento.

A expressão nos olhos de Juarez quando percebeu que não havia mais o que tecer a seu favor foi desoladora. O pobre homem voltou cabisbaixo, quase se arrastando até a humilde casa onde vivia com a esposa e nas últimas semanas com a filha e o neto. Assim que chegou, Leonor, que naquele momento consertava o rasgo de uma meia, percebeu que algo de errado havia acontecido. Juarez puxou uma cadeira, sentou-se ao lado dela e desabafou:

– Fui despedido, Leonor.

Leonor largou a cesta de costura e fitou-o, incrédula. Juarez não conseguiu encará-la.

Yolanda, ouviu de longe o que o pai havia contado para a mãe. Pensou que estivesse ouvindo coisas e, por isso, foi falar com ele.

– O que foi que o senhor disse, papai?

Bastou ver as lágrimas escorrendo pelo rosto do pai para ela compreender que ouvira certo, sim. Yolanda ficou boba.

– O que será de nós, agora? – perguntou Leonor, respirando ofegante.

Ninguém dali soube responder.

– Acalmem-se tudo vai acabar bem. – afirmou Yolanda e, em seguida, deixou a casa.

Minutos depois a moça encontrou Felipo Guiarone na sala do grande casarão, entrou no aposento sem pedir permissão e pediu licença ao dono da casa para lhe falar:

– Senhor Felipo, o que meu pai fez para ser despedido?

Felipo limitou-se a lançar um olhar de descaso para a moça. Yolanda ignorou sua atitude e continuou:

– Se o problema sou eu, eu parto.

Felipo pigarreou para limpar a garganta e disse:

– De nada adiantará você partir, porque voltará para cá, cedo ou tarde, para visitar seus pais e, isso eu não quero, sob hipótese alguma.

– Então o problema sou eu? O que fiz?

A moça deixou transparecer certa aspereza na voz. "Calma Yolanda", disse uma voz dentro dela. "Contenha-se, senão você piora as coisas." Ela respirou fundo e ponderou o tom. Disse:

– Eu parto daqui, o mais rápido possível, senhor Felipo, e prometo ao senhor, por tudo que há de mais sagrado, nunca mais pôr os pés aqui. Eu juro! Mas, por favor, eu lhe imploro: não despeça meu pai, ele precisa desse emprego, agora, mais do que nunca.

Yolanda ajoelhou-se aos pés de Felipo e explicou:

– Minha mãe está muito mal de saúde, seu estado é tão grave que ela precisa ser operada.

As palavras da moça conseguiram amolecer ligeiramente o coração austero de Felipo Guiarone. Entretanto, a visão dos dois meninos se beijando na boca, aquela cena obscena e ultrajante ocupou novamente a sua mente. Aquilo era coisa do demônio. E coisas do demônio tinham de ser exorcizadas para o bem da moral e dos bons costumes de qualquer lugar. Essa foi a regra estipulada pelos homens de sua família que passou de geração para geração: "Detenha as influências do demônio a qualquer custo."

Ao perceber que Felipo não voltaria atrás, Yolanda levantou-se e disse:

– Muito bem, senhor Felipo, se é assim que o senhor quer, assim será. Partiremos de suas terras o mais breve possível. Mas saiba que está cometendo uma tremenda injustiça...

Felipo interveio em tom brusco:

– Eu jamais cometo injustiças, minha senhora.

Yolanda baixou a cabeça e deixou a sala. Felipo, ainda olhava para a moça com uma expressão de desagrado quando ela se retirou.

Nem bem Yolanda deixou Felipo sozinho na sala, Marina juntou-se a ele.

– É uma moça petulante – queixou-se Felipo para a esposa. – Não deve tomá-la por tola, pois ela é evidentemente inteligente. Na verdade eu diria que ela é extraordinariamente inteligente e competente na arte de persuadir as pessoas. Mas a mim não engana. Não permitirei que devaste o paraíso que eu construí com tanto suor por causa de seu filho endemoniado. Jamais!

Ele bufou antes de acrescentar:

– Essa aí deve ser uma dessas mulheres levianas que vivem metidas em festas, boates... O filho não deve ser dele, digo, do marido dela. Ele deve ter descoberto e, por isso, deu fim ao casamento e a expulsou de casa. Essa é a verdade e não o que ela contou. Seus próprios pais devem desconhecer o fato. Ela inventou que foi agredida pelo marido por ser menos vergonhoso para ela, é lógico, do que o verdadeiro motivo.

Marina ficou visivelmente pasma diante das palavras do marido. Era incrível, mas o que Felipo dissera fazia total sentido. Aquele podia ser realmente o motivo que levou o marido de Yolanda a agredi-la e expulsá-la de sua casa, com o filho. E ela inventou uma história qualquer para encobrir seus erros. Contudo, se Inácio não era filho do homem com quem Yolanda se casou, filho de quem ele seria? Marina ficou curiosa. Talvez nem a própria Yolanda soubesse, muito menos o verdadeiro pai da criança.

Na varanda do casarão, Yolanda encontrou Nazaré que a olhava envergonhada e estava trêmula, conforme havia notado.

– Eu... eu sinto muito... – lamentou Nazaré que por estar ali havia ouvido a pequena conversa entre Yolanda e seu pai.

Yolanda pegou o braço de Nazaré e a levou dali. Num lugar apropriado voltou-se e disse:

– Você não pode intervir por nós, Nazaré? Não por mim, mas pelos meus pais. Eles realmente precisam desse emprego. Agora mais do que nunca. Meu pai além de tudo está devendo para agiotas.

De tão trêmula, Nazaré não conseguia formular uma palavra sequer. Foi então que Yolanda percebeu que por trás daquela mulher de aspecto sério, decidido e austero como o pai, havia uma alma frágil, insegura, que sentia profundo pavor do pai.

Era incrível como as pessoas conseguiam esconder dos outros suas fragilidades e seus temores, adotando uma postura austera.

– A única atitude que posso tomar por vocês – disse Nazaré num sussurro quase imperceptível. Com certeza por medo de ser ouvida pelo pai. – É ajudá-los financeiramente.

– Eu lhe agradeço muito. – disse Yolanda, com sinceridade.

– Agora, preciso ir. Se meu pai me pega aqui, falando com você...

– Vá e, mais uma vez, muito obrigada por se preocupar conosco, Nazaré.

Nazaré sorriu para ela, aflita, e partiu estugando os passos.

XI

Naquela mesma tarde, pouco antes de Juarez partir com a família, Nazaré ia entregar o dinheiro que decidiu dar para ajudar a família. Atravessava a sala rumo à porta dianteira da casa, quando a mãe chamou por ela.

– Aonde vai, Nazaré?

Marina assustou-se ao ver que a filha estava trêmula e atônita.

– O que houve, Nazaré?

A filha tentou dizer alguma coisa, mas nenhum palavra conseguiu atravessar seus lábios. Marina viu então em sua mão o que parecia ser um envelope.

– O que há no envelope, Nazaré?

O tom da mãe era incisivo e austero. Sem muita paciência Marina repetiu a pergunta. Nazaré mordia os lábios, agora, como faz uma criança assustada. A mãe estendeu a mão direita para ela com a palma virada para cima e ordenou:

– Dê-me.

Nazaré tremeu.

– Eu... eu... – tentou dizer.

Marina a interrompeu:

– Você ia dar dinheiro ao Juarez e sua família? Ficou louca?! Se seu pai descobre, ele mata você!

– Mas...

– O que deu em você, Nazaré? Nunca foi de ter coração molenga, o que houve?

Nazaré, entre lágrimas, defendeu-se:

– Não é justa a atitude do papai para com esses pobres coitados. Juarez salvou sua vida, não se lembra? Se não fosse Juarez ter aparecido às margens do rio naquele dia de tempestade, papai teria morrido afogado. Juarez não merece o que o papai está fazendo com ele e sua família. Não merece!

Marina foi rápida na resposta em defesa do marido.

– Seu pai já agradeceu Juarez suficientemente por tê-lo salvado aquela vez. Ele não tem obrigação de agradecer-lhe pela eternidade.

"Na minha opinião, Nazaré, foi ótimo que seu pai tenha demitido Juarez. Pois devido a difícil situação financeira em que ele se encontra, Yolanda será obrigada a pedir abrigo ao ex-marido, será forçada a se entender com ele, queira ou não queira. Isto será positivo para ela, pois o lugar de uma mulher é ao lado do marido, em qualquer circunstância. Essa é a lei de Deus. Compreendeu, Nazaré?

"Outro ponto positivo em toda essa história é que Inácio voltará a viver ao lado do pai, o que é muito importante para ele, pois todo mundo sabe que esses 'maricas' tornam-se 'maricas' por não crescerem ao lado de seus pais. Portanto, Nazaré, a atitude de seu pai para com Juarez e, consequentemente para com sua família vai ajudá-los a evitar que uma desgraça maior se abata sobre eles, pois não existe desgraça maior para uma família do que um filho tornar-se um marica no futuro."

Nazaré não soube mais o que dizer. Momentos depois, assistia, por meio de uma pequena fresta da janela de seu quarto, a família de Juarez partir.

"O que seria deles, agora, sem casa para morar, sem emprego, com dívidas e com Leonor doente?", perguntou-se. "Yolanda faria o que sua mãe supunha que ela fizesse?".

Nazaré sentiu-se ultrajada mais uma vez consigo mesma por não ter conseguido dar o dinheiro à família. Que Deus amparasse e protegesse aquela família, rogou. Que pusesse alguém no caminho deles que os salvasse daquela delicada situação, assim como fizera com seu pai, no passado, quando pôs Juarez nas proximidades do rio para salvá-lo de um afogamento.

E o tempo seguiu seu curso...

Capítulo 3

I

Cinco anos depois dos últimos acontecimentos, Romani Guiarone Neto mudou-se com a família para Girassóis, para se candidatar a prefeito da cidade. Ganhou a eleição e exerceu o mandato com o mesmo afinco do pai.

Foi assim que Fabrízio conheceu Tereza de Moraes, jovem atraente, de corpo bem definido, feições delicadas e cabelos loiros cintilantes e após pedir permissão para o pai da moça começou a namorá-la.

Ele tinha dezesseis anos e ela quinze quando o namoro teve início.

A personalidade rígida de Fabrízio não tinha tanto peso no campo do amor. Era devotado a Tereza, um *gentleman*; carinhoso como toda mulher gosta de ser tratada.

Tanto a família de Fabrízio como a família de Tereza ficaram realizadas com o namoro dos dois, ambas se queriam muito bem. Felipo ficou mais uma vez realizado com o neto predileto por ter escolhido, como se o amor fosse realmente questão de escolha, namorar a filha do segundo homem mais rico daquela região, que tinha grandes amigos no governo que poderiam ser muito úteis no futuro, para abrir as portas para a carreira de político de Fabrízio. Sim, Felipo e Romani desejavam muito que Fabrízio seguisse a tradição da família na política, para os dois, o rapaz havia nascido para aquilo.

Assim que completou dezoito anos de idade, Fabrízio ingressou no primeiro ano de Direito numa faculdade na cidade de São Paulo, tal como fizera seu pai.

Aos dezoito anos, havia se tornado um jovem de beleza exuberante, dotado de músculos e ossos fortes, estava feliz por ter se tornado um adulto, fase em que a maioria dos homens e mulheres passam a empregar táticas menos óbvias.

74

Somente nas férias de julho é que o rapaz regressou a Girassóis e seu pai foi apanhá-lo na estação de trem, como fazia questão. Enquanto se dirigiam ao carro, Romani falou:

— Estava morrendo de saudade de você, filho. Acredito que sua mãe e Tereza também. Seu avô, então, nem se fala. O coitado só fala na sua chegada. Exige, como sempre, que você fique hospedado na casa da fazenda com ele durante todo o período de férias.

— Ficarei, papai e com grande gosto. O senhor sabe o quanto eu admiro o vovô.

O pai assentiu. De fato, Fabrízio amava o avô, até bem mais que o próprio pai.

Romani, como Felipo havia exigido, levou Fabrízio direto da estação para a fazenda da família. Felipo explodiu de alegria com a chegada do neto adorado. Abraçou-o calorosamente e lhe cobriu de elogios.

Felipo, aos 64 anos de idade, mantinha-se em plena forma física, apenas seus cabelos haviam-se prateado quase que por completo.

Marina, após trocar algumas palavras com Fabrízio, deixou-o neto a sós com o marido para conversarem, o que fizeram por um bom tempo.

Após acomodar-se na fazenda, Fabrízio foi se encontrar com Tereza em Girassóis. Os dois trocaram um longo abraço e um beijo demorado.

— Quase seis meses sem o ver, Fabrízio, estava com muita saudade — desabafou Tereza, com sinceridade.

— Eu também estava com saudade, Tereza.

Ele ia dizer "estava morrendo de saudades", mas aprendera com o avô que não ficava bem para um homem usar expressões desse tipo.

A seguir, ele enxugou com um lenço as lágrimas que surgiram nos olhos da namorada e, depois, beijou-lhe a testa externando mais uma vez o carinho enorme que parecia sentir por ela.

Com Tereza, Fabrízio se permitia despir, ao menos por alguns segundos, do seu modo rígido de ser.

II

Depois de rever a namorada, Fabrízio foi até a casa dos pais na cidade. Lá reencontrou a mãe e os irmãos:

– Como vai, Rocco? – cumprimentou, o irmão mais novo.

Os dois trocaram um forte abraço.

– E a faculdade, Fabrízio, está gostando?

Fabrízio ia dar sua opinião verdadeira a respeito dos estudos, mas mudou de ideia.

– Muito – respondeu, simplesmente.

– É o que realmente quer para você?

– Não tenho dúvidas, Rocco. É lógico que as matérias do primeiro ano não são referentes àquilo que a gente realmente quer aprender na prática, mas...

Rocco, aos 16, tornara-se um adolescente com ares de rapaz europeu. Tornara-se também um *sarrista* inveterado.

Nisso Ettore juntou-se a eles. Ao vê-lo, Fabrízio imediatamente fechou o cenho e cumprimentou o irmão com frieza formalidade. Fabrízio não percebia, mas estava sempre impondo uma barreira entre ele e Ettore. Talvez, por não ter a mesma afinidade que tinha com Rocco.

Ettore, como sempre, manteve-se sério diante do irmão mais velho, na verdade, apreensivo. Crispando as mãos, apoiando-se ora numa perna ora noutra.

Ettore, aos 17, tornara-se um jovem recatado e sério. Parecia estar sempre policiando seu comportamento e ter dificuldades para relaxar. Parecia andar dentro de uma armadura medieval.

– Epa! Tem algo diferente em você, Fabrízio! – exclamou Rocco, após prestar melhor atenção no irmão.

– Corta essa, Rocco! – argumentou Fabrízio, corando.

– *Tô* falando sério; alguma coisa em você mudou. O Ettore também está diferente, posso ver pelo seu olhar, e isso tem nome: garota. M-u-l-h-e-r!

– Que bobagem, Rocco – indignou-se, Ettore.

– Bobagem é, sei... a Sofia também notou e estou notando o mesmo no Fabrízio.

– Já lhe disse Rocco, que não tem nada de diferente em mim. Estou feliz por estar em casa, por rever vovô, papai, minha família e a Tereza, só isso.

– Sei não, meu irmão, sei não... Isso *pra* mim *tá* me cheirando a outra garota.

– Cala boca, Rocco, vai que alguém ouve e pensa que é verdade. – irritou-se, Fabrízio

– E é! – insistiu Rocco.

Fabrízio perdeu a paciência e foi para cima do irmão, mas ele se esgueirou de seus braços tal como um zagueiro e saiu correndo do aposento gargalhando.

– Esse Rocco não tem jeito mesmo – murmurou Fabrízio, balançando a cabeça de um lado para o outro.

Depois, retomando o seu ar de sério, voltou-se para Ettore e perguntou:

– E quanto a você, Ettore, está realmente de olho numa garota?

A resposta de Ettore soou rápida, quase que simultânea à pergunta:

– Alucinação do Rocco.

Fabrízio olhou profundamente os olhos do irmão, desconfiado de que ele mentia. Ettore ficou tão sem graça que seu rosto enrubesceu, contritamente.

Nesse instante ouviu-se uma buzina.

– Quem será? – perguntou Fabrízio.

Antes que Ettore respondesse, Rocco gritou lá de fora da casa:

– Ettore, é o Caio!

Fabrízio notou um ligeiro rubor transparecer nas maçãs do rosto do irmão. Ettore, sentindo-se ainda mais sem graça, pediu licença e foi atender o amigo. Fabrízio foi até a janela e de lá ficou observando o irmão encontrar-se com o amigo.

Escarrapachado no selim de uma reluzente motocicleta cromada e escarlate, estava Caio de Freitas, usando enormes óculos protetores preso em sua testa, jaqueta de couro, calças jeans e botas de couro marrom.

Fabrízio já conhecia o rapaz desde que ele se tornara o amigo inseparável de Ettore, logo após estudarem na mesma classe no primeiro colegial.

Ettore montou na garupa da motocicleta de Caio e partiram. O barulho estridente e inoportuno da moto foi desaparecendo, conforme ela se distanciava da casa.

O rosto de Fabrízio, a seguir, transformou-se em rosto da esfinge.

III

A moto logo tomou a estrada de terra que levava às margens do rio que passava rente a cidade e atravessava muitas fazendas da região, inclusive a dos Guiarone.

Por onde o veículo passava uma nuvem de poeira se erguia pela estrada. Quando o pó se assentava, já não se podia ver mais a geringonça.

A tarde estava magnífica, o sol caindo no horizonte deixava os campos verdejantes luminescentes, tal como uma pintura a óleo em que o artista use apenas cores quentes, cores que sempre dão mais vida a uma obra.

Chegando às margens do rio, Caio estacionou a moto e os dois caminharam por entre as árvores, contando amenidades.

Ettore ria das observações que Caio fazia a respeito das pessoas e das situações do cotidiano. Para ele, as observações do rapaz eram sempre muito engraçadas e pertinentes. Depois de darem uma volta, retornaram à margem do rio e sentaram-se ali.

Os raios do sol incidiam sobre a superfície da água, tornando-a reluzente, compondo um quadro lindo de se ver. A água cristalina permitia ver cardumes de peixes nadando por entre as folhagens de pequenas plantas submersas.

— Se não estivesse frio, poderíamos nadar um pouco como fazemos no verão — comentou Caio.

Ettore assentiu e perguntou:

— Como foi na prova de matemática?

— Tão bem que nem precisei usar as colas que fiz. Se bem que mesmo que precisasse delas não teria como usá-las, aquela maldita professora não tirou os olhos de mim por nenhum minuto durante a prova. Ficou me *marcando* o tempo todo. Ela me detesta, cismou comigo. Ai, como eu gostaria de...

Caio não completou a frase. Deixou-a no ar...

Nisso ouviram o canto bonito de um pássaro. Ambos ficaram em silêncio por alguns minutos para poder apreciar a cantoria. Só então, Caio voltou-se para o amigo e disse seriamente:

– Quero falar com você. Aliás, querer não é bem o termo. *Preciso.*

Ao deparar-se com o olhar penetrante do colega, Ettore baixou os olhos. Sentiu um aperto no estômago. Subitamente se pôs em pé e caminhou. Caio pareceu desconcertado com o rápido movimento do colega. Levantou-se e seguiu o amigo.

– Aonde vai? Estava falando com você, seu mal-educado!

Ettore continuou andando, fingindo não ouvir o colega, só parou quando avistou algo que chamou sua atenção.

– Veja! – exclamou, empolgado. – Um pé de manga! E está cheinho delas, pena que estejam no alto.

– Vamos subir e apanhá-las – sugeriu Caio com empolgação.

– Eu não consigo subir em árvores.

– Eu o ajudo.

– Não adianta. Já tentei diversas vezes e...

– Tente mais uma vez, eu o ajudo!

– Já desisti faz tempo de repetir as tentativas.

– Desistiu muito cedo.

– Há coisas na vida contra as quais não se pode lutar, Caio. Quando não nascemos para uma coisa, não adianta insistir. Pau que nasce torto morre torto, não é esse o ditado?

– Eu subirei! – animou-se Caio e sem delongas, agarrou-se no tronco da árvore e se pôs a escalá-la.

Ettore aguardou pelo amigo dominado por uma irritante inquietação. Caio, ao atingir uma altura que dava para apanhar a fruta, começou a colhê-las e arremessar para Ettore.

– Já chega! – berrou Ettore, minutos depois.

Caio, então, se pôs a descer da árvore e quando estava numa altura que percebeu que poderia pular dali sem se machucar, saltou. Caiu rente ao amigo e, para provocá-lo, jogou-se em cima dele, levando Ettore, por ter se desequilibrado, ao chão.

– Seu louco! – reclamou Ettore, rindo.

O sorriso desapareceu de sua face ao perceber que estava cara a cara com o amigo, com a ponta do seu nariz encostada na do nariz de Caio. O silêncio caiu pesado e o tempo pareceu parar para os dois naquele instante.

Caio estava prestes a beijar os lábios de Ettore quando o amigo o empurrou de cima dele e se levantou rapidamente, aflito.

– Desculpe-me, eu não queria... – disse Caio, pondo-se de pé. Seu queixo tremia, agora, ininterruptamente.

Ettore bufou. Com dificuldades disse:

– Tá tudo bem.

Caio pegou o ombro do amigo fazendo-o encará-lo novamente e disse:

– Ettore, preciso falar com você. Quer me ouvir, por favor?

Ettore enrijeceu o corpo e o maxilar.

– Olhe para mim, Ettore, por favor – insistiu Caio, sem perder a calma.

Levou cerca de meio minuto até que Ettore atendesse o pedido de amigo. Seus olhos estavam vermelhos agora, febris.

– Desculpe-me – desabafou Caio –, há tempos que venho querendo beijá-lo e você sabe disso.

– Não diga tolices – enfezou-se Ettore dando um passo para trás.

– Você sabe o que eu sinto por você.

– Você está louco!

Certo tremor denunciava o pavor que atingiu o interior de Ettore.

– Louco, por que? – defendeu-se Caio, a toda voz. – Porque gosto de você?

– Dois homens não se gostam, Caio!

– Nós somos "homens" entre aspas, Ettore, e você sabe disso!

Caio arrependeu-se do que falou no mesmo instante. Teve receio de que suas palavras ofendessem o amigo, o que de fato aconteceu.

Num gesto rápido, Ettore esmurrou o rosto do colega, impulsionado por tanta fúria, que o rapaz foi ao chão com tudo.

Ettore começou a chorar e correu para a margem do lago.

Caio levantou-se, procurou secar o nariz que sangrava na camiseta e correu atrás do amigo.

– Eu tenho ódio de você – berrou Ettore, ao perceber sua aproximação. – Odeio você quando diz essas besteiras.

– Você sabe que não são besteiras, Ettore. O que nós sentimos um pelo outro é real. É amor.

– Tudo o que sei é que dois homens não podem sentir o que sentimos.

– Por quê?

– Porque é pecado, errado e imoral! A Igreja condena, a sociedade condena. É uma vergonha para as famílias de bem!

– Não é! Eu não pedi para sentir o que sinto por você, Ettore! Aconteceu. Simplesmente aconteceu! Não sei quem governa o amor, mas seja quem for, não vê sexo, nem cor, nem classe social, nem religião... Você mesmo disse há pouco que há coisas na vida que não podemos lutar para mudar, que pau que nasce torto morre torto, pois bem nascemos assim, a natureza nos fez assim, assim como fez os pretos, os brancos, os amarelos, os orientais...

"Eu não pedi, Ettore, juro que não pedi para gostar de você como eu gosto. Aconteceu. Foi meu coração quem quis assim. Se fosse uma questão de escolha pode ter certeza de que eu não escolheria amá-lo como o amo, mas não é questão de escolha. É coisa do coração. E quando o coração escolhe...

– Eu vou me afastar de você, Caio, deixar de ser seu amigo se você não parar com esse papo, com essa ideia fixa, estapafúrdia e imoral.

– Se você se afastar de mim, estará se afastando de você também, Ettore. E você sabe disso. Você também me ama da mesma forma que eu o amo, eu sei, eu sinto. E saiba que eu não vou desistir tão fácil do nosso amor.

– Leve-me embora daqui, Caio, agora, por favor.

Caio achou por bem atender o pedido do amigo.

Assim que Caio parou a moto em frente a casa do amigo, Ettore saltou e se despediu friamente do rapaz. Entrou em sua casa pisando duro, vermelho de tensão. Sofia ao vê-lo entrar, chamou-o:

– Ettore, veja o que Fabrízio me trouxe de presente, não é lindo?

Sofia mostrou-lhe uma caneta bonita, diferente.

– Sim, é muito bonita, Sofia.

A mocinha de 15 anos percebeu que o irmão não estava bem e quis saber a razão. Ettore afirmou que era cisma dela, que não havia nada de errado com ele. Sofia não se deu por satisfeita com a resposta. Conhecia bem o irmão, sabia muito bem quando ele estava mentindo.

IV

Fabrízio acordou cedo no dia seguinte para aproveitar cada minuto de sua estada na fazenda. Desperdiçar tempo dormindo seria tolice. Encontrou a avó na cozinha já coando o café. Pegou uma xícara, encheu-a do líquido preto fumegante e foi tomar na varanda em frente à casa.

O céu já estava naquele momento tomado pelo mar formado de raios do sol. A vista deu outro sabor ao café, um sabor mais refinado. Ao terminar de saborear a bebida, Fabrízio deixou a xícara ali mesmo, saltou os degraus da escada em frente à morada e foi para o estábulo selar um cavalo para montar. Os cavalos relincharam e se agitaram nas cocheiras quando ele entrou no local e pegou os arreios e a sela.

Selou um dos cavalos, instalou-se confortavelmente sobre ele e saiu para cavalgar. Desde que se entendia por gente, tinha paixão, verdadeiro fascínio por montaria.

Ao regressar para a sede da fazenda, uma hora depois da cavalgada, Fabrízio encontrou o avô esperando por ele na varanda do casarão. Dirigiu, então, o cavalo até ele, chegando próximo, deu um puxão nas rédeas, fazendo o animal parar, exatamente do modo que o avô havia lhe ensinado.

– Bom menino! – disse, batendo na focinheira de veludo da montaria.

Felipo olhava admirado para o neto. Os dois se disseram bom-dia com um abraço forte e depois foram conversar sobre política. Mais tarde seguiram com Nazaré para a prefeitura de Girassóis onde passaram o resto do dia. Fabrízio ficou mais uma vez admirado com a eficiência com que a tia cuidava de tudo por lá.

Na noite daquele mesmo dia, à hora do jantar...

Fabrízio estava em seu quarto, sentado à escrivaninha, redigindo um trabalho para a faculdade. Minutos depois, Felipo bateu à porta do quarto e entrou sem esperar por consentimento.

— Vovô!

— Todos o aguardam para o jantar, Fabrízio.

— Eu já estava a caminho.

Assim que chegaram à copa, todos se sentaram à mesa e o jantar foi servido. Era sempre assim quando o neto estava hospedado na casa dos avós, nenhuma refeição era servida enquanto o neto adorado de Felipo Guiarone não se sentasse à mesa.

Foi um jantar saboroso com carne de porco assada, farofa, feijão, arroz, quiabos fritos, mandioca cozida, uma boa salada e pão caseiro para acompanhar. Para beber, Felipo abriu um vinho dos bons.

Após o jantar Fabrízio partiu para a cidade para namorar Tereza. Ao regressar para a fazenda, teve uma surpresa. Encontrou o avô sentado na poltrona predileta da grande sala, aguardando por ele.

— Vovô, ainda acordado? Aconteceu alguma coisa?

— Não, nada, estava apenas aguardando você chegar.

Os dois trocaram algumas palavras e foram dormir em seguida.

V

A missa de domingo na matriz de Girassóis estava, como sempre, lotada.

Fabrízio e Tereza voltavam da comunhão quando Fabrízio avistou Ettore e Caio sentados lado a lado no banco da igreja. O próprio Caio notou o súbito tremor que passou por Ettore ao avistar o irmão mais velho olhando para ele.

— O que foi? — perguntou, aprofundando o olhar no amigo.

— Na... nada... — gaguejou Ettore.

Caio, conhecendo bem Ettore, soube de imediato que ele estava mentindo.

VI

Mais tarde, naquele mesmo dia, Fabrízio foi até a casa de seus pais para ter uma palavra em particular com Ettore. Assim que entrou no quarto do irmão, Ettore que estava deitado na cama, lendo um livro, ergueu-se, assustado e ficou momentaneamente sem ação.

— Até à missa vocês vão juntos, Ettore?! – disse Fabrízio em tom recriminador.

Ettore engoliu em seco, não sabia o que dizer. Os olhos de Fabrízio sondaram o irmão meticulosamente antes de voltar a falar:

— Não fica bem você viver o tempo todo grudado ao Caio, não fica bem nem para você nem para ele. Você sabe, as pessoas podem falar, inventar histórias, ainda mais numa cidade pequena como essa.

Toda a tranquilidade de Ettore tinha desaparecido. Fabrízio prosseguiu:

— Se ao menos vocês saíssem com garotas, namorassem, mas pelo que sei, não saem com nenhuma delas a não ser que sejam suas amigas. Só vim alertá-lo para o seu próprio bem, porque lhe quero bem, Ettore. Compreendeu?

Ettore respondeu que "sim" balançando a cabeça, afirmativamente. A pergunta que Fabrízio fez a seguir deixou o rapaz ainda mais tenso.

— Está acontecendo alguma coisa de anormal entre vocês dois?

Ettore negou com a cabeça de forma abrupta, ao mesmo tempo em que afirmou com veemência:

— É lógico que não, Fabrízio!

Era a primeira vez que a voz do irmão deixava entrever alguma dor.

— Tem certeza? – insistiu Fabrízio, com rispidez.

Desta vez houve uma pausa significativa antes que Ettore respondesse. E quando ele o fez foi num tom de voz ligeiramente diferente:

— Sim!

Apesar da afirmação, Fabrízio duvidou da sua veracidade.

– De qualquer forma – continuou Fabrízio –, se houver algo de anormal entre você e o Caio, você precisa procurar um médico, um psiquiatra. Não só você como ele, compreendeu?

Ettore falou num tom de voz resignado:

– Não há nada de errado comigo, Fabrízio. Acredite-me! Nem comigo nem com Caio.

Mesmo com a afirmação categórica do irmão, Fabrízio não se deu por vencido.

– Vê lá, Ettore. Não cometa nenhuma tolice. Um escândalo seria uma vergonha para o papai e o vovô que são políticos e pessoas influentes na sociedade. Você é inteligente, sabe bem a vergonha, a afronta que seria para a nossa família se você fizesse algo indevido, indecoroso, pecaminoso.

"Se quer um conselho, afaste-se desse moço, Ettore. É o melhor que tem a fazer. Antes que seja tarde. Ele pode ser o "mal". Lembre-se do que o vovô sempre nos ensinou a respeito do mal. Há sempre pessoas mais suscetíveis à influência do demônio e com astúcia contaminam os outros, principalmente os de bom coração. Podem fazer com que o bom senso ensinado por um pai e um avô prestimoso se extinga de um filho da noite para o dia, através de uma manipulação demoníaca."

Ettore tornou a engolir em seco.

– Afaste-se do Caio o mais rápido que puder, Ettore. – reforçou Fabrízio. – Será melhor para todos nós. Até mesmo para Deus.

Ettore sacudiu a cabeça em concordância. Fabrízio ia deixando o quarto quando parou, voltou-se para o irmão e acrescentou:

– Deve haver garotas que se interessem por você, não? Escolha a que mais lhe agrada e a peça em namoro.

Sem mais, Fabrízio saiu do quarto, fechando a porta atrás de si. Ettore ficou ali, entregue a reflexões.

Havia sim garotas que se interessavam por ele, chegavam até a se declarar para ele, mas ele não se sentia atraído por nenhuma delas como se sentia pelo amigo querido e inseparável.

Seu interesse era todo voltado para o amigo que até então pensava tratar-se de um interesse natural, coisa de amigo, irmão e não de amor, desejo e paixão. Era Caio que ele queria abraçar, beijar, sentir seu cheiro e tocar. Por que? Por que ele teve de se apaixonar pelo amigo? Por que, por mais que tentasse, não conseguia esquecer Caio? Por quê?

As palavras de Caio voltaram a ecoar na mente de Ettore: "Não sei quem governa o amor, mas seja quem for, não vê sexo, nem cor, nem classe social, nem religião... Nascemos assim, a natureza nos fez assim, assim como fez os pretos, os brancos, os amarelos, os orientais..."

Ao deixar o quarto do irmão, Fabrízio teve a impressão de ter visto uma pessoa caminhando a sua frente. A visão foi tão nítida que ele teve um sobressalto por causa dela.

– O que foi? – perguntou Sofia ao encontrar o irmão.

– Nada, não. Bobagem. É que tive a impressão de ter visto alguém no corredor – respondeu Fabrízio, procurando dar um tom natural a voz.

Em seguida, Fabrízio despediu-se da irmã e partiu para a casa do avô onde estava hospedado.

Nem bem o irmão se foi, Sofia foi ao quarto de Ettore para pedir-lhe uma opinião sobre um vestido que ela pretendia fazer para o baile da primavera. Assustou-se ao vê-lo deitado na cama com o rosto escondido entre os braços, os olhos vermelhos como se estivesse chorando.

– O que houve, Ettore? Você está chorando?

Ettore procurou aparentar normalidade, mas não conseguiu.

– Acalme-se, mano.

Sofia sentou-se na cama ao lado de Ettore e começou a alisar carinhosamente seus cabelos.

– Foi Fabrízio, não foi? Ele lhe disse alguma coisa que o ofendeu, não é mano? Eu sei, ele sempre faz isso conosco. Coitado, ele pensa que é o vovô. Não lhe dê bola, Ettore, logo ele volta para a faculdade e nos deixa em paz.

Ettore manteve-se em silêncio. Seu rosto, contudo falava por ele, confirmando que ela acertara no alvo quanto a causa de seu choro.

– O problema não é ele, Sofia, sou eu, entende? – confidenciou Ettore.

– Saiba, meu irmão, que você pode contar comigo para o que der e vier. Nunca se esqueça disso. Eu estarei sempre ao seu lado para ajudá-lo no que for.

– Você é um amor.

– Você também. Agora me dê um daquele seus sorrisos bonitos, que eu gosto tanto, vamos. Isso, sorria que a luz se irradia.

Ettore ajeitou-se na cama até ficar numa posição que dava para abraçar a irmã, forte e carinhosamente.

– Eu amo você, Ettore – confessou Sofia, com sinceridade.

– Eu também a amo, mana.

A seguir Sofia pediu ao irmão sua opinião a respeito do vestido que ela pretendia fazer para o baile da primavera que se aproximava. O clima no quarto tornou-se, então, mais alegre.

Sofia dormiu aquela noite prometendo-se ter uma conversa muito séria com Fabrízio. E foi o que ela fez, no dia seguinte, assim que teve oportunidade.

Encontrou Fabrízio aconchegado na cadeira de balanço que ficava na varanda da casa da fazenda, fumando um cigarro, olhando pensativamente para o céu. Ao vê-la, o rapaz percebeu rapidamente pelo seu semblante que algo de errado havia acontecido.

– O que houve? – perguntou, ansioso.

– Vim falar com você.

– Sobre o que?

– Sobre o Ettore. Quero que o deixe em paz!

– Nosso irmão precisa tomar jeito, Sofia, antes que seja tarde.

– Jeito, no que?!

– Ele...

– Diga, Fabrízio, diga!

– Você sabe...

– Sei? O que?

– Ora não se faça de burra, Sofia. Sei que não é, nem um pouco. Se aquele "delicado" fizer algo de errado para denegrir e escandalizar a nossa família, sou capaz de...

– Do que, Fabrízio? Diga!

Fabrízio não respondeu, deu uma tragada longa e asfixiante. Sofia foi enfática, novamente.

– Não se intrometa na vida dos outros, Fabrízio. Restrinja-se a cuidar somente da sua, do que lhe cabe, compreendeu?

– Repito o que disse, Sofia: Se aquele delicado fizer algo de errado para denegrir e escandalizar a nossa família, sou capaz de...

– Blá... blá... blá... – ironizou Sofia. – Quem você pensa que é, Fabrízio?

– Sou aquele que tal como o vovô e o papai luta para manter o moral e os bons costumes de nossa família. A decência e o moral que nosso avô e nosso pai tanto lutaram na vida para preservar, para sermos exemplos na sociedade.

– Você é patético.

– E você, Sofia? Uma ignorante, cretina, não passa de uma adolescente boba e inexperiente. Saiba que eu também estou de olho em você e não vou permitir que avacalhe com a nossa família, compreendeu?

Sofia riu, sarcástica e decidiu por responder a altura:

– Saiba que desde pequena eu o tolero, Fabrízio, mas de agora em diante, chega, não vou tolerá-lo mais.

Ele bateu com força no braço da cadeira, levantou-se, peitando a irmã e bramiu:

– Que se *lasque!*

– Pois que se *lasque!*

A discussão terminou ali.

VII

Naquela tarde quando Fabrízio se encontrou com Tereza, ele contou para a namorada o que havia se passado entre ele e a irmã naquela manhã.

– Você acha que seu irmão está tendo realmente alguma coisa com o amigo? – perguntou Tereza, referindo-se a Ettore e Caio.

– Deus queira que não, Tereza. Seria uma vergonha para todos nós. Por isso tenho de ficar em cima dele, fazê-lo compreender que tudo na vida é uma questão de escolha. E se assim é, que ele escolha o que é moral e decente aos olhos da sociedade e da nossa religião.

Após breve reflexão, Tereza opinou:

— Será mesmo?

— O que?

— Que tudo na vida é questão de escolha?

— Sim, é obvio que sim.

— Não sei... Quando o coração escolhe...

— Que história é essa de coração que escolhe, Tereza? O coração não escolhe nada, quem escolhe somos nós. Ainda que isso seja verdade, temos de dominar o coração. Fazê-lo escolher o que é certo, moral e decente.

Tereza duvidou que aquilo fosse possível. Para ela, o ser humano não tinha muito poder diante das escolhas do coração.

VIII

No penúltimo fim de semana de julho, Nazaré passou na casa de Romani para apanhar Sofia, como ela havia lhe pedido, para ir com a tia de carona para a fazenda onde passaria o fim de semana.

No caminho, Sofia e Nazaré avistaram Rocco e Ettore sentados em uma mesinha na frente da sorveteria. Sofia pediu a tia que parasse ali, por favor, para ela comprar um sorvete. Nazaré também quis tomar um.

Ao chegarem à sorveteria, as duas cumprimentaram os sobrinhos e a garota que estava com Rocco, uma que Nazaré nunca vira antes com ele. Tinha a impressão de que o menino trocava de namorada a cada semana.

Ao entrar na sorveteria, Nazaré teve um sobressalto. Havia um homem, voltado para o balcão, de costas para ela, que lembrava muito Tarsis Graziani. Seria ele de fato?, perguntou-se Nazaré sentindo, repentinamente um frio percorrer-lhe a espinha. Não, com certeza não. A família havia se mudado de Girassóis havia muitos anos, porque haveria ele de voltar ali?

Todavia, o indivíduo era realmente Tarsis Graziani. Aos 46 anos, havia se tornado um homem maduro bonito. Ele reconheceu Nazaré no mesmo instante em que a viu.

— Nazaré?

— T– Tarsis... quanto tempo...

— Anos, Nazaré... Trinta anos, precisamente.

Os dois ficaram parados, frente a frente, por alguns segundos, sem nada dizer. As palavras pareciam ter se aglutinado na garganta de ambos. Foi Tarsis quem rompeu o silêncio constrangedor:

— Estou em Girassóis para visitar o meu tio Alberico. Lembra-se dele?

Nazaré fez que sim com a cabeça. Nisso ouviu-se uma criança, rente ao quadril de Tarsis, dizer:

— Papai, papai...

— Sim... – respondeu Tarsis, entregando o sorvete para ela.

Assim que a criança se foi, Tarsis voltou-se para Nazaré e disse:

— Aquele é o meu filho caçula. Eduardo.

— Seu filho é encantador.

— Meus outros dois filhos estão com a minha esposa sentados logo ali – apontou ele com o dedo a praça do outro lado da rua. – Deixe-me apresentá-los.

Nazaré se opôs no mesmo instante:

— Estou com os meus sobrinhos, preciso ir, outra hora quem sabe.

Tarsis respirou fundo antes de dizer:

— Sempre quis reencontrar você, Nazaré, sempre... – baixando a voz acrescentou: – nunca me esqueci de você.

Ela baixou os olhos, encabulada.

— Podemos combinar alguma coisa – sugeriu ele –, estarei na cidade até o fim da semana que vem.

A resposta de Nazaré saltou-lhe da boca como que por vontade própria.

— Eu não posso, ando muito ocupada. Tudo de bom para você, Tarsis.

— Foi bom revê-la, Nazaré.

Nazaré não disse mais nada. Tarsis partiu da sorveteria. Enquanto aguardava ser atendida pela balconista, ela ficou observando, discretamente, Tarsis do outro lado da rua, na praça em companhia da esposa e dos filhos. Lembrou-se, então, dos filhos que sonhou ter com ele, exatamente três como ele tinha agora com a mulher com quem se casara.

Subitamente, Nazaré perdeu a vontade de chupar o sorvete, o deu para o sobrinho fazendo uso de uma desculpa e partiu para a fazenda na companhia de Sofia.

Durante o trajeto, Sofia contou-lhe coisas, mas Nazaré não a ouvia verdadeiramente, estava distante num ponto onde o amor e a dor se alternam.

Nazaré entrou no casarão da fazenda a passos lentos, estava aérea, com olhos angustiados. Marina notou de imediato que a filha não estava bem, voltou-se para Sofia e perguntou:

– O que houve com sua tia, Sofia?

– Não sei, vovó. Num minuto ela estava bem, noutro dispersa e triste como agora – respondeu a neta.

IX

Ao crepúsculo, Nazaré foi até o canteiro de flores que havia ao lado da casa para relaxar. O canteiro que outrora fora tão bem cuidado por Juarez e Leonor, estava agora sem vida, com as flores sendo sufocadas pelo capim que crescia entre elas.

Ao se lembrar de Juarez, Leonor, Yolanda e Inácio, Nazaré se perguntou onde estariam eles. Estariam bem? Sentiu um arrepio estranho ao se fazer a pergunta. Ainda se arrependia de não ter achado um modo de entregar o dinheiro que prometeu para Yolanda para ajudar financeiramente sua família diante daquela virada do destino.

No minuto seguinte, a imagem de Tarsis voltou novamente a ocupar a mente de Nazaré e ela pôde ouvir com nitidez as palavras que ele lhe disse naquela tarde na sorveteria:

"Sempre quis reencontrar você, Nazaré, sempre... Nunca me esqueci de você... Podemos combinar alguma coisa, estarei na cidade até o fim da semana que vem. Foi bom revê-la..."

Nazaré tentou apagá-lo novamente de sua memória, mas foi mais uma tentativa em vão. Tarsis permaneceu ali como que plantado no solo de sua mente, assombrando-a como um fantasma.

Acordou aflita naquela noite, suando em profusão. Levantou-se para fazer um chá. Um de camomila ajudaria acalmar os nervos, a ter bons sonhos. O chá, no entanto, não foi suficiente para fazê-la relaxar. Ela dormiu o resto da noite como se uma parte dela estivesse acordada, em alerta. Um horror!

Na manhã do dia seguinte Nazaré não se sentiu disposta a ir trabalhar, tampouco se levantar. Ficou o dia inteiro acamada remoendo lembranças, as boas que teve ao lado de Tarsis Graziani no passado.

O reencontro com Tarsis fez perceber que o amor que sentia por ele ainda estava vivo em seu coração e que, no seu íntimo, manteve ali também a esperança de um dia reencontrá-lo e viver ao seu lado todo o amor que ela sublimou no passado por causa do pai. Por causa de sua rixa política com o pai de Tarsis.

Infelizmente, percebia Nazaré, agora, sua esperança fora totalmente em vão, uma triste ilusão, pois Tarsis era um homem casado, com filhos e feliz, sim, ele era feliz, ela pôde enxergar felicidade nos olhos dele. A felicidade que ela nunca mais encontrou na vida depois de ter se afastado dele como o pai lhe ordenara, por acreditar ser o certo, uma questão de respeito para com o pai.

Nazaré percebia agora que ela havia deixado de casar com o homem que tanto amou para se casar com um tremendo vazio, do qual se escondeu naqueles últimos trinta anos dedicando-se com unhas e dentes ao trabalho e à igreja.

Não levou mais do que alguns dias para que Nazaré percebesse que a depressão a havia dominado por inteira. Perdera a vontade de acordar, de se alimentar, de trabalhar, de tudo praticamente. Estava até mesmo perdendo a vontade de viver. Volta e meia, era acometida de furtivos pensamentos suicidas.

Com a força que lhe restava em seu interior, ela procurou auxílio na religião. Era vista na matriz da cidade todas as tardes, de joelhos, com os lábios se movendo em preces intermináveis.

A tristeza, como é de seu feitio, foi corroendo a beleza que reinava em seu corpo. Os ombros, antes tão empinados, vergaram-se na depressão. Os olhos se tornaram febris, as mãos tremiam.

Caminhava agora olhando fixamente para os pés, com os olhos brilhando, intensamente angustiados. Parecia envelhecer um ano a cada mês. Nunca um rosto demonstrara tamanha tristeza e desolação como o dela, comentavam as pessoas que a conheciam.

Já que a filha não ia ao médico, o pai levou um à fazenda para ver o que estava acontecendo com ela. O diagnóstico do doutor foi rápido e preciso: depressão. Uma doença que para Felipo não era tido como uma doença e, sim, uma *frescura*. *Frescura* de mulher.

Ainda assim, Felipo, comprou todos remédios prescritos pelo médico, mas descartou, terminantemente, seu conselho de levar Nazaré a um psicólogo, a filha que encontrasse algum conforto na Igreja com um padre ou uma freira. Psicólogo era coisa de dondoca, de gente rica e mimada. Gastar dinheiro com um era para Felipo, o mesmo que jogar dinheiro pela janela.

Para Felipo Guiarone se a filha estava sofrendo pela falta de um marido, bem feito, quem mandou não se casar com quem ele sugerira se casar no passado? Que sofresse agora por sua teimosia. E que aceitasse a sua triste realidade: estava velha e feia demais para arranjar um marido.

Dias depois, Nazaré acordou no meio da noite, com o cabelo todo molhado de suor. Levantou-se da cama e foi até a janela, abriu e inspirou fundo o ar da noite. Então, subitamente, pulou a janela e saiu pela escuridão.

Seguiu em silêncio por meia hora até chegar a um planalto forrado de pés de girassol iluminados pela luz do luar. Correu os olhos pelos girassóis e sorriu. Nunca os vira sob a luz de um luar tão forte que dava a impressão de terem sido banhados a prata.

Nisso, uma coruja avermelhada passou por cima de sua cabeça e seu piar a fez olhar para o céu à sua procura. Ela, então, fechou os olhos e viu novamente Tarsis usando a velha calça jeans azul desbotada que ele sempre ameaçava jogar fora, mas nunca o fizera, porque gostava imensamente dela.

Um novo sorriso resplandeceu na sua face e uma onda de felicidade percorreu todo o seu corpo. Ela viu a seguir, na tela de sua mente, a casa que ela imaginou morar com Tarsis, um lugar simples, com flores na janela, uma cozinha espaçosa e agradável com uma mesa enorme de madeira e, Tarsis sentado com uma xícara de café fumegante numa mão e com a ponta dos dedos da outra reunindo as últimas migalhas de torradas que haviam caído sobre a toalha.

Nazaré despertou dos seus pensamentos com os olhos cheios d'água. A saudade do futuro, que não viveu ao lado do rapaz que tanto amou, a sufocava agora, violentamente.

Ela atravessou a plantação de girassóis e seguiu até o pé de uma colina. Havia algo no topo dela que chamou sua atenção, parecia a silhueta de um homem. Nazaré acreditou ser Tarsis. Subiu ansiosa. Chegando lá encontrou um arbusto. O encanto no seu rosto esvaeceu no mesmo instante. Subitamente, começou a arrancar as folhas do arbusto num gesto desesperado e descontrolado. Chorava, agora, convulsivamente, de revolta e ódio. Quando parou, estava arquejando violentamente. Parecia ter ficado sem ar por muitos minutos.

Ela então enxugou as lágrimas na manga da camisola e voltou os olhos na direção da sede da fazenda. Lá estava ela, silenciosa sob a luz do luar. Ela não queria voltar para lá, nunca mais. Por isso tomou a direção contrária ao local. Somente a lua testemunhou o seu itinerário.

X

Marina assustou-se ao encontrar o quarto da filha vazio na manhã do dia seguinte. Era muito cedo para ela ter saído. O carro dela ainda estava na garagem, sinal de que não havia ido para o trabalho. Nenhum cavalo estava faltando. Se Nazaré havia deixado a fazenda só poderia ter sido a pé. Preocupada, comunicou o marido.

– Será que a doida endoidou de vez? – aborreceu-se, Felipo. – Não é a toa que meu pai sempre dizia que é preferível ter 10 filhos homens a uma mulher. Ele, como sempre, estava certo. Benditas palavras!

Ao saber do desaparecimento da cunhada, Laura se preocupou. Gostava dela, tinha pena da vida que levava, sempre tão só, vivendo somente para o trabalho e para a igreja.

Romani ficou irado com a irmã.

– Onde já se viu desaparecer assim, sem deixar notícias? Ela poderia ter matado os meus pais de susto.

A noite cobriu totalmente o céu e nada de Nazaré aparecer.

– Ela só pode estar brincando conosco – esbravejou Felipo, enfezado, andando de um lado para o outro na casa.

– Não sei, não, meu marido... pode ter acontecido algo com ela... é melhor fazer uma busca – foi a opinião da esposa.

A pedido do pai, Romani alertou a polícia e, a pedido de Felipo, os empregados da fazenda saíram à procura de Nazaré pelas terras da família Guiarone.

Foi Narciso, um dos empregados da fazenda, quem encontrou Nazaré caída, desacordada, nas proximidades do rio. A pedidos médicos, Nazaré foi hospitalizada e demorou dias para recobrar os sentidos e quando o fez não reconhecia mais ninguém, parecia um mero vegetal.

Tendo esgotado os recursos da medicina o médico aconselhou a família a internar a paciente numa clínica psiquiátrica. Felipo aprovou a sugestão de imediato por não querer conviver dentro da sua casa com alguém naquele estado, mesmo que esse alguém fosse a sua própria filha.

Visto que em Girassóis não havia nenhuma clínica daquele tipo, Nazaré haveria de ser internada numa clinica psiquiátrica que ficava na cidade vizinha.

Foi o próprio Felipo quem foi até o local acertar tudo para a internação da filha, não para saber se o local era idôneo para abrigar a filha, e sim para pechinchar, obter um bom desconto na mensalidade que teria de pagar para manter a filha lá. Ele estava literalmente fulo da vida por ter de gastar aquele dinheiro mensal com Nazaré.

Assim que tudo foi acertado, Felipo mandou um dos funcionários da prefeitura levar Nazaré até o local. Marina se prontificou a ir junto, mas o marido se opôs terminantemente.

– Não há por que você ir, Marina. Louca como está Nazaré, não vai fazer a menor diferença você estar com ela ou não durante sua internação. O dia em que ela melhorar, você vai. Você! Que isso fique bem claro. Eu é que não ponho os meus pés dentro de um manicômio, nunca!

De fato, Felipo na sua visita à clínica esteve apenas na recepção do lugar, recusou-se a conhecê-la por dentro quando foi convidado para tal.

A esposa acabou concordando com o marido.

Nazaré foi deixada na clínica como um saco de lixo é deixado na calçada para o lixeiro apanhar.

Sofia quis entender o porquê a tia ficara naquele estado, mas não conseguiu obter de ninguém nenhuma resposta convincente.

— Tem de haver alguma explicação para a tia Nazaré ter ficado assim, mamãe. Ninguém tem um piripaque de uma hora para outra sem ter motivos.

Laura olhou para a filha, sem palavras.

— O que aconteceu com tia Nazaré deve ter alguma ligação com o homem que ela encontrou outro dia na sorveteria. Ela ficou branca quando o viu e depois do encontro, emudecida. Nunca mais foi a mesma. Esse homem deve ter sido o grande amor da vida dela.

— Sim, pode ter sido. Seu pai me contou que Nazaré teve realmente um grande amor no passado.

— Se ele foi seu grande amor, por que eles não ficaram juntos?

— Porque, segundo seu pai me contou, seu avô não permitiu que eles se casassem, não permitiu sequer que namorassem. Tudo por causa de uma rixa política com o pai do rapaz.

— Pobre tia Nazaré. Tomara que ela se recupere.

— Deus queira que sim, filha.

Tarsis Graziani havia partido de Girassóis ainda pensando em Nazaré, no breve encontro que tivera com ela na sorveteria. Sentindo muita vontade de conversar mais profundamente com ela, saber o que fez da vida nos últimos anos, por que não se casou... Mas a vontade teve de ser deixada para um dia, quem sabe, no futuro... Mal sabia ele onde Nazaré Guiarone, o grande amor de sua vida, encontrava-se agora. Se soubesse...

XI

Dias depois, Ettore ia saindo da biblioteca quando Caio o abordou de surpresa. Ettore assustou-se com a chegada repentina que quase derrubou os livros que carregava debaixo do braço.

— Tá louco? — reprovou Ettore, a atitude do amigo.

— Você anda me evitando, por quê? — quis saber Caio.

— Bobagem sua, Caio.

Os dois jovens trocaram um longo olhar. Ettore foi o primeiro a desviar os olhos. Em seguida deu-lhe as costas e seguiu seu caminho. Caio foi atrás dele e disse:

– Sempre fizemos os trabalhos de escola juntos, Ettore, sempre, desde que caímos na mesma classe no primeiro colegial. Esse é o primeiro bimestre que não, e por sua decisão...

Com voz baixa, Ettore respondeu:

– Nós precisamos parar de andar juntos como andávamos, Caio.

– Por quê?

– Porque não fica bem. As pessoas já estão comentando.

– O que? Quem? Você prefere se afastar de mim por causa do que os outros vão pensar de nós? Você não tem amor próprio? Ettore, a gente se muda daqui, vai para cidade grande, lá tudo é mais fácil para o nosso caso...

– Não conte com isso, Caio, eu jamais vou fazer isso da minha vida.

– Eu não posso viver sem você, Ettore.

– Eu sinto muito.

– Pense bem, estamos a menos de três meses para concluir o colegial. Prestamos o vestibular para uma faculdade na mesma cidade e dividimos um apê. Tudo será diferente, então. Poderemos viver juntos sem levantar suspeitas. Pense a respeito, por favor.

Ettore sentiu vontade de aceitar a proposta do amigo no mesmo instante. Seria para ele a felicidade suprema viver ao lado de Caio, longe dali, sem o olhar malicioso e preconceituoso das pessoas.

Mas não era certo diante da sociedade nem de Deus. Aquela paixão que um sentia pelo outro só podia ser coisa do demônio e o demônio deveria ser exorcizado de todos e de qualquer lugar a qualquer custo, aprendera ele com seu pai, com sua religião.

Sabendo que de nada adiantaria evitar Caio, que ele não o deixaria em paz enquanto não aceitasse a sua proposta, afinal fora sempre um rapaz decidido e persistente, Ettore decidiu arranjar uma namorada para afugentar o rapaz e para também sufocar o que sentia por ele.

97

Entretanto, por mais que tentasse, Ettore não conseguia se interessar por nenhuma garota. Nem se forçando. Tinha de haver uma solução para a sua delicada e embaraçosa situação. Que Deus o ajudasse.

Certo dia, quando passava a pé pela praça da cidade, Ettore ouviu os sinos da igreja anunciando as horas. Foi então que ele encontrou uma saída para o seu problema. Na missa refletiu um pouco mais sobre a saída que havia encontrado para escapar do seu martírio e chegou à conclusão de que ela era a mais apropriada para o seu caso.

Na tarde do dia seguinte, o jovem foi novamente à igreja, ajoelhou-se diante da imagem de Cristo pregado na cruz que havia próximo ao altar e pediu a Ele que iluminasse sua vida, principalmente a solução que encontrou para resolver o seu grande martírio.

Na noite, daquele mesmo dia, Ettore informou aos pais e aos irmãos que decidira tornar-se padre. Seguiria para o seminário assim que terminasse o terceiro colegial. A notícia pegou todos de surpresa. Laura, católica como era, sentiu-se maravilhada com a decisão do filho.

— Você tem certeza de que é isso mesmo o que você quer para você, meu irmão? – perguntou Sofia, olhando desconfiada para Ettore.

— Sim, é – respondeu ele procurando transparecer certeza na voz.

— Pense bem, Ettore, para não se arrepender depois.

— Eu não vou me arrepender, Sofia, servirei a Deus, quer missão mais bonita que essa na vida?

Sofia continuou achando muito estranha a decisão do irmão, Ettore jamais fora devotado a Deus a ponto de querer dedicar sua vida à Igreja. Algo estava muito errado em toda aquela história.

No dia seguinte, Sofia tornou a perguntar para o irmão se ele achava que estava realmente fazendo a coisa certa. Insistiu, que ele refletisse bem quanto a sua escolha para não se arrepender depois. Ettore a tranquilizou mais uma vez, afirmando que estava certíssimo quanto ao que escolhera para si.

Sofia, pelo menos uma vez por semana dos dois meses que se seguiram até a partida para o seminário, insistia para que o irmão refletisse a respeito da sua escolha que para ela não tinha cabimento algum. Mas Ettore se mantinha firme em sua decisão.

Quando a notícia chegou aos ouvidos de Caio, o rapaz foi imediatamente a casa de Ettore falar com ele.

– É verdade? – perguntou Caio assim que Ettore o recebeu ao portão. – É verdade o que estão comentando por aí? Que você decidiu ser padre?

– É verdade sim, Caio.

– Isso só pode ser brincadeira sua, *né*, Ettore, e uma brincadeira de muito mau gosto.

– Não é não, Caio. É sério.

– Você não pode se rebaixar tanto para fugir do que sente... Tudo pode ser diferente, Ettore, basta aceitar o que você sente!

– O que eu sinto, o que você sente, é errado, indecoroso e imoral.

– Onde Ettore, em que lugar do planeta Deus deixou escrito que o que sentimos é errado, indecoroso e imoral?

– Ninguém aprova os homossexuais, Caio. O preconceito contra eles é imenso.

– Muita gente também não aprova os pretos, os orientais, os índios, os nordestinos... E eles estão certos? Não! Estão errados, porque não importa a cor, raça ou religião de uma pessoa, todos somos filhos de Deus. Todos temos o direito de existir não importam nossas diferenças.

– Agora preciso entrar, Caio. A gente se vê.

– Ettore?

O rapaz olhou com receio para o amigo.

– Desista dessa loucura, Ettore, por favor, enquanto é tempo.

– Não, Caio. Jamais. Loucura são os nossos instintos homossexuais. Estou decidido a servir a Deus. Creio mesmo que essa é a minha missão de vida, a razão da minha existência.

Caio bufou. Ligou a moto, acelerou e partiu, desembestado. Por pouco não colidiu com um caminhão que virou a esquina a toda. Ettore assustou-se, só de pensar no que poderia ter acontecido ao amigo, gelou.

Assim que se trancou em seu quarto, Ettore jogou-se na cama e começou chorar convulsivamente. Em meio ao choro repetia para si mesmo que aquela era a melhor saída para ele. Para ele e para Caio.

Minutos depois, Caio Calasans parou num bar e pediu uma dose de pinga. Bebeu tanto que precisou ser carregado para a casa.

Semanas depois, toda família Guiarone estava na estação de trem de Girassóis para se despedir de Ettore que estava de partida para o seminário. As despedidas foram feitas entre lágrimas.

– Eu me orgulho muito de você, meu neto – disse Felipo, dando-lhe um forte abraço.

O mesmo fez o pai.

Ettore estava prestes a entrar no vagão de trem quando Sofia foi até ele e disse ao seu ouvido:

– Não vá, meu irmão, por favor. Ser padre é para quem tem vocação para ser padre. Não é o seu caso, acredite-me.

O trem apitou novamente, Ettore beijou a irmã e entrou no trem, permaneceu na soleira da porta, de onde acenou para os familiares quando trem se pôs em movimento.

Caio também estava na plataforma de embarque, mas a uma distância segura para não ser visto pela família Guiarone. Ettore assustou-se ao vê-lo lá, principalmente com sua aparência: o rapaz estava transfigurado. Mesmo a distância, ele pôde ver seus olhos vermelhos, esbugalhados como os dos bêbados e dos drogados. Chegou a acenar para ele, mas Caio não retribuiu o aceno, ficou apenas encarando-o até não poder vê-lo mais.

E o tempo seguiu seu curso...

Capítulo 4

I

Ettore jamais pensou que sua vida mudaria tanto da noite para o dia. Só quando se instalou no seminário é que ele se deu conta do que realmente havia feito da sua vida, do peso real que tinha a sua escolha sobre sua pessoa, até mesmo sobre a sua alma.

O edifício do seminário não era nada moderno, a arquitetura lembrava muito um grupo escolar. A edificaçao era cercada de árvores altaneiras com copas admiráveis. Por dentro, era escuro, triste e melancólico, ao menos para Ettore. Nos quartos havia cerca de oito a dez camas para acomodar todos os seminaristas. Com ele haviam chegado 40 novos seminaristas. O padre superior, o que organizava tudo por ali, era curto e grosso. A limpeza do lugar era dividida entre todos, cada um faria um pouco.

Na parte dianteira do lugar ficavam as classes, onde eles assistiam às aulas que eram ministradas por professores que vinham de fora. A jornada era longa. Dois anos de estudo propedêutico, quatro anos de filosofia, mais quatro de teologia.

Havia uma capela cujo acesso era possível, sem necessidade de sair do seminário. Na opinião de Ettore, era um lugar agradável de se estar.

Havia também uma área de lazer por lá, com quadra de futebol, espreguiçadeiras dobráveis alinhadas lado a lado, uma mesa de pingue-pongue, entre outras coisas. Ettore ficou surpreso, não esperava por nada daquilo, acreditava que padre não tinha esse tipo de lazer. Menos mau, pensou.

O mais notável na cidade onde ficava o seimnário era o fato de que o céu estava sempre azul, o que alegrara muito Ettore sem saber ao certo o porquê.

A primeira carta que Ettore recebeu desde que chegara ao seminário foi de Sofia. A cada duas semanas ela lhe enviava uma para o irmão querido. Nas cartas ela ainda se mostrava preocupada quanto a sua decisão.

"Espero que esteja bem. Meu íntimo ainda me diz que você não vai ser feliz sendo padre. A vida é muito curta para deixarmos de ser felizes, Ettore, pense nisso..."

Sofia, queria porque queria, a felicidade do irmão. Ela o adorava, não diria que ele era o irmão predileto, pois gostava igualmente de Rocco, mas era o irmão por quem mais se preocupava, sempre lhe pareceu ser indefeso diante do mundo, bem diferente de Rocco e Fabrízio que pareciam se defender de tudo e de todos com uma habilidade impressionante.

II

Quatro meses depois de sua entrada para o seminário, Ettore recebeu uma carta de Caio. Chegou a pensar que ela nunca viria. Pelo visto, ele ainda se lembrava dele. De imediato preferiu guardá-la sem abrir. Tinha receio do que ela podia despertar nele. Entretanto sua curiosidade falou mais alto. Ao abri-la, encontrou aquilo tudo que já previra estar escrito ali, nela Caio exprimia todo os seus sentimentos por ele. Num dos trechos lia-se:

"Nunca me senti tão vazio em toda a minha vida, Ettore. Tão absolutamente sem objetivo. Dizem que quem se sente vazio assim, morre. Que a vontade de viver é tudo. Quando ela some, o corpo a acompanha. Não vejo nada mais na vida que me prenda a ela. Sinto-me como um personagem de desenho animado que corre e ultrapassa a beira de um abismo e continua se movendo em pleno ar enquanto não percebe o que houve. Eu já percebi, por isso estou caindo."

Ettore decidiu não responder a carta de Caio. Queria dar a impressão ao amigo de que ela nunca havia atingido seu destinatário. Que havia se perdido pelo caminho, ido parar noutra casa, por engano.

Não levou um mês e outra carta de Caio chegou ao seminário endereçada a Ettore. Nela o rapaz repetia tudo o que havia escrito na carta anterior e afirmava que preferira acreditar que a carta anterior nunca havia chegado ao amigo a pensar que ele se recusara a respondê-la, como sua intuição insistia em afirmar. Caio terminava a carta com um poema extraído de um livro de poesias que ele e o amigo querido haviam encontrado um dia, por acaso, na biblioteca e que tanto adoravam ler. Dizia:

> *"Preso no silêncio*
> *por todo amor se paga um preço*
> *pode ser barato ou caro*
> *você que se vire...*
> *Saudade da gente*
> *de subir pela parede*
> *de xingar tudo o que eu tenho direito*
> *afinal, sou filho de Deus...*
> *É louco estar nesse lugar, lúcido,*
> *eu juro que quando eu te ver, baby,*
> *vou descansar berrando todo o meu amor*
> *vou ficar lúcido nesse lugar louco*
> *e fazer o que a gente sonhou..."*

Ettore sentiu-se invadido de pensamentos confusos. Preferiu não responder a essa carta também. Seria o melhor a se fazer para desestimular o amigo a continuar escrevendo para ele. Quanto mais distante ele ficasse de Caio melhor seria para o seu coração. No entanto, mesmo sem resposta, Caio continuava escrevendo para o amigo. Enviava pelo menos uma carta por mês. Ao perceber que as cartas de Caio abalavam sua estrutura e convicção quanto ao que decidira fazer de sua vida, Ettore resolveu não mais abri-las. Rasgava-as sem ler. Como seu avô dizia: "é sempre bom cortar o mal pela raiz."

Ettore guardou apenas a carta que continha o poema "Preso no silêncio" por ter um significado especial para ele. Ao notar que sua atitude de não responder as cartas não desestimulava Caio a lhe enviar outras, Ettore decidiu escrever uma carta, na esperança de por fim àquela atitude que para ele se tornara insana.

A carta continha apenas duas linhas, que diziam: "Estou bem. Peço-lhe, pelo amor de Deus, que não me escreva mais. Cuide-se. Você merece ser feliz."

A carta de Caio em resposta a essa chegou poucas semanas depois; essa Ettore sentiu que tinha de ler. Nela Caio dizia:

"Eu não esperava mesmo que você tivesse outra reação senão essa. Tolice minha tentar continuar manter contato com você... Adeus, Ettore, que você seja muito feliz... Com amor, Caio Calasans."

Essa foi a última vez que Ettore teve notícias do amigo escritas por ele próprio.

Houve dias, sim, em que Ettore sentiu vontade de escrever para Caio. Chegava a escrever algumas linhas, mas depois rasgava a folha. Ele tinha de lutar contra aquilo, já conseguira cortar a ligação com o amigo, uma carta agora estragaria tudo o que conseguiu, poderia reaproximá-los novamente, isso era o que ele menos queria. O que os olhos não vêem o coração não sente, não é esse o ditado?

III

Meses depois Sofia escreveu uma carta para o irmão contando que Caio havia se mudado para São Paulo. Decidira trabalhar e com o salário pagar uma faculdade e a moradia. A carta dizia:

"Achei estranho não ver mais Caio por Girassóis, resolvi então ir até a casa dele saber de seu paradeiro. Sua mãe me atendeu à porta. Ela que sempre fora muito simpática comigo, com todos nós, tratou-me diferente, friamente. Só entendi a razão após sua revelação. Ela contou-me que meses atrás Caio mudara drasticamente seu comportamento, para ela, ele estava completamente fora do normal, desistira de prestar o vestibular, alimentava-se mal, trancafiava-se no quarto o dia todo, não saía mais para lugar algum, não tinha mais contato com nenhuma garota, nenhum amigo, parecia ter perdido o interesse pela vida. Diante de sua transformação ela o levou forçado ao médico. Ele não queria ir, sob hipótese alguma, mas ela o arrastou até lá com a ajuda do Antônio, seu filho mais velho.

O diagnóstico médico não podia ter sido outro: depressão forte. Desde então, Caio começou um tratamento médico que parecia não surtir efeito. Ele parecia cada vez pior. A família dele ficou extremamente preocupada e alerta, receosos de que ele atentasse contra a própria vida.

Foi assim até que um dia, de um dia para o outro, Caio levantou-se parecendo recuperado e anunciou que iria prestar o vestibular numa faculdade em São Paulo, arranjar um emprego e mudar-se para lá. Os pais e os irmãos dele ficaram surpresos com a sua transformação. Caio fez exatamente o que disse que faria, prestou o vestibular, passou na primeira chamada. Nada de se espantar, já que sempre fora um dos melhores, ou o melhor aluno da classe, não é mesmo?

Hoje está morando numa pensão para estudantes e já arranjou um emprego. Ao que tudo indica está bem. Mas sua mãe desconfia de que ele ainda não tenha voltado ao seu equilíbrio perfeito, intuição de mãe, você sabe...

Enfim, Ettore, achei que gostaria de saber a respeito do Caio, afinal, foram sempre tão bons amigos. Se quiser o endereço dele, me diga, posso pedir para a mãe dele. Ainda acho que vocês deveriam manter contato, eram amigos do peito... A propósito, não é curioso que o Caio tenha ficado assim logo após a sua partida?

Toda essa história sobre o Caio me fez lembrar da tia Nazaré, coitada, com ela aconteceu o mesmo, de uma hora para a outra ficou mal, porém, ao contrário do Caio, não conseguiu se recuperar.

Por falar em tia Nazaré, estive visitando-a com mamãe na clínica psiquiátrica em que ela foi internada, é uma triste visão, ela parece um vegetal, coitada, é de dar pena.

Levantei a hipótese de que ela estava como um zumbi por causa dos remédios que estava tomando. Questionei o médico se os remédios eram realmente adequados para ela, se a dose não estava exagerada. Surpreendi-me quando ele me explicou que tia Nazaré tomava apenas um comprimido de calmante por dia. Se ela andava feito um "zumbi", entre aspas, o motivo era outro. Fiquei mais tranquila com a explicação. Gosto muito dela, tomara que se recupere logo.

Continuo achando que você não deve ser padre. Que sua escolha é tolice, não é uma escolha feita pelo coração. Que Deus ilumine os seus miolos.

Com carinho,
Sofia.

A informação deixou Ettore mais tranquilo para visitar Girassóis. Com Caio morando em São Paulo ele não correria o risco de cruzar com ele pelas ruas da cidade e ter assim uma recaída.

Assim Ettore pediu permissão ao responsável pelo seminário para visitar a sua família.

Sofia permaneceu grudada ao irmão quase que vinte e quatro horas por dia durante a sua visita a família. Ettore parecia feliz, mas no fundo dos seus olhos podia se ver, quem olhasse com atenção para eles, um profundo quê de tristeza.

IV

Ao regressar para o segundo semestre do segundo ano de faculdade, Fabrízio teve uma surpresa. Uma surpresa armada pelo coração. Descobriu-se interessado por uma colega de faculdade chamada Lídia.

Ela era adorável, linda, com seus cabelos escuros, longos e brilhantes. Um jeito gracioso de falar e sorrir. Um perfume que na sua pele se tornava leve e só seu.

Lídia pareceu para Fabrízio, desde o primeiro olhar que trocaram, a mulher perfeita para ele amar, casar e gerar os filhos que tanto queria.

Seu rosto permanecia impresso na mente de Fabrízio o tempo todo. Manhã, tarde e noite onde quer que ele fosse, com quem estivesse, por mais interessante que fosse a conversa, Lídia estava ali, num canto de sua mente.

Ela também olhava para ele com interesse, admirava seu porte esbelto, seus olhos vivos, perspicazes, seu rosto de homem maduro.

Foi no início do primeiro semestre do terceiro ano de faculdade que Fabrízio se declarou para ela. E para sua surpresa, foi recíproco. Algo que há muito ambos ansiavam em fazer. Foi um dia de glória para os dois.

No entanto, ele foi sincero com ela, contou-lhe que tinha uma namorada desde os dezesseis anos de idade, cujo nome era Tereza, que gostava dela, pensou que era a mulher perfeita para se casar, mas agora, diante dela, Lídia, já não pensava mais assim.

Se tudo desse certo entre os dois e ele acreditava piamente que daria, ele terminaria o namoro com Tereza na sua próxima ida a Girassóis, ou seja, nas férias de inverno. Lídia se mostrou disposta a esperar por sua atitude. No entanto, quando Fabrízio voltou para Girassóis para passar as férias de inverno, acovardou-se diante da sua promessa de terminar o namoro com Tereza. Não por ela, mas pelo avô, temeu decepcioná-lo caso fizesse. Era preciso, como se diz, preparar o terreno antes de romper o namoro. Levaria em "banho Maria" o namoro com Tereza até rompê-lo de uma vez por todas. Obviamente que se tornou difícil para ele se manter o mesmo diante de Tereza, ainda mais com Lídia ocupando o tempo todo a sua mente. Por diversas vezes temeu trocar o nome das duas. Por isso ficava alerta, o que o deixava um bocado exausto.

V

Numa noite fria, Fabrízio estava no quarto que ocupava quando se hospedava na fazenda, sentado à escrivaninha redigindo uma carta. Estava tão concentrado no que fazia que nem notou a entrada do avô no aposento. Felipo caminhou até o neto em pé ante pé. Fabrízio deu um pulo na cadeira ao vê-lo parado a seu lado.

– Vovô!?

Felipo deu a impressão de interessar-se pelos selos que se encontravam sobre a escrivaninha. Ao menos era para onde seus olhos se dirigiram naquele minuto. Os olhos do avô fixaram-se a seguir no calendário e depois na carta que Fabrízio estava redigindo. E dirigindo-se ao neto, perguntou:

– Posso?

Não aguardou por uma resposta, simplesmente ergueu a carta em direção à claridade e começou a ler. Ao término da leitura, perguntou:

– Essa carta não é para Tereza, não é mesmo?

Fabrízio sabia mentir, logicamente, caso contrário não seria bem sucedida a profissão que escolhera, bem como na política que almejara abraçar após formar-se. Mas mentir para o avô, isso ele não conseguiria, não só por ele conhecê-lo bem, mas por não achar justo fazer tal coisa para com ele que amava tanto. Pelo simples olhar do neto, Felipo soube que estava certo na sua dedução.

– Conheço você tão bem, meu neto, que notei de imediato, assim que você chegou para passar mais um mês de férias conosco, que havia algo de diferente em você. E que esse "algo" era uma outra mulher. Umazinha que você certamente conheceu na faculdade ou pelas ruas de São Paulo.

Fabrízio interrompeu o avô com tato:

– A conheci na faculdade, vovô. O nome dela é Lídia.

– Se estiver saindo com essa moça apenas para passar o tempo, tudo bem. Entretanto, vejo pelo seu olhar e pelo estado em que se encontra agora, que o que você está tendo com essa moça é bem mais do que um passatempo.

– Não é passatempo, mesmo, vovô. Estou realmente gostando da Lídia. Não é para menos, ela é um encanto de moça.

– Não importa o quanto ela é seja adorável, Fabrízio, você vai terminar esse namorico com ela assim que voltar para a faculdade.

– Não é um namorico, vovô...

– Você é ainda muito inocente, meu neto. Sabe muito pouco sobre as mulheres. Elas são terríveis, sabem enfeitiçar um rapaz como ninguém quando descobrem que ele é um bom partido assim como você.

– Posso afirmar para o senhor que esse não é o caso de Lídia. Ela me ama independente de eu ser um bom partido ou não.

– Pouco importa, o que importa mesmo é que você termine esse namorico com essa moça assim que voltar para São Paulo.

– Gosto da Tereza, vovô, mas não na mesma intensidade que gosto da Lídia.

– Você pensa que gosta mais dessa Lídia por ela ser uma novidade na sua vida, só por isso. Logo você perceberá, pois tem bom senso para isso, que o que digo é verdade.

– Não, vovô, eu gosto realmente...

O avô o interrompeu novamente e, dessa vez, rispidamente:

– Não acredito que você vá fazer uma coisa dessas com a Tereza e conosco, Fabrízio! Nenhuma mulher se iguala à Tereza e você sabe disso. Nem ouse pensar em terminar com ela, seria um desgosto para mim.

Fabrízio engoliu em seco.

— Prometa-me, Fabrízio, que não vai deixar que essa garota estrague sua vida. Prometa-me!

Fabrízio olhou firmemente nos olhos do avô e afirmou:

— Prometo, vovô.

Felipo soltou um suspiro de alívio. Esboçou um sorriso enquanto balançava a cabeça positivamente.

— Bom, Fabrízio, muito bom...

Parecia estar elogiando um cachorro que acabara de ser domesticado.

— E cuidado, meu neto, muito cuidado, essa moça pode deixar-se engravidar só para prendê-lo a ela. É o que toda garota mau caráter faz para conseguir um bom partido. Por isso se afaste dela!

— Ela não é mau caráter, vovô.

— Não se iluda, meu neto. Você é ainda muito jovem para perceber as artimanhas de uma mulher. Mulheres podem ser maquiavélicas, capazes das piores baixezas para convencer um homem a se casar com elas.

"Foi meu pai quem me abriu os meus olhos para essa realidade que cerca as mulheres, Fabrízio. Ele aprendeu com o pai dele que aprendeu com o pai dele e assim por diante. Um conselho assim vale ouro para nós, se eu não tivesse seguido os conselhos do meu pai, ainda que tenhamos passado tão pouco tempo juntos, eu certamente não teria obtido toda essa prosperidade de que desfruto agora.

"Jovens são inexperientes e por isso estão propensos a cometerem tolices que podem complicar suas vidas para sempre. Se não tiverem um bom pai e um avô que os ensine, estão perdidos. Sao capazes de cometerem erros que comprometerão negativamente suas vidas para sempre."

— O senhor tem razão, vovô.

A resposta do neto acalmou Felipo ainda mais.

Segundos depois, Felipo deixava o neto a sós. Antes, porém, de atravessar a porta do quarto, voltou-se mais uma vez para se certificar de que suas palavras haviam realmente tido efeito sobre o neto. O semblante de Fabrízio respondeu que sim.

Assim que o avô saiu, o mais estranho senso de confusão se apoderou de Fabrízio. Foi um momento aterrorizante. Segundos depois, a imagem de Lídia resplandeceu na sua mente, com tanta vivacidade que ele podia até sentir o seu perfume e cheiro inigualável da sua pele. A visão fez seu coração palpitar.

Então, subitamente, a voz de Felipo voltou a trovejar na sua mente: "Não se iluda, meu neto. Você é ainda muito jovem para perceber as artimanhas de uma mulher. Mulheres podem ser maquiavélicas, capazes das piores baixezas para convencer um homem a se casar com elas."

Não, o avô se enganara ao dizer que Lídia era um mau caráter, comentou Fabrízio com seus botões. Ele podia pôr a sua mão no fogo por ela.

A voz de Felipo tornou a ecoar dentro dele:

"Nenhuma mulher se iguala à Tereza e você sabe disso. Nem ouse pensar em terminar com ela, seria um desgosto para mim. Prometa-me, Fabrízio, que não vai deixar que essa garota estrague sua vida. Prometa-me!"

Teria ele realmente coragem de terminar o namoro com Lídia como prometera para o avô? Só de pensar em fazê-lo sentia seu coração doer, quase sangrar.

VI

Ao regressar à faculdade, Fabrízio chamou Lídia Buarque para ter uma conversa.

– Você anda me evitando, Fabrízio, por quê? – quis saber a moça.

– Porque... – a resposta de Fabrízio saiu abafada.

– Não me escreveu como me prometeu que faria nas férias.

– Não pude.

– Aconteceu alguma coisa, o que foi?

O rapaz sentiu vergonha de si mesmo por ter de terminar o namoro com Lídia, mas o que fazer se aquilo era, segundo o avô, a atitude mais certa para com a sua vida?

Fabrízio respirou fundo e procurou fugir do olhar da moça para ter forças para dizer o que precisava ser dito a ela:

– Não poderemos mais namorar, Lídia – disse ele, por fim.

– Por que? O que eu fiz de errado?

– Nada, o problema é comigo... eu... eu tenho outra namorada no interior.

– Você me disse, disse-me também que terminaria com ela porque me amava... Não acredito que estivesse mentindo.

– Eu a...

Fabrízio não conseguiu completar a frase. Os olhos de Lídia entristeceram, a face toda entristeceu.

– Eu me entreguei para você por acreditar ser a pessoa certa para eu me casar, ter meus filhos... Porque o amava profundamente, ou melhor, o amo. Você me pareceu tão sincero quando demonstrou seus sentimentos por mim. Como posso ter me enganado tanto?

Lídia começou a chorar, baixinho.

– Acalme-se. – pediu Fabrízio pousando sua mão sobre a dela.

– Tire suas mãos de mim, Fabrízio, e por favor, nunca mais me procure. Tenho nojo de você!

Ele segurou firme nos braços dela e com firmeza falou:

– Não piore as coisas para nós, Lídia, eu lhe quero muito bem. Não quero perder sua amizade...

Ela levantou-se e partiu, correndo.

– Lídia, por favor, espere – gritou Fabrízio.

Mas a moça continuou correndo, afoita.

Fabrízio baixou a cabeça, entristecido. Enxugou os olhos lacrimejantes e disse para si mesmo: "foi melhor assim!". Uma semana depois, soube que Lídia havia pedido transferência para uma outra faculdade. Remoeu-se de remorso por aquilo, mas sabia que tinha feito o que era o certo. O avô sempre lhe ensinara o certo. Tereza era também linda, amorosa, e apesar de não gostar dela tanto quanto gostava de Lídia, ela haveria de ser a mulher perfeita para ele se casar, ter seus filhos e viver feliz para sempre...

VII

No tempo que se seguiu, Sofia continuou sendo da família a que mais enviava cartas para Ettore. Na verdade, da família mesmo, só a mãe, a avó e Rocco é que lhe escreviam e, mesmo assim, esporadicamente. Através das cartas, Sofia contava sobre os últimos acontecimentos de sua vida, paqueras, contava-lhe as piadas que aprendera com os amigos, as descobertas que vinha fazendo sobre si mesma e a vida, os rumos que planejava dar para a sua vida e as novidades da família.

"Rocco está indeciso quanto ao que pretende cursar na faculdade. Papai quer porque quer que ele faça Direito, não quer saber se ele tem vocação ou não para isso. Acho que Rocco está se sentindo pressionado contra a parede!

Quanto ao Fabrízio, continua o mesmo, insuportável como sempre."

VIII

Ao mudar-se para o seminário, Ettore descobriu não só um novo mundo, repleto de pessoas, ambientes e valores diferentes, mas também a insônia. Cada noite que passava, menos ele dormia. Certas noites deitava-se na cama por deitar, já sabia de antemão que não conseguiria dormir. Ficava então de olhos fechados, tentando pensar em coisas que o induzissem ao sono, mas tudo que sua mente conseguia fazer era abrir seu arquivo de memórias. Eram lembranças agradáveis e, ao mesmo tempo, dolorosas que o embriagavam de angústia e melancolia. Lembranças do tempo em que era menino e brincava com os irmãos pela fazenda do avô.

Lembrava-se de Rocco assustando as galinhas que saíam cacarejando, soltando penas para todo lado. Lembrava-se do modo engraçado e único de Rocco rir, assemelhava-se muito ao *rosnado* de uma hiena.

Lembrava-se também dos seus primeiros anos de adolescente, principalmente da época em que se tornou amigo inseparável de Caio. Lembrava-se quando Caio ficava por trás das pessoas com quem ele estava conversando, imitando-as falarem, fazendo seus trejeitos de modo exagerado e por meio de caretas e mímicas. Ettore tinha de se segurar para não rir. Às vezes não conseguia e então morria de vergonha.

Era incrível para Ettore, como o passado insistia em impregnar sua alma que clamava aos céus para que o passado fosse apagado de dentro dele para sempre.

O jovem seminarista acabava dormindo por exaustão e, nas poucas horas de sono, era perturbado por pesadelos. Especialmente por um que volta e meia se repetia. Nele ele se via diante de um menino num dos quartos da fazenda e, de repente, ouvia um estalo, que fazia ambos olharem aterrorizados numa certa direção. Ali estava o avô, fuzilando os dois com os olhos.

O pesadelo fazia Ettore acordar suando frio e agitado no meio da noite. Incapaz de voltar a dormir. Ele então se punha a refletir sobre o pesadelo. Perguntava-se: teria realmente aquilo acontecido no passado, quando ele era um menino? Ele não sabia dizer, por mais que puxasse pela memória ele não lembrava.

Em todo caso, se o pesadelo fosse realmente um fragmento de algo que ele vivera no passado, que menino seria aquele? Caio não era, com certeza, pois só o conhecera quando ele era um adolescente, por volta dos 14 anos de idade. Além do mais o menino que aparecia no pesadelo era fisicamente muito diferente de Caio.

Certo dia ocorreu-lhe a hipótese de que o menino poderia ser filho de um dos empregados da fazenda. Ao comentar a respeito com Sofia, por carta, Sofia respondeu, na carta resposta, que ela se lembrava de um menino, sim, filho, ou neto de um dos empregados da fazenda. Acreditava que o nome do garoto era Inácio, mas não tinha bem certeza. Nunca mais o vira. Que eles haviam conhecido a criança quando foram passar as férias de julho na fazenda, na época em que eles ainda moravam em São Paulo.

Mesmo assim, aquilo não o ajudava muito, concluiu Ettore, pois ele não conseguia encontrar razão para sonhar com o filho de um empregado, que mal conhecia, que de fato nem se lembrava dele, por tantas vezes. O pesadelo deveria acontecer por outro motivo, um devaneio da mente só para torturá-lo, levá-lo à loucura como muitos pesadelos gostam de fazer.

Para derrubar a insônia, Ettore decidiu fazer caminhadas longas durante seu tempo de folga. Queria deixar o corpo cansado, completamente desgastado na esperança de que o cansaço o induzisse ao sono. Graças a Deus, sua atitude começou a surtir o efeito desejado, ao menos por ora.

De todos os seminaristas, Alonso foi o único que ousou firmar uma aproximação mais sólida de Ettore, o que era difícil, uma vez que o rapaz erguera uma barreira em torno de si para impedir a aproximação de qualquer um. Mesmo assim, Alonso insistia. Não era justo que Ettore vivesse fechado em si, tão sem amigos, sem ninguém para desabafar ou contar. Era preciso ter alguém em quem confiar, pelo menos uma pessoa, afinal, ninguém vive só. Alonso percebia pela aparência de Ettore que estava atravessando um daqueles infernos que muitos atravessam na vida. Era visível que o colega mal dormia à noite, suas olheiras profundas estavam ali para confirmar, alimentava-se mal, parecia anêmico. Alonso queria ajudá-lo, por compaixão, por amor ao próximo.

Aconselhou-o a frequentar os encontros com os psicólogos, que o seminário oferecia, mas ele não ia. A psicóloga responsável o procurou diversas vezes para convidá-lo a fazer análise, ao menos uma sessão que fosse. Mas Ettore se esgueirou do convite como uma lebre.

Alonso sugeriu então que procurasse um médico para lhe prescrever algum tranquilizante. Ettore agradeceu a sugestão, mas não acatou. Alonso sugeriu então que ele tomasse calmantes naturais, tais como Sálvia, maracujá ou camomila.

Ettore, consternado com a preocupação do colega para com ele, aceitou pela primeira vez sua sugestão. Passou a tomar suco de maracujá alternando com chá de camomila antes de ir para a cama e acabou dormindo pelo menos duas horas por noite.

Ficava então olhando estático para o teto, às vezes consultava o relógio digital na mesinha e ouvindo o ronco dos colegas de quarto. Desgostoso por não dormir, virava de um lado para o outro, de bruços, tapava os ouvidos com o travesseiro, mas nada do sono vir.

E o tempo seguiu seu curso...

IX

Dois anos depois de Ettore ter entrado para o seminário, Sofia ingressou numa faculdade em São Paulo.

No ônibus *circular*, após o seu primeiro dia de aula, ao voltar para casa, avistou um rapaz que lhe chamou muita atenção. Havia algo de muito simpático nele. Os olhos eram negros como opalas, o nariz majestoso, os lábios grossos, no contexto geral, tinha um rosto infantil, fofo, que dava vontade de apertar as bochechas. Era, em resumo, deveras atraente, estupidamente bonito.

Volta e meia ela encontrava o rapaz no circular àquela hora, parecia até que haviam conspirado para que o encontro ocorresse. Senão eles, o destino com certeza. Era como se uma força sobrenatural quisesse uni-los.

O rapaz, por sua vez, também já havia notado Sofia desde a primeira vez em que eles se encontraram no circular. Para ele, o rosto dela era o rosto de mulher mais belo e glorioso que já vira em toda a sua vida.

Outro detalhe que lhe chamou atenção foram as roupas que ela usava, calças e blusas folgadas nas quais caberia uma mulher com o dobro do seu tamanho. Aquilo o divertira.

Certo dia, quando os dois se detiveram por alguns instantes em frente à catraca do ônibus, sorriram, pela primeira vez, um para o outro. Porém, nenhum dos dois ousou dizer uma palavra sequer, censurados por uma inusitada timidez.

Dias depois, ambos se encontravam novamente no circular. Sofia notou que ele entrara no ônibus, eufórico, percorrendo os olhos pelo interior do circular como se estivesse procurando por alguém. Que fosse ela, torceu. O rosto do rapaz transpareceu profundo desapontamento por não vê-la, pois naquele dia, em especial, ela havia se sentado no fundo do ônibus, atrás de um passageiro bem alto.

O desapontamento desapareceu quando ela se levantou de onde se encontrava e foi em sua direção. Parecia que se aproximavam um do outro com a lentidão de um sonho. Os dois sorriram ao se verem, novamente, face a face.

— Por uns segundos pensei que não estivesse aqui... – disse ele.

— Seria a primeira vez, acredito eu, que não nos encontraríamos – respondeu ela.

— Os nossos encontros são uma tremenda coincidência, não? Parece até que planejada pelo destino.

Ele sorriu novamente e disse, com bom humor:

– Na verdade eu mantenho um amigo no ponto onde você pega o ônibus. Ele tem um *walkie-talkie* que me avisa quando devo pegar o circular para poder estar no mesmo em que você está.

Sofia gargalhou. A garota havia sido mais gentil do que ele esperava e, sem dúvida, mais simpática, pensou Saulo consigo mesmo, sentindo uma ponta de alívio.

A seguir ambos emudeceram dando a impressão de que o papo entre eles morreria ali.

– Meu nome é Saulo, muito prazer! – disse o rapaz, quebrando o gelo, estendendo-lhe a mão.

Sofia gostou do aperto de mão e do jeito que Saulo olhava para ela, com profunda admiração.

– Sofia. Muito prazer!

Notando que havia dois assentos conjugados livres, Saulo sugeriu:

– Que tal sentarmos ali?

Ela anuiu com um movimento da cabeça. Em menos de quinze minutos Sofia percebeu que Saulo era essencialmente um homem simples e extremamente agradável para conversar. Não foi preciso os dois marcarem horário e local para se encontrarem novamente, sabiam que isso aconteceria sagradamente aquele horário da tarde no circular. Com isso a amizade entre eles foi crescendo e logo ambos decidiram se encontrar no fim de semana para tomar um café, passear pela cidade, pegar um cinema.

Não levou muito tempo para que Saulo pedisse Sofia em namoro. Ela aceitou prontamente, estava realmente interessada no rapaz.

Certo dia, após uma gostosa sessão de cinema os dois foram tomar um suco numa lanchonete que fazia, segundo os entendidos, o melhor bauru da cidade. Em meio ao bate papo, Saulo comentou:

– Acredito piamente que sou o filho favorito da minha mãe.

Sofia olhou para o namorado, desconfiada.

– Falo sério, Sofia! Não é para me gabar não, mas de todos os filhos dela eu sou o mais amoroso, prestativo e carinhoso.

– Modesto você, hein? – o tom de voz da Sofia era levemente irônico.

Preocupado em ter exibido um comportamento narcisista ao falar tanto sobre si próprio, Saulo procurou se redimir.

– Deve ser porque sou filho único.

Sofia riu. Ele a beijou suavemente nos lábios. Sorveu um pouco mais do suco de laranja e perguntou:

– Deve ser muito bom ter irmãos, não? Com qual deles você se dá melhor?

A resposta por parte de Sofia não requeria reflexão, saiu imediata:

– Com Ettore e Rocco. Ettore sempre foi meu confidente e Rocco sempre o mais grudado a mim. Fabrízio, meu irmão mais velho, também era, a princípio, muito ligado a mim, mas depois deixou de ser. Ettore é mais fechado, Rocco mais divertido, já Fabrízio, em minha opinião é muito quadrado e ligeiramente presunçoso. Suas ideias não têm originalidade.

– E a irmã deles, como é? – o tom de Saulo era brincalhão. Quando Sofia ia articular uma resposta, Saulo a interrompeu gentilmente:

– Uma moça que eu descreveria como muito segura de si mesma. Não é de perder a cabeça à toa. Acertei?

– Hum... Você daria um bom vidente! – respondeu ela, sarcástica.

Os dois riram.

– Girassóis... – comentou Saulo, a seguir. – Nunca ouvi falar dessa cidade... mas não é de se espantar, a gente não conhece nem sequer 5% de todas as cidades do país, não é verdade?

– Você está brincando comigo, não é? Como não conhece nem sequer 5% das cidades?

Saulo logo percebeu que a namorada estava caçoando dele. Ele a beijou novamente.

– Girassóis é uma cidade muito agradável – explicou Sofia –, com ruas sombreadas por olmos e uma praça com um monumento muito alto ocupando o centro. Coreto no jardim, enfim, uma típica cidade do interior.

– Eu vou adorar conhecê-la.

– E você vai conhecê-la muito em breve. Estou louca para apresentá-lo a minha família.

117

Da lanchonete Saulo e Sofia caminharam até a praça que ficava do outro lado da rua. Ali ficaram sentados na grama, com os braços entrelaçados nos joelhos. A lua estava irradiando uma luz espectral que parecia clarear mais que a luz dos postes da cidade. O luar lançava sobre o casal de namorados seu próprio encantamento glamouroso, místico. Sofia jamais esperou que seu corpo e sua mente pudessem ser tão reconfortados por uma lua como aquela, por estrelas cintilantes, na verdade não era aquele cenário que a confortava, era Saulo a seu lado. Com ele a natureza tornava-se mais resplandecente, viva, surreal.

Dias depois, num novo encontro, o rapaz surpreendeu Sofia com uma caixinha de presente e um cartão. Ela o leu: "Para a mulher da minha vida!". Sofia sorriu, emocionada. Saulo lhe devolveu o sorriso. Ao abrir o presente, a moça encontrou uma caixinha com um anel dentro dela.

– É simples, mas é de coração – disse Saulo, humildemente.

Ela pôs o anel no dedo, admirou-o e depois beijou o homem amado em profundo agradecimento. Saulo disse a seguir:

– Eu a amo, Sofia, muito.

O modo como ele disse "Eu a amo, Sofia..." encheu Sofia de uma suprema alegria. Era quase um êxtase.

Ela beijou a mão direita do namorado, esfregando-a depois contra o seu rosto, macio, bonito, sereno.

– Você me deu a coisa mais preciosa da vida, Saulo: o amor! – declarou ela, com sinceridade.

Ele sorriu-lhe novamente, transbordando de amor e paixão.

Na próxima carta de Sofia para Ettore, ela lhe contava tudo sobre o seu envolvimento com Saulo com quem vinha namorando já há alguns meses. Descrevia com detalhes o quanto ele lhe era maravilhoso e esforçado na vida. Conseguira entrar numa faculdade estadual, o que era a prova definitiva do quanto ele era competente. Ela o estava amando profundamente. Decidira levá-lo junto com ela para Girassóis nas férias para apresentá-lo a todos e propiciar-lhe uns dias na fazenda, para descansar do estresse da cidade grande.

Ettore ficou contente pela irmã.

X

As férias de julho finalmente chegaram. Sofia mal se continha de alegria por poder voltar a Girassóis, rever os amigos e, especialmente, a família, à qual era tão apegada. Estava empolgada também para apresentar Saulo a todos. O homem, por quem, cada dia mais, se descobria apaixonada.

Sofia havia decidido ir de trem à cidade, para que o namorado pudesse apreciar a viagem de trem, algo que nunca havia feito em toda a sua vida. Para ela uma viagem de trem é, apesar de cansativa, inesquecível, ao lado de quem se ama, hiper romântica.

Na estação, Rocco a aguardava. Assim que os dois saíram do vagão, ele correu na direção da irmã com os braços abertos, deu-lhe um profundo beijo no rosto, um grande abraço e a rodou como sempre fazia. Só, então, voltou-se sorridente para Saulo, estendeu-lhe a mão e trocou um caloroso aperto de mão.

– Muito prazer. Rocco.

– Muito prazer. Saulo.

Assim que entraram no carro, Rocco disse:

– Como hoje é sábado, papai, mamãe, todos, enfim, exceto Ettore, estão na fazenda. Por isso vou levá-los direto para lá. Que tal?

– Pode ir, irmãzinho – respondeu Sofia que a seguir, perguntou: – Como estão todos?

– Bem, muito bem. Empolgados com o noivado de Fabrízio.

– Então em breve teremos casamento na família. Tomara que o "enlace" matrimonial amoleça um pouco aquele caráter insensível do Fabrízio. Se bem que duvido muito. O coração de Fabrízio é de pedra que nem do vovô e pedra nunca amolece.

Rocco gargalhou.

– Será que ele gosta realmente da Tereza? – perguntou Sofia, a seguir. – Sempre achei que não. Acho na verdade que ele só a namora por ser, para o vovô, a mulher ideal para ele se casar.

– Maninha, sou da mesma opinião – afirmou Rocco em meio a risos. Ainda com a voz risonha acrescentou: – Estão pensando em fazer uma "big" festa com tudo que se tem direito no casamento do mano. Vovô faz questão de pagar tudo, nada de se espantar, não é mesmo, afinal, Fabrízio sempre foi o neto predileto.

– Já pensou se ele ou ela, o que é pior, desiste de se casar na última hora? – o tom de Sofia era maroto. – Quantos casamentos não são desfeitos às vésperas do dia do casamento ou mesmo na porta da igreja, não é mesmo?

Os dois gargalharam novamente. Saulo divertia-se com o diálogo dos dois.

– Espero sinceramente que isso não aconteça com Fabrízio e Tereza senão o nosso avô tem um *treco*, um enfarto na porta da igreja. Imagine só a vergonha que seria para ele, uma humilhação! Não só para ele, como para o nosso pai. Seria um escândalo para o papai ainda mais agora que está pensando em se candidatar a deputado estadual.

Os dois riram ao perceber que estava deixando Saulo de fora do assunto, Rocco puxou papo com o rapaz. Conversaram sobre amenidades costumeiras.

Ao avistar um homem montando um cavalo, Saulo comentou:

– Vocês acreditam que eu nunca andei a cavalo? Morro de vontade.

– Você vai poder matar sua vontade até não querer mais – disse Sofia, feliz por poder propiciar aquela alegria ao namorado.

– Não sou muito chegado a cavalos não. Na minha opinião quadro rodas são sempre melhores que quatro patas – argumentou Rocco, rindo.

Assim que o veículo atravessou a porteira da fazenda, Saulo passou a observar com interesse as árvores que acompanhavam o caminho que levava à sede. Embaixo de cada uma delas havia uma juncada de folhas mortas e amareladas que o carro chicoteava ao passar por elas.

Felipo avistou pela janela da sala o poeirão que se erguia, com a passagem do carro, pela estrada de terra que levava até à sede da fazenda. Num berro, disse:

– Romani, sua filha está chegando!

Romani fechou o jornal que lia e se dirigiu à varanda com o pai. Ao descer do carro, Sofia sorriu para Romani e Felipo. O pai lhe retribuiu o sorriso, o avô manteve-se sério, olhando para a janela traseira do carro procurando avistar o namorado da neta. Seu cenho franziu e se agravou ao ver Saulo saindo do carro.

— Este é Saulo, meu namorado – apresentou Sofia, com grande satisfação.

O rapaz pegou a mão da jovem e, timidamente, olhou para as duas figuras imponentes, estáticas, na varanda do casarão. Seus dentes brancos brilharam num sorriso simpático.

Felipo olhou Saulo de alto a baixo, com profundo descaso. Romani fez o mesmo. Naquele momento Marina e Laura chegavam da horta. Ao avistar a neta ao lado de Saulo, Marina deixou cair das mãos a cesta com as verduras.

— Vovó, mamãe! – exclamou Sofia, radiante, correndo até as duas para cumprimentá-las.

Quando Sofia foi beijar a avó, Marina agachou-se para pegar a cesta. Laura beijou a filha e disse com voz contida:

— Minha filha que saudade, quanto tempo!

E, baixando a voz, perguntou:

— Você está louca?

A filha franziu o cenho.

— Ora, por que, mamãe?

Sofia não aguardou pela resposta, desvencilhou-se dos braços da mãe, foi até Saulo e o puxou até lá pelo braço. O rapaz estava visivelmente constrangido. Marina não o cumprimentou, deu-lhe as costas e foi para os fundos da casa.

Só naquele instante é que Sofia percebeu que o pai e o avô não se encontravam mais na varanda do casarão. Girando o pescoço ao redor descobriu que o irmão também não se encontrava mais ali.

— Onde está o Rocco? – perguntou, a jovem.

Saulo a informou que o avô havia feito um sinal para que ele entrasse na casa.

— O que está havendo? – indagou Sofia, começando a achar tudo muito estranho.

Laura baixou a cabeça por não saber o que responder para a filha.

— Diga, mamãe, o que está havendo? Qual o motivo dessa atitude inóspita?

Tomada de fúria, Sofia puxou o namorado em direção da casa da família.

121

Saulo retesou o corpo:

– Espere, Sofia, é melhor eu ir embora.

– Nada disso.

– Eles não foram com a minha cara, já pude perceber.

– Que nada, venha!

– É melhor não! Entre você! Prefiro ficar aqui.

– Por favor, meu amor, venha comigo.

– Acho que você deveria ter dito a eles que sou negro.

– Imagine que o meu pai é racista, Saulo, vive cumprimentando todos os negros da região, até os abraça, beija seus filhos...

– Por campanha política, minha irmã – disse Rocco, juntando-se a eles e baixando a voz, acrescentou: – Acho melhor levar vocês dois para a cidade. Vocês ficam hospedados lá em casa até passar o choque que eles tiveram por Saulo ser negro, depois, quando eles estiverem mais calmos, vocês conversam.

– Nada disso – retrucou Sofia, furiosa. – Isso é uma afronta a minha pessoa, à vida... Ainda mais vindo deles que se dizem tão religiosos!

Ela pegou o braço de Saulo novamente e ia puxando-o na direção da casa quando Rocco a segurou e a aconselhou entrar na casa sozinha, seria melhor, para poupar maiores constrangimentos para o rapaz. Sofia acabou acatando a sugestão do irmão, entrou no casarão sozinha, a passos largos e resolutos.

– Vocês podem me dizer o que está acontecendo por aqui? – perguntou, assim que viu o avô ao lado da avó e o pai ao lado da mãe na grande sala de estar.

Os dois homens, pai e filho permaneceram em silêncio, como se não tivessem escutado uma só palavra. Laura olhou pensativamente para o sogro e depois para o marido. Por um instante seu olhar se cruzou com os da filha, que aguardava parada, com o sangue afluindo em seu rosto, por uma resposta.

– Alguém aqui quer me dizer, por favor, o que está acontecendo? – insistiu Sofia, irada.

Foi Felipo quem, finalmente, respondeu:

– Quem tem de nos dar uma explicação é você, minha neta! Onde já se viu namorar... até me enoja dizer a palavra... um...

– Negro? É isso, vovô?

O avô não respondeu, o rosto enrijeceu.

– É que não pega bem na sociedade, filha, uma jovem, branca como você, namorar um negro – acudiu Laura, tentando amenizar a situação.

A pergunta de Romani, a seguir, deixou Sofia ainda mais admirada com a reação da família.

– Alguém da cidade, por caso, viu você chegando com esse rapaz na estação?

– Deus queira que não – agitou-se Marina. – Seria um escândalo. Comentário geral na cidade.

A voz possante de Felipo voltou a soar no recinto:

– Que vergonha, minha neta, como pôde nos dar um desgosto destes?

– Desgosto? – Sofia se surpreendeu, gaguejando. – Desgosto é que vocês estão me dando... Onde já se viu tratar uma pessoa, um ser humano, desse modo, só porque ele é negro? Ainda mais vocês que se dizem tão religiosos.

– Cale a boca! – gritou Felipo a todo pulmão. – Não admito que fale conosco assim dentro da minha casa. Retire-se da minha propriedade com esse negro, já, imediatamente. Não tolero um negro, nunca gostei, jamais admiti um trabalhando em minha propriedade; quanto mais na minha família.

– Vocês são monstruosos! – vociferou Sofia.

– Você é uma tola, Sofia – continuou Felipo –, não sabe nada sobre a vida... você...

Sofia o interrompeu:

– Só sei da vida o que vivi até hoje, o que está por vir só saberei vivendo. De uma coisa tenho absoluta certeza: eu amo Saulo, ele é homem da minha vida!

– Ora, ora, ora... – desdenhou Felipo Guiarone. – Não diga tolices! Isso é coisa de coração desmiolado de mulher.

Felipo voltou-se para o filho e afirmou:

– Romani, tudo isso é culpa sua e da sua esposa. Onde está a educação que vocês deveriam ter dado para esta menina?!

Felipo, subitamente, levou a mão ao peito e começou a respirar com dificuldade, parecia estar tendo um ataque cardíaco.

– Tire esse negro imundo da minha propriedade, agora! – insistiu em meio a falta de ar.

– Saia, Sofia! – berrou Romani, apavorado com estado do pai.

Marina correu para a cozinha em busca de um copo de água com açúcar.

Sofia aproximou-se do avô, dirigiu-lhe um olhar penetrante e o amaldiçoou:

– Tomara que sofra por todo mal que causou e vem causando às pessoas!

Romani voltou-se para a filha e deu-lhe um tapa no rosto.

– Cale a sua boca, sua desalmada! E nunca mais fale assim com o meu pai!

Sofia levou a mão ao rosto, segurando-se para não chorar.

– Não falarei mesmo – desabafou –, pois não pretendo nunca mais vê-los.

– Ingrata, filha desnaturada – berrou Romani, descontrolando-se ainda mais.

Sofia deu-lhe as costas e se dirigiu para a porta. Quando Laura foi atrás dela, Romani a proibiu com um berro histérico. Laura começou a chorar compulsivamente. Marina tocou o ombro da nora e disse:

– Deixe-a ir, minha nora, a vida a trará de volta implorando por perdão.

Laura grunhiu e saiu correndo na direção dos quartos. Nada na vida a tinha preparado para enfrentar um momento tão delicado como aquele. Absolutamente nada.

XI

Assim que Sofia aproximou-se de Saulo, agarrou-se a ele na esperança de se acalmar. Rocco se mantinha penalizado com o que via.

– Leve-me daqui, Rocco – pediu Sofia, baqueada por forte emoção.

– Mas, Sofia...

Saulo pegou a namorada pelos braços e a fez encará-lo:

– Acalme-se, meu amor. Eu vou embora. Enquanto isso você conversa com a sua família, com mais paciência.

– Você não os conhece; Saulo, eles não vão mudar de ideia a nosso respeito, jamais.

– Com o tempo...

– Nunca.

– Não custa tentar.

– Eu não quero me separar de você, meu amor... Eu o amo, preciso de você mais do que tudo na vida.

– Eu sinto muito ter causado tudo isso.

– Não sinta, não.

– Eu já sofri muito racismo na vida, jamais pensei que fosse sofrer neste nível. Às vezes, sinto ódio por ter nascido negro. Não entendo por que Deus nos fez de cores diferentes, se tivesse feito todos da mesma cor, nada disso estaria acontecendo.

– Deus é sábio, Saulo. Se fez o ser humano de cores diferentes é por um bom motivo. Certamente para nos ensinar a aceitar as diferenças dos outros, o que é o mais difícil para a maioria das pessoas.

Ela enxugou seus olhos lacrimejantes, acariciou o rosto bonito do rapaz e disse com sinceridade:

– Se você realmente me quer, Saulo, sou capaz de largar tudo isso, agora, por você. Tudo!

– É claro que lhe quero, Sofia e muito! Mas não sei se seria justo para com você, para com a sua família, largar tudo, todos, por minha causa.

– E eles são justos? Não! São um bando de patéticos, hipócritas, dominados por meu avô. Ele pode ter acabado com a vida da minha tia, mas a minha, ele não vai acabar não! Eu vou me embora com você!

– Então venha, se para você é suficiente o que eu tenho para lhe oferecer, venha!

– Para mim basta você, Saulo. Ao seu lado sou capaz até de viver de brisa, meu amor.

Saulo entrou no carro, Sofia estava entrando, quando Romani chamou por ela. Seu tom era firme e vociferante quando disse:

125

– Sofia se você sair dessa fazenda com esse *negro* agora, não se considere mais minha filha. Eu a deserdo.

Sofia não respondeu, simplesmente entrou no carro e fez sinal para que Rocco ligasse o motor e partisse.

– Você tem certeza de que deve ir? – perguntou o irmão, preocupado.

– Sim. Vamos.

– Pense bem, Sofia – aconselhou Saulo.

– Fique tranquilo, estou bastante certa quanto ao que quero para mim, meu amor. Pise no acelerador, Rocco e me tire desta pocilga.

Rocco fez uma manobra rápida e partiu. Estava maravilhado com a coragem da irmã.

Romani ficou observando o carro seguir caminho, levantando o poeirão por onde passava. Uma lágrima vazou de seus olhos. Ele respirou fundo, estufou o peito, enxugou os olhos e voltou para dentro da casa.

– Não quer mesmo que eu chame um médico, papai? – perguntou.

– Não é preciso, filho.

Felipo pegou firme nas mãos de Romani e disse:

– Estou orgulhoso de você, Romani. Pelo que disse àquela ingrata da sua filha. Eu também não a quero mais como neta, é um desrespeito, uma afronta a nossa família o que ela fez. É triste criar um filho, com o que há de melhor, para receber em troca uma ingratidão dessas, mas, precisamos ser fortes nesse momento... como meu pai dizia: filho nenhum abusa dos pais!

– Talvez ela volte atrás... – murmurou Romani, num tom apagado.

– Comigo ela nunca terá perdão! Jamais!

Laura que ouvia a conversa próxima à porta, sabia que a filha não voltaria atrás; era tão decidida e determinada quanto o avô, na verdade, de todos os netos, Sofia era a que mais puxara a ele.

Laura voltou para o quarto e se pôs a rezar.

Quando Rocco retornou à fazenda, sua mãe quis saber o que havia acontecido desde que ele saiu dali com a irmã. Rocco foi

126

discreto ao lhe passar a informação, temia que Romani ou Felipo entrassem na sala e os ouvissem, complicando ainda mais as coisas.

No dia seguinte, assim que teve a oportunidade, Laura perguntou ao marido:

– Não acha que foi muito drástico para com a sua filha, Romani?

– Drástico, eu?! Drástica foi ela para conosco, para com meu pai, Laura! Onde já se viu querer se casar com um negro? Negro quando não suja na entrada suja na saída, não é o que dizem? Não é à toa que meu avô e meu pai amaldiçoavam a abolição da escravatura. Os negros não deveriam ter sido alforriados, nunca! Lugar de negro é na senzala!

Fabrízio quando soube do acontecido ficou indignado com a atitude da irmã. Sentiu náusea ao imaginar a irmã beijando um negro, e o que era pior, na boca. Por pouco não vomitou.

Capítulo 5

I

Quando Ettore abriu a carta de Sofia contando tudo o que havia se passado na fazenda quando ela levou Saulo até lá para apresentá-lo a família, Ettore chegou a pensar que a irmã estivesse brincando. Ao ler o que ela decidiu fazer de sua vida, o rapaz ficou ainda mais surpreso.

Já havia se passado um mês desde o desastroso episódio e nem o pai nem a mãe haviam procurado Sofia como ela pensou que fariam.

O dinheiro da faculdade não foi mais depositado na sua conta do banco e ela teve de abandonar os estudos. Idem o dinheiro para pagar a pensão. Não houve alternativa senão aceitar o convite de Saulo para morar com ele e sua mãe, dona Zulaiê, uma mulher encantadora, que a tratava como filha e era uma ótima cozinheira, o que a obrigava a se controlar diante da comida para não engordar. (Risos).

Saulo era, como sempre, um amor com ela. Os dois estavam dispostos a se casar, o mais breve possível, mesmo sem o consentimento dos pais, para facilitar as coisas e porque se amavam reciprocamente.

Ettore surpreendeu-se mais uma vez com a coragem e a ousadia da irmã. Era impressionante como ela tinha pulso firme e "jogo de cintura" para lidar com os imprevistos da vida. Na carta resposta a Sofia, Ettore externou seus sentimentos pelo que havia lhe acontecido.

Três semanas depois, Ettore recebia uma nova carta da irmã. Nesta, ela contava que certa noite inquietou-se com a demora de Saulo. Ele geralmente costumava chegar da faculdade por volta das 23h00 horas, mas já era quase 01h00 da madrugada e nada de ele aparecer. Era por volta das 2h00 quando recebeu a notícia de que ele havia sido hospitalizado. Havia sido pego na rua, logo após deixar a faculdade, por dois homens, dois verdadeiros trogloditas, que lhe deram uma surra sem ter nem porquê.

"Ouso pensar que o mandante dessa surra foi o nosso pai e o nosso avô. Eles são capazes de tudo", comentou ela.

Outro fato intrigante aconteceu duas semanas depois deste: Saulo foi demitido do emprego sem razão alguma e desde então surgiram dificuldades para arranjar outro emprego. "Ouso pensar também que papai e vovô estão por trás disso", comentou Sofia, acreditando muito na sua suposição.

Ela terminava a carta pedindo ao irmão que rezasse por eles o que Ettore fez com muito gosto.

As cartas seguintes de Sofia para Ettore não traziam boas notícias. Saulo ainda continuava desempregado. Parecia pirraça, quando estava prestes a ser contratado, a empresa voltava atrás na última hora. A sorte deles era que dona Zulaiê, mãe de Saulo, cozinhava para fora, era com esse dinheiro que eles vinham se sustentando ultimamente.

Sofia contava também na carta que pensara em trabalhar fora, mas percebeu que seria bem mais proveitoso para dona Zulaiê ajudá-la na casa, limpando, lavando, passando e ajudando-a na cozinha do que trabalhando fora. Seria também uma ótima forma de aprender a cozinhar o que é sempre bom para uma mulher.

Sofia estava surpresa consigo mesma, nunca, jamais, passara por sua cabeça que um dia ela estaria auxiliando alguém na cozinha, sempre se achara uma negação para arte culinária. Aquilo era a prova definitiva de como a vida dá voltas e como todo aquele que enfrenta de coração aberto essas voltas se dá melhor na vida.

Apesar dos pesares, Sofia, como sempre, queria que Ettore lhe escrevesse contando notícias da família. Ele tornara-se, agora, seu único elo com a família.

Pediu a Ettore também que não desse para a mãe o seu endereço, caso ela o pedisse. Tinha receio de que o pai e o avô, até mesmo, Fabrízio mandassem fazer alguma coisa contra Saulo e sua mãe. Até mesmo contra ela. Se bem que, diante dos últimos acontecimentos, eles, com certeza já deveriam saber aonde eles residiam.

Na sua primeira visita a família em Girassóis, depois do que havia acontecido entre Sofia e a família, Ettore ao se ver a sós com a mãe, em seu quarto, perguntou a respeito do acontecido. Nem bem ele abriu a boca, a mãe pôs a mão nos seus lábios e disse baixinho:

— Não fale dela nesta casa, por favor, Ettore. Seu pai pode ouvir.

Ettore ficou surpreso com a reação da mãe. Ainda mais surpreso ao perceber que todas as fotos da irmã que havia nos porta-retratos espalhados pela casa haviam sido substituídas por fotos da família onde ela não aparecia. Até um pôster dela de quando bebê havia sido retirado da parede.

Ettore preferiu deixar a irmã por fora daquela "macabra" descoberta. Seria melhor. Se ela soubesse poderia se sentir muito mal.

Cada carta que chegava de Ettore para Sofia transformava o dia da jovem para melhor. Ela largava o que estava fazendo no mesmo instante para lê-las. A carta mais recente trazia uma novidade:

"Sofia, querida, Rocco me escreveu contando que vai morar na Europa, a princípio, na Itália. Quer aprender línguas estrangeiras, pretende seguir a carreira de diplomata. Mamãe conta na última carta que me escreveu que o papai ficou muito feliz com a decisão de Rocco ser diplomata, diz também que o vovô amou sua escolha."

Assim que Sofia terminou de ler a carta em questão, abriu seu caderno e escreveu uma resposta para Ettore. Nesta, entre outras coisas, ela dizia:

"Para mim, essa história de Rocco querer aprender línguas para seguir a carreira diplomática é apenas um pretexto, muito bom por sinal, para convencer papai e vovô a deixaram-no partir para o exterior com grana suficiente para se manter por lá, bem como abandonar a faculdade que foi forçado a fazer!

Rocco deve ter percebido que essa era a melhor forma de escapar das garras dos dois, digo, de papai e do vovô, ou melhor, dos três, não nos esqueçamos de Fabrízio, afinal, ele é uma replica perfeita do papai e do vovô. Se essa for a intenção de Rocco, que Deus o abençoe. Isso confirma também aquilo que eu sempre suspeitei, o fato de Rocco ser o mais inteligente da família."

Sofia estava certa no que intuiu, mas isso ela só veio a descobrir muitos anos depois.

II

Sofia Guiarone e Saulo da Cruz se casaram no primeiro fim de semana de uma ensolarado primavera. Ela tinha quase 19 anos completos e ele 21. Foi uma cerimônia simples, na igreja próxima a casa onde residiam, com bolo e guaraná para celebrar o grande acontecimento. A lua de mel dos dois foi um fim de semana no litoral paulista. Hospedaram-se numa pensão nas proximidades da praia. Um local simples, sem luxo algum, mas extremamente aconchegante.

Após o banho de sol, de mar, as caipirinhas, a ducha refrescante e o jantar saboroso, os recém-casados decidiram encerrar o dia caminhando à beira mar, iluminados apenas pela luz do luar. A noite estava quente, propícia para um passeio daquele tipo. Os dois andaram, de mãos dadas, um bom trecho em silêncio, ouvindo apenas o som das ondas quebrando na areia. Depois, pararam para admirar as estrelas cintilando no céu.

– As estrelas são para mim uma das coisas mais belas do mundo – comentou Sofia.

– Para mim, você é a coisa mais bela do mundo! – declarou Saulo.

Sofia sorriu e ficou na ponta dos pés para beijar o marido. Após o beijo, elogiou a esposa:

– Estou admirado com você, meu amor, por estar enfrentando toda essa mudança na sua vida de cabeça erguida, sem esmorecer. Não deve estar sendo fácil para você ter de viver longe da sua família.

– Somos sempre mais fortes do que pensamos, Saulo. Não há dor no mundo que possa me angustiar estando ao seu lado. Você me dá segurança, coragem para enfrentar tudo de cabeça erguida. Sem esmorecer. Acho que é assim para todos aqueles que encontram a sua alma gêmea. Você é a minha, com certeza.

O rapaz gostou do que ouviu. Opinou:

– Quando penso no modo que nos conhecemos ficou certo de que o destino quis realmente nos unir.

– Quis mesmo, meu amor. Porque somos a alma gêmea um do outro. Sua mãe me disse outro dia que quando a vida quer unir duas pessoas, o mundo se torna muito pequeno.

O rapaz concordou com a cabeça e enlaçou a mulher amada ainda mais forte.

– Oh, Saulo, eu o amo tanto, meu amor... Sou tão feliz ao seu lado, que às vezes chego a acreditar que não existe ninguém mais feliz na face da Terra do que eu.

Ao voltarem para a pensão, Sofia notou mais uma vez o modo que as pessoas que cruzavam por eles olhavam para os dois. Eram adolescentes, adultos, idosos todos olhavam para o casal com certo espanto, chegavam até a cutucar uns aos outros para prestou atenção nos dois. Sofia sentia-se um ET, muitas vezes diante daquilo.

Era inacreditável, para ela, o quanto as pessoas se espantavam com um casal formado por um negro e uma branca. Havia momentos em que ela sentia vontade de perguntar a esses olhudos: "O que foi, hein, nunca viu?!"

Ao passarem por um casal de idosos a mulher voltou-se para o marido e comentou:

– Você viu, José? Uma branca namorando um *preto*. Que absurdo. O mundo está perdido mesmo!

Pelo visto, Sofia teria de se acostumar ao preconceito e ao racismo. Aprender a deixar de se importar com o preconceito e racismo das pessoas para não se aborrecer constantemente. Seria ridículo da parte dela continuar se aborrecendo com aquilo. As pessoas que se acostumassem a eles, falassem o que quisessem, o problema era delas, como diz o ditado: "os incomodados que se mudem!".

O importante para ela era saber que era feliz ao lado de um negro lindo, carinhoso, romântico e trabalhador que a amava reciprocamente como poucos. Isso é o que importava, o resto era um mero detalhe.

132

Para a noite de núpcias foi levada para o quarto em que estavam hospedados na pensão uma garrafa de vinho dentro de um balde com gelo. Saulo abriu a bebida, encheu dois cálices e brindou a união dos dois.

– Tenho um sonho, sabe... – confessou Sofia, um minuto depois. – Parece bobo, mas...

– Fale... não se acanhe.

– Gostaria de engravidar na primeira vez em que eu fizesse amor com você.

– Podemos tentar.

– É um sonho bobo, não é?

– Não, é lindo... diferente.

Ele novamente a abraçou. O clima entre os dois tornou-se ainda mais romântico. O modo como ele ficou olhando-a com seus enormes olhos negros, como se pudessem penetrar até o recesso de sua alma fez Sofia recordar um poema que tinha lido certa vez:

Você me põe num estado de graça
quando me abraça e extravasa o meu coração... de paixão...
A nossa pele junta, brilhando entre a espuma, tão branca que
avança no vai e vem da onda, um amor que arromba...
Não dá pra parar porque a gente se ama... No sofá ou não cama,
na grama ou na lama, na onda do amor... Seja onde for!"

– Sinto que este é o momento, Saulo. O momento de eu me entregar para você... Sinto-me finalmente preparada para ser sua, meu amor. Agora!

A voz da amada enfeitiçou a mente do amado. Ele a beijou profundamente e depois deitou-se com ela na cama envolvendo-a de carícias, entrelaçando seus corpos e movimentando-os como se fosse um balé esquisito.

Sem pressa, ele começou a desabotoar os botões da blusa que ela usava. A mente de ambos então tomou outro rumo nesse instante, aquele rumo, ou melhor, sintonia, que só o desejo provocado pelo profundo amor sabe provocar na alma humana. Nada mais era pensado, apenas sentido, sem reflexões, sem lógica.

133

Sofia começou a ser envolvida então por aquela sensação "sobrenatural" que só se sente quando dois corpos que se amam reciprocamente se unem. Sofia entregou-se ao ato de amor com intensa alegria, de corpo e alma. Saulo inundou-a bem fundo, esperando, enquanto fazia isso, que ela concebesse o filho como almejara, no interior daquele corpo adorável e puro. Quando ela atingiu o orgasmo, jogou a cabeça para trás, estirou os braços para os lados, as palmas para cima, gemendo com plenitude.

Sofia releu em pensamento um trecho do poema que tanto gostava: "*Não dá pra parar porque a gente se ama... No sofá ou não cama, na grama ou na lama, na onda do amor... Seja onde for!*". Somente quando as ondas de prazer e êxtase cessaram é que ela voltou-se para o marido e disse:

– O amor é a chave para todos os corações das aflições mundanas. O seu amor me libertou de tudo isso para sempre. Para mim, o mundo agora começa e termina em você.

Mais uma vez o sorriso se fez presente no rosto de Saulo. Um sorriso que continuou a manter Sofia naquele mundo de sensações mágicas e puro glamour. Foi olhos nos olhos, admirando um ao outro, envoltos de paixão, que ambos adormeceram aquela noite.

Ao despertar na madrugada com sede (o vinho sempre deixava Saulo com sede) o rapaz foi rápido em se levantar para beber um copo de água para poder voltar à cama, junto a quentura gostosa da esposa amada que dormia tranquilamente, como um anjo.

O desejo intenso de curvar-se sobre ela e beijar seus lábios foi sublimado para não despertá-la de seu sono sereno. Logo, Saulo adormeceu também como um anjo.

III

Uma semana depois dos últimos acontecimentos Ettore recebeu uma nova carta da irmã. Na carta Sofia contava tudo com detalhes a respeito de seu casamento, o dia que considerou como sendo o mais feliz de toda a sua vida.

Semanas depois Ettore recebia por carta novas notícias da irmã.

Querido irmão. Quanta saudade sinto de você! Espero que esteja bem.

Graças a Deus e as suas preces, sei o quanto tem orado por nós, Saulo finalmente conseguiu um emprego bom e não mais foi demitido. A praga do nosso pai e do nosso avô deve ter desistido de nos atormentar.

Foi bom eu não ter ido trabalhar fora como pensei a princípio, assim posso ajudar Saulo nos trabalhos da faculdade. O coitado mal tem tempo para estudar. Trabalhar e estudar ao mesmo tempo é fogo.

Foi bom você ter dado para o Rocco o meu endereço. Fiquei feliz ao receber um cartão postal da Itália junto com uma foto dele. Rocco me parece bem contente, feliz. Ele fez a coisa certa, para mim ele não volta tão cedo da Europa. Ainda acredito piamente que ele esteja dando um golpe no vovô e no papai. (risos).

A novidade é que estou grávida e estou muito feliz por isso. Se você já tivesse sido ordenado padre seria você quem batizaria o meu bebê. Gostaria muito que fosse o padrinho da criança, Ettore, se achar que isso não vai trazer problemas para você com papai e o vovô... Se bem que eles não precisam ficar sabendo, não é mesmo?

Saulo manda lembranças, quer muito conhecê-lo. Minha sogra também. Vivo contando para ela sobre nossas peripécias quando crianças. Ela é uma mulher maravilhosa, dentre poucas, precisa conhecê-la.

Estou tão feliz porque vou ser mãe, Ettore, tão feliz que não me caibo de felicidade.

Com carinho.

Sofia.

Ettore fechou a carta, sorrindo.

– Um sobrinho... – sibilou, contente.

Será que se o pai e o avô soubessem que Sofia ia ter uma criança não se alegrariam? Não amoleceriam seus corações de pedra e voltariam atrás na sua decisão?, perguntou-se.

Ettore, logo descobriu que não. Ao contar para a mãe sobre a gravidez de Sofia, na intenção de que Laura revelasse tal maravilhoso acontecimento para o marido e, ele, consequentemente para o pai. Laura se exaltou, pediu a Ettore, em nome de Deus, que não contasse nada ao pai, muito menos ao avô. Ela própria faria o possível para esquecer o que sabia. Seria melhor, para o bem de todos.

Ettore preferiu, mais uma vez, deixar a irmã por fora dessa estranha reação da mãe.

IV

Semanas depois aconteceu a formatura de Fabrízio. Toda família Guiarone estava presente ao evento. Felipo estava realizado, mais feliz até que o próprio Romani que era o pai.

Dias depois, os convites do casamento de Fabrízio e Tereza foram distribuídos. Um mês depois aconteceu a cerimônia. Ettore voltou então à Girassóis para assistir ao casamento do irmão.

Apesar do corre-corre com os preparativos do casamento, Ettore quis ir visitar Nazaré na clínica psiquiátrica em que ela fora internada na cidade vizinha.

Estivera lá uma vez e sentiu tanta pena do lugar que jurou nunca mais voltar ali. Além do mais, no estado vegetativo em que a tia se encontrava não faria a mínima diferença a sua visita. Entretanto, algo obscuro pedia a Ettore que fosse visitar a tia novamente. Quem sabe ela não havia melhorado? Já estivesse reconhecendo as pessoas?, pensou.

Felipo quis saber do neto a razão da visita. Considerou-a totalmente perda de tempo, bobagem, uma vez que Nazaré vivia agora em estado vegetativo. Portanto, a visita não faria diferença alguma para ela.

Ettore repetiu para o avô o mesmo que dissera para si mesmo: "Quem sabe a titia não melhorou? Já esteja reconhecendo as pessoas?". Felipo duvidou que aquilo fosse possível.

Ettore ainda não se conformava com o fato de o avô nunca ter ido visitar a filha na clínica. Sabia que ele era frio e insensível, mas não aquele ponto.

Assim que Ettore se aproximou de Nazaré, ele teve a impressão de que um brilho transpareceu em seu olhar vago. Teve a impressão até de que seus lábios se arcaram num leve sorriso. Ettore, como sempre, perguntou a Deus a razão pela qual a tia fora acometida de tal doença. Sofia acreditava que o avô tinha culpa por ela ter ficado naquele estado, estaria ela certa?

136

Ainda que Nazaré não sentisse nada, Ettore sentou-se ao seu lado, pousou a mão sobre a mão dela, massageou-a carinhosamente e começou a contar os últimos acontecimentos de sua vida e de todos os outros membros da família. Por diversas vezes teve a impressão de que ela estava compreendendo muito bem o que ele dizia.

Ettore voltou para casa, melancólico. Ao visitar os avós na fazenda quis entrar no quarto que fora ocupada pela tia a vida toda. Tudo ali continuava o mesmo, bem arrumado como de costume, nada havia sido alterado, só o clima parecia diferente, estava quente, pesado, entristecido.

Ettore foi até a escrivaninha, admirou-a, abriu uma das gavetas onde havia alguns livros, examinou os títulos, folheou-os, depois abriu a outra onde havia um caderno que era usado por Nazaré como uma espécie de diário. Em cada página havia uma poesia, transcrito por ela mesma de próprio punho.

A tia então gostava de poesias como ele, que bom... Ele leu, em voz alta, a poesia que estava na primeira página do caderno:

O tempo é mágico
Através do vento
Move o que é estático
Tanto na natureza como na natureza do homem enigmático
O tempo é certo
O tempo é um santo remédio
O tempo é sábio
O tempo apaga as marcas trágicas deixadas pelo tempo
Dá a chance de recomeçar tudo que está morrendo
Aperfeiçoar o tempo
O tempo nos leva ao intento de Deus
O tempo realiza os sonhos meus e os teus
O tempo é o melhor momento
Para rompermos o sofrimento
Reinarmos na alegria do tempo da harmonia
Do tempo da alquimia
Para bem longe da tristeza e da melancolia
Dê as mãos para o tempo, siga querendo-o

Isento de medo
Amando-o, rompendo-o...

O tempo, murmurou Ettore, pensativo. O misterioso tempo...

Às 18 horas do dia seguinte realizou-se o casamento de Frabrizio e Tereza na igreja matriz de Girassóis. Uma cerimônia forrada de convidados. Tereza estava esplendorosa dentro de um belo vestido de noiva. Sentia-se trêmula ao entrar na igreja ao som da marcha nupcial, receosa de sofrer um desmaio a qualquer minuto de tanta emoção.

Fabrízio a aguardava no altar, imponente dentro de um terno bonito, preto, com um sorriso de político nos lábios. Ao chegar ao altar, o noivo recebeu a noiva das mãos do pai dela. Beijou-lhe a testa e a encaminhou até o altar onde o padre deu início à cerimônia.

Durante a festa, Felipo foi até Ettore, abraçou-o fortemente e comentou com grande alegria:

– Logo serei bisavô, meu neto!

Naquele momento, Ettore sentiu vontade de contar ao avô que Sofia lhe daria um bisneto muito antes de Fabrízio, mas controlou-se. Felipo não apreciaria nem um pouco a notícia e ainda o reprovaria por manter contato com a irmã.

Assim que Felipo deixou Ettore a sós, Marina juntou-se a ele.

– É uma pena que Rocco não pôde vir ao casamento – comentou. – Diz que está em época de provas no curso que está fazendo na Europa. Rocco é admirável, um exemplo tal como Fabrízio... tal como você, Ettore.

Ettore teve a impressão de que as últimas palavras da avó foram acrescentadas porque não ficaria bem não dizê-las, poderia ofendê-lo.

– E Sofia... – acrescentou Ettore, a seguir.

– Não nos fale dela, Ettore, por favor – exaltou-se Marina. – Aquela ingrata não pertence mais a nossa família!

– Queria que soubesse, vovó, que ela está grávida.

– Eu não quero saber!

– Mas não é importante saber que dentro em breve a senhora será bisavó, minha avó?

– Não, porque os filhos daquela desalmada nunca serão meus bisnetos. Meus bisnetos serão somente os filhos de Fabrízio e de Rocco. E tomara que eles os tenham logo, senão ficarei muito velha para brincar com eles.

– Será que vale a pena manter tanto rancor no coração, vovó?

– Não é uma questão de rancor, Ettore. É uma questão de justiça. A vida ensinará sua irmã que tudo o que fizemos foi para o bem dela. A sociedade é cruel, Ettore, e ela vai sentir na pele o que é o racismo ao ver o que seus filhos crescidos vão passar na mão da sociedade racista e preconceituosa. Só então ela nos compreenderá. E vai se arrepender amargamente por não ter nos ouvido.

Ettore, infelizmente, sabia que a avó estava certa. A sociedade em que viviam era ainda muito racista. A abolição da escravatura havia acontecido, mas o racismo não fora abolido.

Ettore era da opinião que o negro sofria mais nas mãos dos preconceituosos e racistas do que os homossexuais, porque os homossexuais ainda podiam esconder a sua homossexualidade tornando-se padre, como ele, por exemplo. O seminário estava cheio deles e a maioria estava lá para ter uma boa desculpa para não ter de se relacionar com uma mulher. Já, o negro, não tinha como esconder do outro a sua cor. Nem com maquiagem.

Ao avistar Ettore, Fabrízio mudou de rumo e foi em sua direção. Foi gentil com o irmão dessa vez como nunca. Provavelmente por estar diante das pessoas, para enaltecer sua imagem de bom cidadão, exemplo da sociedade como faz todo bom político.

– Ettore, que bom que veio! – exclamou. – Vejo que está muito bem!

Ettore agradeceu o elogio.

– Ainda me orgulho muito, Ettore, por você ter decidido se tornar padre. Foi uma excelente escolha, um ponto positivo a mais para a nossa família. Parabéns!

Ettore agradeceu mais uma vez o elogio, certo, agora, de que Fabrízio se aproveitaria da sua condição de seminarista, futuro padre para angariar votos. O que de fato aconteceria no futuro.

Assim que Ettore voltou para o seminário escreveu imeditamentre para Sofia para lhe contar sobre o casamento do irmão. A jovem gostou de saber. Seu coração não era de pedra, apenas parecia ser.

V

A notícia de que Sofia havia dado à luz a um menino chegou para Ettore por telefone. Foi a própria Sofia quem ligou para ele do hospital para contar a grande novidade. Ettore ficou emocionado, feliz pela irmã, pela chegada do sobrinho e por ser tio pela primeira vez.

Com o consentimento do supervisor do seminário ele conseguiu uma licença para ir visitar a irmã em São Paulo. Foi um reencontro emocionante de irmão com irmã. Foi então que Ettore conheceu Saulo e dona Zulaiê e tal como a irmã, encantou-se pelos dois. Ettore encantou-se também pelo sobrinho, um lindo mulatinho que foi batizado com o nome de Rodrigo.

VI

Um ano depois do casamento de Fabrízio para tristeza e amargura do rapaz a esposa ainda não conseguira engravidar. Fabrízio começou a ficar preocupado, pois um filho, homem, era muito importante para ele, para o pai e, especialmente, para o avô. Sabia o quanto ele esperava por um neto "homem".

Se Tereza não tomava pílulas anticoncepcionais, nada que a impossibilitasse de engravidar onde estaria o problema? Com ela, com ele? Seria um deles, estéril?, perguntou-se Fabrízio. Após um exame descobriu que não, tanto ele quanto a esposa eram saudáveis para gerar filhos. Onde estava o problema, então?

Certa noite, ao chegar em casa, desabafou com Tereza:

— Meu avô quer muito um bisneto, Tereza.

— Eu vou engravidar — a resposta da mulher veio rápida —, é só ter paciência, Fabrízio.

— É muito importante que eu tenha um filho, para dar sequência à nossa família, você sabe.

— Eu também quero muito ter um filho.

140

Ele aproximou-se dela, abraçou-a por trás e disse, ao pé do seu ouvido:

— Talvez você devesse procurar um médico, digo, um especialista, para ver se não há algum problema... ele pode ajudar com um tratamento...

— Eu sei... se precisar realmente, irei me consultar com um.

Felipo achava cada dia mais estranho que Tereza não conseguisse engravidar se era saudável e forte. Desconfiado de que ela própria estava tomando alguma providência, às escondidas, para não engravidar, por medo, por algum receio obscuro, aconselhou Fabrízio a dar uma busca por algum anticoncepcional nas coisas dela, na casa.

Fabrízio riu, achando a hipótese levantada pelo avô, totalmente absurda, mas ao lembrar-se de que o avô nunca se enganava, resolveu investigar.

A cisma de Felipo foi confirmada, Tereza, de fato, estava tomando anticoncepcionais às escondidas. Por que?, perguntou-se Fabrízio, indignado. Por que ela estava fazendo aquilo com ele, e consequentemente, com seu avô?! Por quê?

Fabrízio estava a ponto de explodir com Tereza, jogar-lhe na cara o que havia descoberto, quando encontrou uma solução mais inteligente para resolver o problema entre os dois. Já que ela mentira para ele, ele mentiria para ela também. Assim, ele trocou os anticoncepcionais que ela tomava às escondidas por meras aspirinas. Um mês depois, para espanto de Tereza, ela descobriu que estava grávida. Fabrízio sentiu-se realizado.

— Não é possível — exclamou, atônita.

— Por quê? — perguntou Fabrízio com certa ironia.

Ao deparar-se com os olhos do marido, Tereza compreendeu o que tinha acontecido. Numa voz impregnada de ódio ela disse:

— Você... você trocou os comprimidos! Como pôde ter feito tal coisa, seu monstro?!

Ela ergueu a mão para dar-lhe um tapa no rosto, mas Fabrízio a segurou.

— Qual o problema de ter um filho, Tereza? Qual?!

A pergunta soou num berro. Tereza começou a chorar. Somente após um longo e tenebroso silêncio é que ela falou:

– Tenho medo, Fabrízio. Muito medo de lhe perder...

– Você nunca vai me perder, Tereza.

– Eu não sei...Você não me parece feliz quando faz amor comigo.

– Não diga tolices, eu a amo, Tereza, adoro você!

– Tenho sempre a impressão de que você nunca está inteiro durante a relação sexual!

– Bobagem.

– Bobagem, que nada. Não é só durante o ato sexual que eu o sinto distante. Você nunca me parece inteiro nem quando está ao meu lado. Para mim você veste um personagem quando fica perto de mim. Não é você de verdade, o seu eu real, o Fabrízio por quem me apaixonei antes de me casar. Aquele que me dava a certeza de me amar reciprocamente, é outro homem...

– Você está imaginado coisas, Tereza – a voz de Fabrízio revelava agora certa tensão.

– Tenho medo de que sinta repugnância do meu corpo após uma gravidez. O corpo da mulher muda depois que ela gera um filho, você sabe...

– Fique tranquila, Tereza, nada vai mudar entre nós. Acredite-me!

Nove meses depois Tereza deu à luz a uma linda menina que foi batizada com o nome de Érica. Neste ínterim, Sofia deu à luz a outro menino e o chamou de Pedro.

E assim se passaram mais quatro anos...

VII

A ordenação de Ettore finalmente se aproximava. Um dia que ele próprio duvidou que chegaria. Ele mal acreditava que conseguira passar praticamente dez anos dentro de um seminário. Ainda se lembrava com nitidez dos dias em que chegou a ter vontade de fugir de lá, correndo, mudar de país, de ser feliz.

Ali, apesar de ter descoberto as maravilhas dos ensinamentos de Jesus, ele, ainda assim, não conseguiu abortar sua infelicidade, uma tristeza a lhe perfurar o coração sem dó nem piedade.

Jesus era sem dúvida formidável, concluiu ele após estudar teologia. Era com Ele que Ettore, muitas vezes, desabafava, dividia as suas tristezas, seus temores e desesperos, as noites em que se sentia apunhalado pela solidão. Sim, apesar dos companheiros de seminário, dos estudos e de suas obrigações no seminário ele se sentia muito só.

Ele ainda se lembrava de Caio toda vez que regressava à Girassóis ele se lembrava dele e rogava aos céus para que a lembrança desaparecesse de sua mente de uma vez por todas, pois pensar no amigo desarmonizava ainda mais o coração.

Durante esses cinco anos, Sofia não perdeu o hábito de escrever regularmente para Ettore. Na troca de cartas, havia uma intimidade que nenhum dos dois jamais imaginou ter um dia entre eles.

Ettore continuava sendo o único elo dela com a família. O irmão sabia que apesar da irmã afirmar categoricamente que não sentia falta da família, no íntimo, sentia, sim. Todos sentem. Ninguém consegue viver eternamente separado de sua família. Mente quem se diz indiferente a ela.

Ettore ainda pedia a Deus, durante suas preces, que Ele concedesse a graça de fazer com que a irmã fosse aceita novamente por seu pai e avô voltando assim a fazer parte da família.

Era importante tanto para o pai quanto para o avô a reconciliação pois eles, apesar de não admitirem, sofriam também intimamente com aquilo, apesar de afirmar que não, quando questionados a respeito.

Se não fossem tão cabeças duras, tão arrogantes e adeptos da regra de não se arrepender jamais pelo que fizeram, de jamais voltar a atrás nas suas decisões, tudo aquilo não precisaria continuar acontecendo.

Ettore, durante suas palestras com Deus, perguntava a Ele por que Ele permitia que membros de uma família fossem separados por preconceito e racismo se isso causava a todos tanta dor? Essa era mais uma dentre tantas perguntas para as quais ele não obtinha resposta.

Sofia, apesar dos pesares, ainda sentia orgulho de si mesma por ter tido a coragem de jogar tudo para o alto em nome do amor que sentia por Saulo. Ele era formidável com ela. Um marido maravilhoso.

143

VIII

A igreja de Girassóis estava lotada e a família toda presente no dia em que Ettore foi ordenado padre. Servir a Deus era um propósito lindo. A profissão de padre, se é que se podia chamar de profissão, era sem dúvida uma das mais belas, afirmava Marina, comovida.

Assim que a cerimônia terminou, Ettore recebeu os cumprimentos da família. O primeiro abraço foi do pai.

– Estou orgulhoso de você meu filho, muito orgulhoso – declarou Romani, emocionado.

O segundo abraço teria sido de Laura se Felipo não tivesse entrado na sua frente, de forma abrupta, e roubado-lhe a vez. Felipo abraçou Ettore com lágrimas caindo de seus olhos.

– Que honra, que honra, meu neto – disse, com seu vozeirão.

– Graças a você, meu neto, é que seu pai se elegeu deputado estadual. Você é um excelente cabo eleitoral e, agora, você ajudará seu pai a se reeleger. Não sei se soube, mas ele está cada vez mais popular entre os eleitores. Não só ele como seu irmão. Você também ajudará Fabrízio a ganhar as eleições para prefeito de nossa cidade. Seu irmão se orgulhará de você tanto quanto nós.

Virando-se na direção de Fabrízio, Felipo o chamou. Assim que se juntou a eles, Felipo ordenou:

– Dê um forte abraço em seu irmão, Fabrízio, Ettore é um exemplo de ser humano! Um dos nossos maiores aliados na política. Uma âncora da sorte a nosso favor!

– Ettore, parabéns, saiba que me orgulho muito de ser seu irmão – afirmou Fabrízio em tom de político.

Ettore estava tão comovido que deixou de lado a mágoa que sentia pelo irmão. Na verdade aprendera com os ensinamentos religiosos a deixar de lado muita coisa, picuinhas tolas que só geravam tormentos desnecessários para o ser humano. Seria bom que todos, principalmente os membros de sua família, aprendessem a pôr em prática aqueles ensinamentos. Era incrível como uma família podia ser destruída pela falta da prática dos ensinamentos religiosos, revelando o quanto eles são necessários para o equilíbrio familiar. Se eram ditos e repetidos nas missas constantemente, os fiéis, entre aspas, ouviam tudo, na verdade, sem prestar atenção em nada. Tudo que era dito ali entrava por um ouvido e saía pelo outro.

Querendo se fazer de interessado, Ettore perguntou ao irmão:

– Como vão os preparativos para a eleição?

– Não podiam estar melhores.

– A eleição já está ganha! – anunciou o avô em alto e bom tom. O volume de sua voz se propagou ainda mais devido à acústica da igreja.

– Quero que você suba ao palanque comigo, meu irmão.

O pedido de Fabrízio, assustou Ettore. Jamais pensou que ele chegaria a tal ponto. Pelo visto tornara-se um político nato.

– Eu não sei se posso, se é permitido pelo vaticano.

– Para tudo se dá um jeito – adiantou Romani, intrometendo-se na conversa.

Nisso ouviu-se o repórter do jornal da cidade pedindo licença para tirar algumas fotos de Ettore ao lado de Fabrízio, Felipo e Romani. Era importante registrar o momento, para garantir o eleitorado católico. Fora pago logicamente por Felipo para estar ali cobrindo o evento e mais tarde fazendo do evento matéria de primeira página no jornal da cidade. Algo típico de político que se preze.

No minuto seguinte Laura pôde, finalmente, cumprimentar o filho. Trocaram um abraço longo e apertado.

– Meu Ettore – murmurou ela, entre lágrimas –, agora um missionário de Deus... Que bênção para a nossa família.

– Somos privilegiados – acrescentou Marina, juntando-se a eles.

Tereza foi a próxima a cumprimentar o rapaz recém ordenado padre, ao seu lado estava Érica. Ettore ergueu a sobrinha e a rodou. Érica deliciou-se com o rodopio.

A seguir, Ettore foi cumprimentado pelos avós maternos e membros da família de Laura.

Depois, voltando-se para a avó paterna, Ettore fez um desabafo:

– Vovó, que bom que todos estão aqui, não? Pena que Rocco e Sofia...

O rapaz mordeu os lábios.

– Rocco está muito bem na Itália – respondeu Marina –, vai prestar a NBA para melhorar ainda mais o seu currículo escolar.

Felipo embrenhou-se na conversa:

– Para mim o Rocco está mais do que na hora de voltar para o Brasil! Já faz anos que ele está na Europa estudando. Preciso dele aqui, para assumir os negócios que lhe cabem. Fabrízio não pode cuidar da fazenda já que segue a carreira política, seu pai idem, você é padre, só nos resta Rocco.

Ettore pensou em dizer que havia ainda uma outra pessoa com quem eles poderiam contar: Sofia, mas calou-se novamente ao lembrar-se do ódio que o avô e o pai ainda sentiam por ela. Para eles era como se Sofia houvesse morrido. Morrido havia oito anos, oito longos anos.

Ettore ainda sentia pena da mãe diante de toda aquela situação porque sabia que ela, no fundo, apesar de afirmar que não, sofria muito com aquela situação.

A família havia formado um cerco em volta de Ettore quando um menino de cerca de sete anos de idade pediu licença para lhe falar.

Felipo deu passagem para o garoto, mas ao ver que se tratava de um mulatinho, sua expressão tornou-se sombria.

– Tio Ettore, trouxemos para você – disse a criança, estendendo para ele uma flor. Ettore agachou, sorriu e abraçou o menino.

Os olhos de Fabrízio arregalaram-se ao ouvir o garotinho chamando Ettore de tio. No mesmo instante ele voltou-se para trás e avistou Sofia parada a poucos metros de distância de onde eles estavam. Caminhou até ela, a passos largos, e lhe disse:

– Você é uma despeitada mesmo! Como pôde ter vindo aqui depois de tudo o que nos fez? Veio só para nos provocar, nos afrontar, não foi?

– A igreja é pública, Fabrízio, eu vou aonde quero, os incomodados que se mudem – foi a resposta de Sofia, secamente. E, medindo o irmão de cima a baixo, acrescentou numa voz afiada: – Que pena, perceber que você ao invés de melhorar, nesses últimos 8 anos, piorou.

– Olha só quem fala... Saia daqui se é que tem um pingo de vergonha na sua cara.

— Saia você! Os incomodados que se mudem!

Sofia ia seguindo em direção ao local onde Ettore estava cercado da família quando Fabrízio a segurou pelo braço e disse, entredentes:

— Não ouse aproximar-se do meu pai e do meu avô. Você os ofendeu muito!

— Você está me machucando — disse ela tentando se soltar.

— É para machucar mesmo! — peitou, ele.

— Solte-me se não eu berro. Não vai ser nada bom ter um escândalo com você às vésperas das eleições.

O tom da irmã se elevou. Num sussurro Fabrízio acrescentou:

— Você não presta, mesmo!

— Se eu não presto, o que dizer de você, então? Seu hipócrita, patético, fingido, falso, sem personalidade, infeliz!

O tom de Sofia era irônico e ferino ao mesmo tempo.

Marina, ao ver a neta, puxou o marido para junto dela e se retirou com ele da igreja. Romani fez o mesmo, a seguir.

— Laura, venha — disse ele, entredentes, para a esposa.

— Espere, Romani — respondeu ela sem se dar conta do nervosismo do marido. — Ettore irá conosco.

— Aguardamos por ele lá fora. O ar aqui, pesou. Venha.

"Romani...", ia dizer Laura, mas Romani pegou no braço dela com firmeza e a puxou dali.

— O que há com você? — perguntou a esposa, espantada.

Só quando Laura avistou Sofia é que ela compreendeu o desespero do marido.

Naquele minuto, Sofia aproximara-se de Ettore e dizia:

— Ettore, meu irmão, quem diria...

Ao ouvir a voz da filha, Laura sentiu seu coração se apertar, já somavam 8 anos que ela não via Sofia. Revê-la foi-lhe uma emoção indescritível. Sua vontade era correr até a moça, abraçá-la, mas ao deparar-se com os olhos do marido, reprimiu seu desejo.

Foi só quando saiu da igreja que Marina compreendeu o motivo pelo qual as crianças haviam chamado Ettore de tio. Então aqueles eram seus bisnetos, pensou. Felipo também compreendeu o mesmo e comentou com Fabrízio:

– É repugnante. Como aquela ingrata pôde ter tido a coragem de gerar filhos com um preto? Como pôde pôr os pés na casa de Deus depois do que fez contra a própria família? É muita petulância!

– A vida lhe ensinará vovô, o senhor pode ficar tranquilo. – observou Fabrízio irritado de indignação. – E ela se arrependerá pelo que fez contra o senhor, o papai, todos nós, até o último fio de cabelo.

– Deus o ouça, meu neto. Deus o ouça.

Enquanto isso, Sofia abraçava o irmão. Ambos estavam profundamente emocionados.

– Gostou da surpresa? – perguntou Sofia que havia mentido dizendo a ele que não poderia ir a missa de ordenação só para lhe fazer uma surpresa.

– Muito – respondeu Ettore, entre lágrimas.

A seguir, Ettore pegou Pedro, o sobrinho de quatro anos no colo e o beijou.

– Os dois estão cada vez mais lindos – elogiou.

Ao perceber que havia um quê de tristeza agora pairando no rosto da irmã, Ettore pegou nas mãos dela, apertou carinhosamente e perguntou:

– O que foi?

– Na-nada...

– Eu a conheço, Sofia, você ficou triste.

– É que...

Ele completou a frase por ela:

– Pensou que após tantos anos sem que vovô, vovó, papai e Fabrízio a vissem, eles reagiriam diferente, não foi?

Sofia riu:

– Seu guru...

Os dois riram. O rosto dela tornou a entristecer:

– É que já se passaram 8 anos desde que... Foi tolice da minha parte pensar que vovô e papai voltariam atrás quando me vissem após tantos anos. Não sei por que me espantei, não é mesmo? Se eles nunca voltam atrás nas suas decisões, comigo, não seria diferente!

– Não se aborreça mais com isso, mana.

148

– Minha sogra sempre me dava esse conselho... que eu parasse de me martirizar por isso, no entanto...

Ettore enxugou as lágrimas da irmã. Sofia acrescentou:

– Sinto muita falta dela, Ettore. Ela foi como uma mãe para mim.

– Eu sei.

Ettore pôs o sobrinho no chão que partiu em disparada atrás do irmão.

– Não saiam da igreja sem mim! – alertou Sofia.

– E Saulo como está?

– Melhor... se recuperando da perda da mãe. Sabe, Ettore, a morte dela me fez pensar na morte.

– É normal.

– Será mesmo que o que a nossa religião diz está certo? Minha sogra me falou coisas tão curiosas a respeito da vida que me fez refletir muito a respeito. Ela me perguntou, certa vez: "Se após morrermos vamos para um paraíso eterno, o que fazemos por lá? Viver num paraíso onde não haja nada para fazermos é um tédio só. Se aqui na Terra a gente já se sente entediado, vez ou outra, tendo muito para se fazer, imagina num lugar que não haja compromissos e responsabilidades. Vamos ficar lá fazendo o que, sentado, conversando, o dia inteiro, num *blá blá blá* interminável? Viver num lugar sem ter nada com que interagir é o mesmo, a meu ver, que viver como um vegetal, concorda? Para mim, o paraíso, entre aspas, apresentado pelo Chico Xavier, com o nome de "Nosso Lar" faz muito mais sentido do que um paraíso esperando o juízo final. Não só o Nosso Lar faz sentido para mim como também o processo de reencarnações.

"Tive de concordar com ela, sua observação fazia muito sentido. Não quis comentar com você a respeito antes porque estava estudando para ser padre... Entretanto, precisava desabafar."

Ettore assentiu.

– Eu nunca havia me atido a esse fato. Na verdade, não me importo muito com isso...

– Se há ou não vida após a morte?

– Sim. – um olhar triste transpareceu no rosto de Ettore. – Se é para a minha vida continuar sendo o mesmo de agora não vejo razão para continuar existindo.

– Você pensa assim porque não é feliz, meu irmão. Se fosse, rogaria aos céus para que a vida continuasse, porque só quem ama e aproveita realmente a vida quer que ela continue. Porque percebe que ela vale a pena, faz total sentido. Quem não tem momentos felizes não se interessa nem pelo que vai acontecer daqui a uma hora. Existir ou não, para um infeliz, tanto faz!

Ela olhou profundamente nos olhos do irmão e disse:

– Você merece ser feliz, Ettore... merece... largue tudo isso e siga o instinto do seu coração, meu irmão.

Ele a interrompeu-a bruscamente:

– Não diga tolices, Sofia. Sou o que sou, hoje, porque gosto.

– Mentira e você sabe que é mentira.

– Não gosto que fale assim, por favor.

– Tudo bem. Desculpe-me. É que me preocupo com você, com sua felicidade.

Houve uma breve pausa até que ela dissesse:

– De todos nós o mais feliz, com certeza, é Rocco. O mais feliz e inteligente. Porque só uma pessoa de QI elevado conseguiria escapar das garras do papai e do vovô com uma desculpa tão convincente quanto a dele. Duvido muito que ele ouse voltar da Europa. Você sabe, vovô e papai dariam um jeito de prendê-lo por aqui o que seria revoltante para ele.

"Você já reparou que o papai e o vovô não se importam com os sentimentos dos outros? Que eles pouco se importam com o que sentimos, com o que vai fundo em nosso coração? Ou seguimos o que eles querem para nós ou... Na verdade eles não nos respeitam, não respeitam nem um pouco a nossa individualidade. E não são só eles não, muitos pais agem assim com seus filhos, o que é lamentável. Os pais devem educar, mas podar a natureza dos filhos, manipulá-los em beneficio próprio ou porque a sociedade quer que seja assim, isso jamais."

– Você também é corajosa, Sofia, tanto quanto Rocco. Na verdade, é muito além dele. É sério. Ele fugiu do vovô e do papai para não ter de enfrentá-los, caso contrário não conseguiria. Fugiu exatamente por isso, por saber que não conseguiria dominá-los. Você, não. Você enfrentou os dois, jogou tudo para o alto... Você é a mais forte e inteligente da família. Sinto orgulho de você.

Os dois se contemplaram com um sorriso. Voltaram a seguir a observar os meninos percorrendo a igreja observando as imagens dos santos.

– Como é ser mãe? – quis saber Ettore.

– É maravilhoso. Uma sensação maravilhosa.

– Fico feliz por você.

– Daqui vou até a clínica visitar tia Nazaré – falou Sofia. – Morro de pena dela, principalmente, pelo modo como é tratada pela nossa família. Acredito que para os nossos avós seria melhor que ela tivesse morrido. Eles pouco se importariam com a sua morte. Principalmente, o vovô, a morte de tia Nazaré seria uma bênção, pois o faria economizar o dinheiro que paga todo mês à clínica.

– Não exagere.

– Quer apostar?

Ettore riu e disse:

– Preciso ir, eles estão me esperando. Vovó mandou preparar um almoço na fazenda em minha homenagem.

– Já sabe para qual diocese você irá?

– Sim, e quero que vá me visitar.

– Não dá, é dispendioso. Estamos em contenção de despesas, criar dois filhos nos dias de hoje não é fácil.

– Quando puder irei visitá-los.

– Vou adorar!

Os dois trocaram um novo beijo e um novo abraço apertado.

– Eu o amo, meu irmão. Nunca se esqueça disso.

– Eu também, Sofia.

Antes de deixar a catedral Ettore acenou para a irmã. Sofia retribuiu o aceno e jogou-lhe beijos com as mãos. Ele repetiu o gesto. Ela, então, voltou o olhar para o altar, fez o sinal da cruz e chamou seus filhos.

IX

A casa paroquial da cidade para qual Ettore foi destinado era bem o contrário do que ele esperava. Em nada se assemelhava ao seminário. A sede dos padres ficava colada aos fundos da paróquia. Era um lugar pouco convidativo e bastante judiado pelo tempo.

151

Por sorte escolhera fazer parte da ordem de São Francisco de Assis. Ser um padre franciscano permitia-lhe que mudasse de cidade a cada três anos. Tudo que tinha a fazer era aguentar aquele lugar por esse período de tempo e torcer para que fosse removido para uma cidade que tivesse uma casa paroquial melhor.

No ano seguinte, Romani Guiarone Neto se dedicou de corpo e alma à sua campanha para a reeleição como deputado estadual e foi eleito tornando-se um dos políticos de maior destaque do partido e do país.

Fabrízio também foi eleito prefeito de Girassóis. Houve uma grande carreata na cidade em comemoração ao acontecimento. Quando chegou à prefeitura, o local estava cercado de curiosos, partidários, puxa-sacos, desocupados... Ganhou aplausos, sorrisos verdadeiros de seus compatriotas e falsos dos invejosos e da oposição.

Repórteres e fotógrafos tiraram muitas fotos dele e cobriram o jornal da cidade com matérias a seu respeito, exigência, obviamente, de Felipo que ainda mandava e desmandava na cidade.

Ao regressar para a casa após o seu primeiro dia de mandato, Fabrízio confessou para a esposa:

– Estou muito feliz, Tereza.

– Eu sei – o tom da esposa era frio.

Ele se achegou a ela no sofá e deixou que seus olhos falassem por ele, mais uma vez.

– Eu ainda não me sinto preparada, Fabrízio – respondeu Tereza, sabendo muito bem aonde o marido queria chegar por meio daquele olhar.

Ele queria gerar um novo filho com ela e, dessa vez, homem, preferencialmente. Tereza recusou-se a estender o assunto. Fabrízio insistiu. Tereza retrucou acidamente:

– Você já tem uma filha, Fabrízio. Para que mais um?

– Você sabe bem o porquê.

Naquela noite, Fabrízio tentou mais uma vez ter uma relação sexual, mas ela novamente alegou cansaço e indisposição. Ele passou mais uma madrugada semiacordado, sentindo-se inquieto e pressionado. Precisava ter um filho, homem, dessa vez. Ele devia isso para o avô. Se não lhe desse um bisneto, Felipo morreria infeliz, o que ele não podia permitir que acontecesse.

Dias depois, Fabrízio tocou outra vez no assunto com a esposa e, mais uma vez, ela desconversou. Na cama, tentou seduzi-la novamente, mas, como sempre, ela esquivou-se. O homem, com 30 anos de idade nessa época, resolveu apertar o cerco nos dias subsequentes, no entanto, a mulher manteve-se resoluta na sua decisão.

Certa noite, Fabrízio excedeu-se na bebida e, bêbado, pressionou Tereza contra a parede do quarto do casal. Disse:

– Vamos ter um filho, agora!

– Tire esse mau hálito de cima de mim – retrucou Tereza, fazendo cara de nojo.

Ele enfiou a mão entre suas coxas e foi subindo. Num impulso repentino ela cuspiu no seu rosto. A expressão de desejo ardente que dominava a face do marido, naquele instante, converteu-se lentamente numa máscara de ódio.

Tereza observava com satisfação os nervos dele se desintegrando, seus olhos rompendo-se numa expressão desvairada.

A noite terminou com Tereza dormindo no quarto da filha. Desde então, Fabrízio começou a ingerir altas doses de bebida alcoólica, assim que voltava para a casa do trabalho. A bebida o ajudava acalmar os nervos e a suportar a teimosia da mulher.

Quando Tereza pressentia a aproximação do marido, ela se escondia atrás da filha, corria para o seu quarto e por lá ficava. Sua atitude deixava-o cada vez mais perturbado e infeliz.

Felipo notou que o neto predileto andava desgostoso com alguma coisa. Concluiu que se os negócios dele iam bem, o desgosto só podia ser com a esposa. Sendo assim, aconselhou Fabrízio a aguentar calado a crise conjugal por ele ser um homem público. Um político de família tradicional é sempre mais benquisto pelo eleitorado do que aquele com um casamento desregrado. O avô lembrou-lhe também que ele dependia da influência do sogro na sua ascensão política no futuro próximo. Fabrízio, desde então, procurou se controlar.

X

Romani Guiarone Neto, por motivos políticos, havia voltado a morar com a esposa no seu apartamento em São Paulo. Certo dia, ao chegar do trabalho, teve uma grande surpresa. Encontrou Sofia sentada ao lado de Laura na sala de visitas de sua morada.

– O que esta mulher está fazendo aqui? – exaltou-se.

Sofia levantou-se rapidamente e foi até ele:

– Pai, eu preciso...

– Eu não sou seu pai! – retrucou Romani, com descaso. – Nunca mais me chame assim. Eu não tenho filha!

– Não acredito que o senhor ainda guarde tanta mágoa em seu coração em relação a mim depois de tantos anos.

Voltando-se para a esposa, Romani perguntou:

– Laura, como pôde tê-la deixado entrar?!

– É que... – murmurou a esposa, em pânico.

– Eu insisti. – explicou Sofia. – Vim até aqui porque preciso de sua ajuda.

– Ajuda? – ironizou, Romani.

– Sim. Saulo está desempregado há quase dois anos, estamos passando por dificuldades...

– Saia daqui! Não quero ouvir mais nenhuma palavra sua! Nunca mais me procure!

A filha baixou a cabeça e disse com pesar:

– Eu quis acreditar que o senhor me trataria diferente depois de tantos anos longe de mim separados por seu preconceito e racismo patético, mas eu me enganei mais uma vez. Eu não deveria ter vindo...

– Saia desta casa e nunca mais ponha os pés aqui! – tornou Romani, perdendo de vez a compostura.

– Acalme-se, Romani. – pediu Laura.

– Cale-se, Laura! – berrou ele.

Sofia virou-se para a mãe e perguntou:

– Como pode deixá-lo falar assim com a senhora?

A resposta foi dada pelo próprio Romani:

– Como pode você?! V-o-c-ê! Ter tido a pachorra de vir me procurar? Nós a prevenimos desde o início, Sofia: não se case com aquele *preto!* Você foi teimosa... bem feito! Receba agora os frutos da sua teimosia. Arque com as consequências que você própria escolheu para si!

Romani abriu a porta e repetiu.

– Saia!

Sofia parou bem diante do pai, encarou-o desafiadoramente e disse:

– Você não é nada mais do que um fantoche nas mãos do seu pai. Nunca teve personalidade própria, nunca soube quem é no íntimo. Posso afirmar que é um dos piores seres humanos que há no planeta, pois é capaz de deixar seus netos à míngua, passando fome a ter de se curvar para o seu ego e sua hipocrisia.

Assim que ela atravessou a porta, Romani a fechou controlando-se para não batê-la com toda força.

Sofia entrou no elevador sentindo suas pernas bambas, o choro foi inevitável. Seguiu pela calçada até o ponto de ônibus, chorando copiosamente.

Nos meses que se seguiram, a situação financeira deles se agravou. O aluguel da casa em que viviam estava tão atrasado que temiam ser despejados a qualquer momento.

Saulo, desesperado, decidiu ser pintor, apesar de pouca prática, acabou se dando bem, porém, era um serviço incerto, às vezes tinha, outras não. Quase toda noite era acometido de insônia de tanta preocupação. Sofia tentava confortá-lo, mas pouco conseguia.

Ettore, para ajudar a irmã, o cunhado e os sobrinhos mandava-lhes todo o dinheiro que dispunha. Era o mínimo que podia fazer por todos diante daquela delicada situação. Além do dinheiro, rezava por eles, na esperança de que Deus os ajudasse a sair daquele sufoco.

XI

Nesse ínterim, Felipo e Marina comemoraram seus 56 anos de casados com uma grande festa. Foi Ettore quem rezou a missa em celebração.

Meses depois Romani saiu acompanhado do líder do partido do qual fazia parte e do prefeito da capital para um almoço. Havia grandes possibilidades de Romani vir a ser indicado pelo partido para concorrer as próximas eleições como prefeito da capital.

Quando o carro com os três homens parou num farol, um menino de 8 anos de idade foi até a janela do veículo pedir ajutório.

– É incrível como a cidade está sendo invadida por essas crianças pedintes, não? – comentou o líder do partido. – É um verdadeiro absurdo. O pior é que muitos deles são trombadinhas disfarçados; quando a pessoa vai dar um trocado, eles puxam a navalha ou o revólver e exigem que o motorista lhe entregue sua carteira. Você pode perceber que a maioria deles é negro. Oh, raça desgranhenta. Se não fosse por campanha política eu jamais abraçaria um negro, nem negro nem pobre. Detesto pobre!

– Nem fale – disse Romani, fazendo sinal para o menino que não tinha trocado algum para lhe dar naquele momento.

O olhar entristecido e desnutrido da criança chamou a atenção de Romani. Nisso uma vendedora de flores aproximou-se do carro. Romani gelou ao perceber que era a filha. Sofia também gelou ao avistar o pai. Romani perdeu ainda mais o rumo quando o menino mulatinho disse para ela:

– Mamãe, o sinaleiro vai abrir. Vamos!

Romani estremeceu ao perceber que o menino pedinte era seu neto. Engoliu em seco, folgou o colarinho, parecendo ter dificuldades para respirar. Seu rosto avermelhou-se.

– Algum problema? – perguntou o prefeito ao ver o estado do deputado.

– Não, nada – respondeu ele, fechando rapidamente o vidro do carro.

– Parece até que você viu um fantasma, Romani. – comentou o prefeito.

– Não... é que está quente... o tempo... – Romani se atrapalhou na resposta.

Sofia permaneceu petrificada, olhando para o pai. O semáforo abriu. Os carros seguiram caminho. Foi preciso um deles buzinar para despertar Sofia do transe e fazê-la assim sair do meio da rua.

Romani tentou se concentrar novamente na conversa que se desenrolava entre ele, o prefeito e o líder do seu partido, mas não conseguiu. A lembrança da filha e do neto visto há pouco o desconcentrava totalmente, principalmente a imagem do neto, com seus olhos tristes e desnutrido.

XII

Semanas depois deste episódio, Fabrízio terminou de escovar os dentes para dormir e foi para a cama. Aproximou-se da esposa e beijou sua nuca. Ela resmungou:

– Agora não, Fabrízio.

Ele teve de aguentar calado, mais uma vez, a conselho do avô, o desprezo com que Tereza o vinha tratando nos últimos anos. Especialmente, nos últimos meses. Ja fazia dois anos que Tereza se recusava a ter um intercurso com ele e sua paciência estava atingindo o límite máximo. Que não explodisse de repente, temia o que poderia fazer contra ela, estando descontrolado.

XIII

Ettore olhava seu rosto no espelho para ver se havia escanhoado a barba perfeitamente, quando percebeu que havia um rosto desconhecido sobreposto ao dele, olhando fixamente para ele. Logo percebeu que se tratava do rosto de Caio.

"Caio...", murmurou. Por onde andaria ele?, quis saber. Onze anos haviam se passado sem que ele tivesse notícias dele. Teria se formado, casado, tido filhos?

De repente, uma hipótese varou sua mente de lado a lado. Uma hipotese bastante plausível que fê-lo estremecer. Caio, àquelas alturas, poderia estar morto, morto havia muito tempo e ele nem ficara sabendo. A hipótese deixou-o triste e angustiado. Pensou em comentar com Sofia, por carta, mas desistiu ao lembrar que a irmã já tinha problemas demais para lidar.

Era uma tarde calma de verão quando Ettore foi informado, por um funcionário da igreja, que havia um homem procurando por ele. Ettore foi atendê-lo.

Ao vê-lo, o visitante ajeitou os óculos sobre o nariz e foi até ele com a palma da mão direita voltada para cima, estendida.

– Como vai, padre?
– Pois não?

O estranho nada respondeu, ficou apenas olhando para ele, com certa curiosidade. Ettore tornou a repetir:

– Pois não?

– Não está me reconhecendo, Ettore?

Ettore examinou a fisionomia do homem mais atentamente e afirmou:

– Não.

– Sou Antônio, Ettore, não se lembra? Irmão do Caio Calasans.

A revelação deixou Ettore ligeiramente constrangido.

– Sim, agora me lembro. O que o traz aqui, Antônio?

– Preciso conversar com você, Ettore, em particular. Você tem um minuto para mim?

Ettore respondeu que "sim".

– É sobre o Caio que vim lhe falar – prosseguiu Antônio. – Ele não está nada bem, Ettore, está péssimo, na verdade. Está internado numa clínica de reabilitação para alcoólatras e viciados em drogas.

As pupilas de Ettore se dilataram, seu rosto tomou um ar trágico. Antônio continuou:

– O vício levou Caio a perder o emprego mais uma vez. Então ele foi vendendo tudo o que tinha para continuar comprando drogas. Até mesmos as suas roupas ele vendeu para pagá-las, hoje não tem nem sequer um travesseiro para aconchegar a cabeça durante a noite. O pior é que deve para os traficantes. Recebeu ameaças; você sabe, esse povo não é de brincadeira. Se o viciado não lhes paga, eles matam o fulano sem pestanejar.

"Certo dia, eles encurralaram Caio num beco e o esmurraram tanto que o pobre coitado teve de ser internado num hospital. Eles acabaram com ele, Ettore. Ficou todo remendado, como um Frankstein. Tudo isso transtornou não só a vida dele como a vida de todos nós, da família por completo. Nâo vimos outra escolha senão interná-lo mais uma vez numa clínica de reabilitação, implorando a Deus que dessa vez a internaçao surta efeito sobre ele.

"Clínicas desse tipo ajudam e muito os viciados e alcoólatras a se recuperarem e jamais voltarem a usar drogas novamente. Entretanto, há sempre exceções, Caio é uma delas. Ele já foi internado ali outras vezes, recupera-se, mas meses depois as drogas voltam a dominá-lo novamente.

"Nós não queremos que isso aconteça mais com ele, Ettore. Não só porque sofrermos com ele, por amá-lo demais, mas também por não acharmos justo um moço bonito e inteligente como ele acabar com sua vida como vem fazendo. Não é justo."

Antônio tomou ar antes de completar:

– É por isso que estou aqui, Ettore. Você era o melhor amigo dele. Tenho a certeza de que só você pode impedir que ele volte para o submundo das drogas. Sempre quis procurá-lo porque sempre acreditei que sua palavra poderia fazer uma tremenda diferença na vida do meu irmão. Não vim antes porque não quis aborrecê-lo, mas, agora é inevitável. Acredito piamente que você, Ettore, pode dar a Caio uma nova chance para ele se reencontrar.

– Eu vou orar por ele, Antônio.

– Oração, Ettore? Desculpe-me, mas não é o suficiente no caso do meu irmão. Você já é vivido o suficiente para saber que oração sem ação de nada serve, não? É fundamental orar, tanto quanto, agir. Tanto que a própria palavra já diz: "Orar + ação".

Ettore franziu o cenho.

– O que quer que eu faça?

– Se não for muito, quero que vá até a clínica conversar com Caio. Você sempre teve um grande peso na vida dele; hoje, como padre, talvez tenha mais.

– Após todos esses anos, o Caio talvez nem se lembre mais de mim.

– Lógico que se lembra, Ettore. Você foi e continua sendo para ele o seu melhor amigo.

– Eu não posso lhe dar a certeza de que irei, Antônio, pois não recebo permissão da igreja para viajar assim, de uma hora para outra, tenho minhas responsabilidades por aqui, você sabe...

Antônio pegou o braço de Ettore, apertou-o suavemente e insistiu:

– Por favor, Ettore. Faça essa gentileza por nós, em nome de Deus.

– Quando estiver preparado é só me ligar, aqui está o meu cartão – acrescentou Antônio, depositando na mão de Etttore um cartão de visita seu.

Ettore branqueou, não soube mais o que dizer.

Ettore ficou observando Antônio partir. Pensativo, ele voltou-se para o altar e focou seus olhos na imagem de Cristo pregado na cruz. Foi até lá, ajoelhou e se pôs a rezar com fervor.

Então Caio estava vivo, que bom, a descoberta lhe causou certo alívio. Entretanto, as condições lamentáveis em que o amigo se encontrava o perturbaram drasticamente. Jamais pensou que Caio, estudioso como era, um dos melhores alunos do colégio, admiravelmente responsável acabaria um dia usuário de drogas. Não ele, que sempre lhe pareceu tão equilibrado e dono de si. O que teria acontecido na sua vida para ele se destruir daquele jeito? O que?

Apesar de saber que o amigo tão querido de outrora precisava muito de sua ajuda agora, Ettore não pretendia visitá-lo. Antônio que o desculpasse. Temia o que a aproximação de Caio poderia despertar nele. Sabia que o sentimentos que outrora sentira pelo amigo ainda existiam em seu coração; que por mais que tivesse pedido a Deus para tirá-los dali, Deus não atendera as suas súplicas.

Desde a vísita de Antônio, Ettore vinha dormindo mal. Acordava gritando no meio da madrugada. Tinha pesadelos constantes e todos sempre com Caio. Perdia o sono e ficava perambulando pela casa paroquial.

Samuel, um dos padres da paróquia que queria a Ettore muito bem, percebeu que o colega não andava nada bem. Com tato o pôs contra a parede. Ettore acabou desabafando, revelou o que o atormentava tanto, e explicou a razão por não querer ir a clínica visitar um amigo.

Samuel ouviu o colega atentamente. Em meio a lágrimas, Ettore repetiu para o colega a pergunta que sempre fazia a Deus:

– Por que, Samuel, mesmo depois de ter me decidido a dedicar toda a minha vida a Deus, Ele, ainda assim, não apagou de dentro de mim os sentimentos que tenho por Caio? Como se não bastasse, ainda trouxe Antônio para pedir-me ajuda para o irmão.

Samuel lhe deu uma explicação surpreendente, uma resposta que o fez refletir durante muito tempo:

– A resposta é bem simples, Ettore. Deus não apagou de seu coração os sentimentos que tem por Caio porque não vê mal nisso. Se a felicidade de um homem é ao lado de outro homem, que o ame reciprocamente, que assim seja. Porque Deus quer acima de tudo que sejamos felizes. A sociedade vê o amor entre dois homens como pecado, mas é a sociedade e a igreja quem vê maldade nisso, não Deus. Você já ousou pensar, Ettore, que Deus, talvez, não seja exatamente como querem nos fazer acreditar que Ele seja?

"A meu ver, Ettore, a vida trouxe o irmão de Caio até aqui para lhe pedir ajuda, não para torturá-lo, e sim mostrar que a sua história com Caio não está terminada.

"De qualquer modo, Ettore, quando alguém precisa de nossa ajuda, devemos ajudar. Não importa a cor, a raça, o status social nem mesmo a religião dessa pessoa. Essa é a missão de um padre. Pense nisso."

Nos dias que se seguiram Ettore começou a sentir vergonha de si próprio por não ter tido ainda a coragem de atender ao apelo de Antônio, novamente diante da imagem de Cristo, Ettore fazia suas reflexões:

"Lá estava ele cercado de pessoas estranhas com feições angelicais que lhe sorriam e lhe diziam: "sua bênção, padre!" e ele os abençoava. Elas sentiam-se então mais protegidas. Ele as ajudava através de seus conselhos, levando a fé, os mandamentos da igreja a tantas pessoas, no entanto, até aquele momento não tinha tido a coragem de ir ajudar o amigo a quem queria tão bem. Aquilo não era certo, não era... Ele precisava por o medo de lado, o medo do que aquele encontro pudesse despertar em seu interior, e ir ajudar quem tanto precisava dele.

XIV

Na manhã do dia seguinte Ettore ligou para Antônio para pegar o endereço da clínica onde Caio estava internado. Antônio se prontificou a levá-lo, mas ele agradeceu. Preferia ir só, sentir-se-ia melhor assim.

Ettore pegou um ônibus que ia direto para a cidade onde Caio estava internado, chegando lá, pegou um táxi até a clínica que ficava ligeiramente afastada da cidade. Seguiu o trajeto todo observando a paisagem que ladeava a estrada por onde o carro passava. Acima do verde, havia uma camada de nuvens escuras anunciando chuva. Que não chovesse tão forte, pediu aos céus, senão atrapalharia a sua volta.

A vegetação exuberante das árvores que ladeavam a estrada impedia que a pouca claridade do dia penetrasse, dificultando a visão, mascarando as depressões e irregularidades do solo.

Logo, Ettore viu descortinar-se diante de seus olhos uma bela extensão de terra onde havia sido construído um casarão assobradado. O lugar inspirava paz, percebeu. Quem montara a clínica ali fora sábio, a bela paisagem seria um ingrediente a mais para ajudar os pacientes a se verem livres do vício.

O carro parou, Ettore pagou ao taxista e saiu do carro. Antes de entrar na clínica deteve-se em frente à porta da recepção, percorrendo com os olhos as janelas do sobrado. A garoa que começou a cair subitamente forçou-o a entrar no lugar de uma vez por todas. Percebeu-se trêmulo quando chegou a recepção da clínica. Respirou fundo e procurou relaxar.

A recepcionista, uma moça muito bem apessoada, o atendeu prontamente e lhe pediu que aguardasse um minuto. Para conter sua ansiedade, Ettore passou a prestar atenção na sala em que se encontrava agora. Era um belo aposento, em estilo europeu. Havia sofás forrados com estampas agradáveis; as paredes eram também pintadas com uma tinta de cor agradável, aveludada. Havia quadros pintados a óleo apainelados até o teto, verdadeiras obras de arte. O que mais encantou Ettore foi o lustre com pingentes de cristal que havia na sala. Uma relíquia dos anos 50, certamente, adquirida em algum antiquário.

A voz da atendente despertou Ettore de seus pensamentos:

– Queira me acompanhar, por favor.

Ettore seguiu a moça até uma escada que levava ao andar superior da edificação. Ela já havia subido 8 degraus quando percebeu que o visitante não a acompanhava.

– Algum problema? – perguntou a moça.

– Não... não... – gaguejou Ettore, apreensivo.

Sem mais delongas ele a seguiu escada acima. A cada degrau que subia, seu coração parecia bater mais e mais forte. Quando finalmente alcançou a porta do quarto onde Caio estava internado, Ettore pensou que o seu coração iria saltar pela boca.

A enfermeira entrou no quarto, sorriu para o paciente e anunciou:

– Você tem visita!

Só então ela deu passagem para Ettore entrar no aposento.

Caio, que naquele momento, lia um livro, pensou que a visita fosse o irmão e, por isso, continuou lendo, sem dirigir os olhos para a porta.

A moça disse a seguir:

– Vou deixá-los a sós. Com licença.

E se retirou do aposento fechando a porta atrás de si.

Foi só quando o silêncio se fixou no aposento que Caio olhou para o visitante. Nada em seu rosto mudou ao deparar-se com a face bonita de Ettore. Ettore, sem graça, fez uma careta. O silêncio permaneceu enquanto os dois homens bonitos se encaravam quase que sem piscar. Foi Ettore quem falou primeiro. Suspirou e disse:

– Vim vê-lo. Vim porque fiquei preocupado com você... encontrei seu irmão por coincidência e ele me falou que você não estava bem, então...

O irmão pedira a Ettore para não revelar que ele o havia procurado para pedir-lhe que fosse visitá-lo na clínica. Receava que seu pedido enfezasse Caio.

O silêncio permaneceu.

– Não vai dizer nada? – perguntou Ettore, querendo quebrar o gelo.

Caio continuou mudo, encarando-o com os seus olhos inchados, tristes e amargurados.

– Então *tá*, vou me sentar aqui – respondeu Ettore puxando uma cadeira que havia ali. – Espero não estar incomodando-o.

Caio finalmente rompeu o silêncio:

– Desde que cheguei aqui, padre, esse é o primeiro dia que não há sol.

Ettore sentiu-se estranho ao ser chamado de "padre" pelo amigo. Não combinava com ele.

– É – sibilou Ettore –, o tempo está cinzento, frio, chuviscando.

– Minha intuição me disse hoje, desde cedo, que havia uma razão para o tempo ter mudado.

Ettore olhou-o curioso.

– Ela estava certa. A razão é o senhor, padre. É um milagre um padre estar aqui, por isso o tempo mudou.

Ettore sorriu, sem graça. O cenho de Caio fechou-se. Expressava, agora, dor.

Após quase um minuto de silêncio, Caio voltou a falar:

– Ainda sou católico, padre, por isso gostaria muito de me confessar com o senhor. Tenho o direito, não?

Ettore mordeu os lábios, incerto quanto ao que responder.

– Quero contar-lhe, padre, em confissão, algo sobre o meu passado. É por causa dele que estou aqui, nessas condições deploráveis.

Ettore permaneceu calado, apreensivo. Caio continuou:

– Foi a droga pior que a cocaína, a heroína, o crack e a maconha que me trouxe para cá, padre. A droga mais perigosa dentre todas, a que mais vicia, o leva aos céus e ao inferno ao mesmo tempo. O nome dessa droga, padre, é amor. Eu amei muito uma pessoa no passado, padre. E quis tanto reencontrar essa pessoa em condições completamente opostas a que me encontro agora. Queria ser o *cara* mais feliz do mundo quando esse dia acontecesse para que ela soubesse como eu tive sucesso na vida, principalmente no amor, mas... como vê, padre, meu desejo não se realizou...

Ettore engoliu em seco, sentia um nó na garganta cada vez mais apertado. Seu queixo agora tremia, seu corpo todo tremia.

– Eu... eu... – tentou dizer Ettore, mas não foi além disso.

– Eu? – ajudou Caio.

– Eu não vim aqui como padre, Caio, vim aqui como seu amigo.

– Amigo?

– Sim, Caio. Amigo.

Houve outro silêncio constrangedor até que Ettore perguntasse:

– O que faz diariamente por aqui?

– O que todo mundo faz, padre. Tento levantar-me por volta das oito da manhã. Visto-me, lavo o rosto, escovo os dentes, tomo os remédios e vitaminas prescritas pelos médicos e psiquiatras. Dou um passeio, inspirando o ar puro e fresco do campo. Geralmente vou até o lago que fica na propriedade. Um lago lindo com uma água azul cintilante.

"Nos dias de sol quente tenho vontade de me despir e pular dentro dele. Ele me lembra o rio que passa rente a cidade em que eu morei até os meus dezoito anos. Girassóis é o nome da cidade. Eu amava aquele rio, ia sempre na companhia de quem tanto amei, padre.

"Só que essa pessoa que eu tanto amei, padre, sabe o que ele fez? Ele destruiu a sua felicidade e a minha."

– Caio, eu...

– Eu o amava, padre. Amava muito essa pessoa. As drogas, padre, eu comecei a usar para preencher a falta que ela fez na minha vida.

– Não seja cruel, Caio.

– Falo a verdade, padre. Apeguei-me às drogas para esquecer aquele demônio.

– Você precisa largar as drogas, Caio, ser mais forte do que elas.

– Não tenho razão para viver, padre.

– Há sempre uma...

– A única razão para eu viver morreu para mim há cerca de 11 anos atrás.

A fim de quebrar o gelo, Ettore tirou de dentro de sua mochila um livro. Mostrou para Caio e disse:

– É o livro de poesias que costumávamos ler, lembra-se dele?

Caio não respondeu. Ettore ignorou sua carranca, abriu o livro, procurou por uma página especifica e disse:

– Esse era o poema que você mais gostava.

Amo tuas asas

Amo teu jeito de voar
Leve, ultra leve, amo teu jeito de pousar
Na minha mão, na minha alma, no meu coração...

Caio se mostrou indiferente à leitura do poema. Perguntou a seguir:

– Você pode me responder uma pergunta, padre?

– Ora, Caio, pare com isso...

– Pode?

– Está bem, diga.

– Gostaria muito de saber se é feliz, padre!

Ettore enrijeceu o corpo. Caio acrescentou:

– Não precisa me perguntar se sou feliz, não é, padre? Se eu fosse estaria certamente num lugar completamente diferente daqui. Num lugar onde os sonhos são reais e a vida não. Morando numa casa junto a um rio, com flores na janela e uma rede na varanda para balançar ao lado de quem tanto amo.

Ettore constrangeu-se ainda mais diante daquelas palavras. O silêncio caiu pesado a seguir no recinto e durou quase cinco minutos.

– Agora vá, padre – pediu Caio, rompendo o silêncio constrangedor. – Quero voltar para a minha solidão infinda.

– Caio...

– Vá, padre, por favor.

Ettore tremeu ligeiramente e se pôs de pé. Disse:

– Foi bom ver você, muito bom. Estou certo de que você vai se recuperar muito em breve, estou rezando para isso. Você ficará tão bom que nunca mais usará drogas. Você vai ver!

– Não quero ficar bom, padre. Por isso não perca o seu tempo orando por mim.

– E-eu...

– Não diga mais nada, padre, retire-se, agora, por favor.

Ettore ia atravessando a porta do quarto quando Caio falou:

– Adeus, padre. Até um dia quem sabe... num outro plano de vida.

Ettore deixou o quarto com uma sensação estranha percorrendo o seu corpo, as pernas tremiam ligeiramente quando ele desceu a escada. De repente, viu-se dominado por uma força, estranha, atraindo-o de volta para o quarto, para que ele assumisse diante do amigo o quanto sentira a sua falta durante todos aqueles anos em que estiveram separados. Ettore respirou fundo, procurou controlar-se e deixou a clínica ainda sentindo como se remasse contra a maré. Caminhou pelo piso revestido de ladrilhos pretos e brancos como se andasse por uma corda bamba.

A recepcionista do lugar, achou muito estranho o seu comportamento e, por isso, foi atrás dele. Falou com ele, mas ele não respondeu, não porque quisesse, mas simplesmente porque não a tinha ouvido chamá-lo. Estava distante, aéreo.

– Senhor... senhor... – insistiu ela com delicadeza.

Ao chamado da moça, Ettore voltou a si.

– Pois não?

– O táxi, o senhor.

Ettore franziu a testa. A prestativa funcionária explicou:

– Não quer que eu chame um táxi para o senhor?

"O táxi, é lógico", repreendeu-se Ettore. "Como voltaria à cidade sem um táxi? Que tolo."

– Faria essa gentileza, por favor?

– Com prazer, senhor.

Ettore ficou perambulando pelo belo gramado que cercava a clínica enquanto aguardava pela chegada do táxi. A garoa havia parado de cair, mas as nuvens rechonchudas ainda cobriam o céu. A certa altura ele voltou os olhos para a parte superior do sobrado, onde ficavam as janelas dos quartos dos pacientes. Para sua surpresa, Caio estava parado numa delas, olhando na sua direção. Ettore procurou sorrir e acenou para ele. Caio, por sua vez, não retribuiu nem o sorriso nem o aceno. Permaneceu sério, endereçando ao rapaz um olhar amargurado, cheio de revolta e ressentimento pelo passado que envolveu os dois.

Ettore voltou para o seminário certo de que nunca mais haveria de reencontrar o amigo. Seria melhor assim, como diz o ditado: "O que os olhos não vêem o coração não sente!".

Capítulo 6

I

Fabrízio voltou para sua casa, mais uma vez, disposto a conversar com a esposa sobre aquele problema pendente.

– Tereza – disse ele, seriamente –, quero ter mais um filho!

Os lábios da esposa se contraíram, enquanto os olhos adquiriram um brilho de crueldade.

– Será que você ainda não entendeu que eu não quero mais ter filhos?! – exaltou-se Tereza.

– Mas eu preciso, Tereza, você sabe. Devo um filho homem a meu pai e a meu avô. Para dar continuidade ao nome da nossa família. Não quero magoá-los por nada desse mundo, tampouco decepcioná-los.

– Esse é um problema seu, não meu, Fabrízio! Eu é que não vou me aborrecer por causa de um capricho seu, do seu pai e do seu avô. Não mesmo! Além do mais, quem garante o sexo do bebê? Ninguém! Quantos e quantos casais não tentam ter um filho homem e só nascem mulheres e vice versa, tentam ter uma filha é só nascem homens?! Por isso desista. De mim não nasce mais ninguém. A fábrica fechou, meu caro!

– Eu lhe imploro, Tereza, por favor.

A voz de Fabrízio, agora tremia tanto quanto seus lábios.

– Engraçado – murmurou, Tereza, com ironia –, as pessoas criam metas para elas e querem que os outros as cumpram? Nada disso, elas que se responsabilizem por suas necessidades.

Olhando desafiadoramente para o marido, Tereza ousou:

– Se quer um filho, tenha um filho bastardo!

Aquilo foi o fim para Fabrízio. Descontrolado, ele saltou sobre a esposa, prensou-a contra a parede, segurando firme em seus braços e falou com todas as letras:

– Você vai me dar um filho, sim! E agora!

O descontrole assumiu total comando do seu corpo. Ele agora despia a esposa de forma abrupta e descontrolada, pouco se importando que suas vestes se estragassem. Tereza tentava se defender estapeando o marido, mas ele era mais forte e ágil com as mãos. Nada o fazia parar.

Ele então a jogou na cama e se preparou para o ato. Tereza trincava os dentes, espumando de ódio e revolta. Ela se debatia, tentando escapar do corpo do marido sobre o seu. Sem ter resultado, acabou cravando suas unhas com toda força nas costas dele, até feri-las, tirar-lhe sangue.

A dor fez Fabrízio cair em si novamente. Ele a soltou, levantou-se meio trôpego e foi até a janela. Tereza permaneceu estirada na cama, semi-nua, respirando ofegante, sentindo-se ultrajada e violentada.

Fabrízio sentiu novamente, naquele instante, como se tivesse uma coleira em torno do seu pescoço, apertando a sua garganta, sufocando-o. Sentiu vontade de gritar, berrar, pôr para fora toda a revolta que estava sentindo naquele momento, mas, foi a ponderação quem prevaleceu mais uma vez. Temeu assustar a filha que estava no quarto ao lado e os vizinhos.

Ele então vestiu, ajeitou sua roupa e deixou o quarto, sem dizer uma só palavra. Os olhos de Tereza brilhavam agora de triunfo.

Daquele dia em diante o casal nunca mais dormiu junto. Seria melhor, concluiu Fabrízio, para evitar acessos de fúria como a que tivera naquele dia. Seria também o modo mais prudente de manter seu casamento, pelo menos as aparências.

Se continuasse a dormir na mesma cama com Tereza, cedo ou tarde, acabaria pegando a esposa de jeito e, perdendo a cabeça, cometendo uma loucura contra ela, a loucura que já lhe vinha sendo sugerida pelo seu lado demoníaco.

Desde então, o casal mal se falava. Para fugir de sua triste realidade, Fabrízio procurava permanecer na prefeitura até altas horas, só para não ter de voltar para casa e encarar o seu martírio. Quanto mais longe ficasse da esposa, melhor. Ela o deprimia.

— Preciso fazer algum exercício para relaxar, senão serei esmagado por tudo isso — murmurou consigo, certo dia.

Desde então, começou a se exercitar, fazer caminhadas e corridas, qualquer coisa que aliviasse sua tensão e o mantivesse distante de sua casa e, consequentemente, de sua esposa, pelo maior tempo possível.

Sabia que as pessoas na cidade já deveriam estar comentando a respeito dos dois. Nada pode ficar às escuras por muito tempo numa cidade do interior. As paredes das casas ali parecem ter ouvidos. Ainda assim ele fingia que estava tudo bem entre eles, com a facilidade com que fingem a maioria dos políticos. Tentava disfarçar seu sofrimento, principalmente diante do avô e da família. Felipo continuava a questioná-lo o porquê da demora da chegada de um bisneto e ele já não tinha mais desculpas para lhe dar.

Disposto a uma reconciliação, Fabrízio convidou Tereza para fazerem uma viagem para espairecer. Ela aceitou. Viajaram para uma estação de águas. Nada melhor que as montanhas para relaxar, clarear os pensamentos, pensou ele e foi o que de fato aconteceu, tanto que os dois voltaram a fazer amor.

É lógico que a intenção de Fabrízio ia mais além do que um pacto de paz, sua intenção era convencê-la, com jeitinho, a ter o filho, o filho tão almejado. Quem sabe, longe da cidade, relaxada, Tereza não mudaria de ideia e aceitaria engravidar?

Quando sentiu que surgiu um momento propício para tocar no assunto, Fabrízio novamente propôs à esposa que tivessem um filho.

Tereza foi curta e grossa:

– Não!

Ele insistiu. Ela não cedeu. O clima novamente pesou entre os dois. O descontrole voltou a dominá-lo, forçando a esposa a fazer sexo com ele sem preservativo.

– Eu não quero – dizia ela enquanto se debatia em seus braços, como um peixe se debate quando é tirado de dentro d'água.

Fabrízio tapou-lhe a boca para impedir que as pessoas a escutassem. Ao se desvencilhar da mão do marido, Tereza falou, como que cuspindo as palavras:

– Você achou mesmo que eu mudaria de ideia se me trouxesse para cá, não achou? Eu sabia, desde o princípio, qual era a sua verdadeira intenção por trás desta viagem. Vim só para tirar a cisma.

Ele a olhava agora com olhos tristes, exaustos de lutar. Então a soltou-a, vestiu sua roupa e deixou o quarto, mudo. Caminhou a passos largos para fora do hotel, pegou o carro e partiu em busca de um bar.

Estava furioso, queria beber algo, forte, para afogar as mágoas. Mentalmente xingava a esposa. Sentia ódio por ela ser do jeito que era. No namoro, Tereza jamais revelara ser daquele jeito. Pensando bem, agora, ela parecia uma pessoa completamente diferente. Agira assim no passado, por saber que se mostrasse sua verdadeira face, ele certamente não se casaria com ela.

Fabrízio tinha de admitir para si mesmo, ser honesto consigo, pelo menos uma vez na vida: ele não era feliz com Tereza, nunca fora, esforçava-se para ser, mas o esforço acabava sendo sempre em vão. Se não fosse pelo avô, que vivia sempre lhe pedindo que tivesse paciência com ela, porque era importante para a sua carreira política, um casamento tradicional, ele já teria se divorciado dela, há muito tempo.

Fabrízio permaneceu no bar até varar a madrugada. Ali, bebeu, relaxou, bateu papo com as pessoas, riu... Ao descobrir que havia um prostíbulo perto dali, dirigiu-lhe para lá. Queria extravasar o seu ódio e para ele não havia nada melhor do que o sexo.

Pagou, mais uma vez, uma prostituta, com muito prazer, por ela tê-lo feito se sentir amado, ainda que por dinheiro. "Prostitutas", murmurou ele quando dirigia de volta para o hotel. Elas vinham sendo suas companheiras nos últimos tempos. Pensou que se envolveria com elas somente na adolescência, no entanto, parecia estar preso a elas para o resto de sua vida.

Pelo caminho, se lembrou mais uma vez de Lídia Buarque, a mulher que tanto amara nos tempos de faculdade e de quem se afastou, por exigência do avô. Seus olhos brilharam ao revê-la em pensamento, o peito palpitou. Era sempre assim quando se lembrava dela, pelo menos uma vez na semana. Onde estaria Lídia, perguntou-se mais uma vez. Teria se casado, tido filhos, sido feliz?

Sim, certamente, a maioria das pessoas é feliz, ele fora uma das exceções.

Ao retornar ao hotel em que estava hospedado, encontrou seu quarto vazio. Tereza, para evitá-lo, deveria ter pedido um outro quarto só para ela, para dormir. Ele sentou-se na beirada da cama e, repentinamente, começou a chorar. Chorava como uma criança assustada, que se descobre abandonada. Dormiu entre as muitas lágrimas derramadas. Acordou com a luz do sol incidindo em seu rosto, espreguiçou-se e foi tomar banho. Sentia a cabeça pesada devido a uma ressaca brava. Depois de se vestir foi à recepção do hotel obter notícias da esposa. Para seu espanto, Tereza não se encontrava mais hospedada ali. Onde estaria?, perguntou-se Fabrízio, começando a ficar aflito. Noutro hotel, só poderia. Qual? Havia tantos espalhados pela cidade... Como saber?

Não achou outra solução, senão ir de hotel em hotel à procura da esposa. Estava tão transtornado que nem passou pela sua cabeça que ela tivesse tomado um ônibus e voltado para Girassóis, conforme ele descobriu mais tarde, quando ligou para a sua casa e ela mesma atendeu o telefonema.

Ao reencontrá-la, Fabrízio esperava que ela comentasse algo sobre o fato ocorrido, mas ela não se manifestou. Ele então chegou à conclusão de que o divórcio seria a única solução. Seria um baque para a família, para o avô, principalmente, mas o que fazer? Era o divórcio ou continuar aguentando calado tudo aquilo, como vinha fazendo há anos, contudo já atingira o limite do suportável.

Ao comentar a situação com o avô, recebeu o conselho para que viajasse para uma pescaria, pois o silêncio de uma pescaria, ajudá-lo-ia a pôr a cabeça no lugar, ponderar tudo diante do que pretendia fazer. Lembrou-lhe mais uma vez o quão desastroso seria o divórcio para a sua carreira política, para a filha e para Deus, uma vez que o casamento é para a vida inteira, não importa o que aconteça.

Fabrízio aceitou a sugestão do avô e partiu para uma pescaria de uma semana, no rio Paranapanema. Lá, porém, pouco conseguiu relaxar. Não tirava da cabeça a obsessão de ter um filho e a revolta por Tereza tratá-lo tão mal nos últimos anos, tudo, enfim, que parecia deixar a sua vida agora tão sem sentido.

II

Um dos sonhos de Érica, filha de Fabrízio e Tereza, era fazer uma viagem longa de trem, um meio de transporte muito usado pela população naquela época. Diferente de hoje em que a maioria usa ônibus ou aviões, por serem mais rápidos e chegarem a quase todos os lugares do país.

Fabrízio se ressentia há tempos por não poder realizar o sonho da filha, por estar sempre atarefado no trabalho. Chegou a pedir para Tereza que a levasse, mas ela recusou terminantemente; não era o que se chama de mãe ideal. Parecia não saber viver para ninguém senão para si mesma. A filha ficava sempre em segundo plano e olhe lá!

Cansado de *enrolar*, Fabrízio decidiu realizar o sonho da filha nas férias seguintes. Assim, viajaram, de leito, para a cidade de São Paulo onde ficaram por uma semana hospedados no apartamento de seu pai. Érica mal se continha de felicidade.

Laura recebeu os dois com grande alegria e muitas guloseimas, todas, enfim, que a maioria das crianças amam comer.

A viagem serviu também para Fabrízio se distanciar de Tereza, estava cada vez mais insuportável viver ao lado dela, ainda que pelo mínimo de tempo possível.

Ele passou os dias na capital fazendo visitas, com o pai, a políticos e à sede do partido. Romani estava cada vez mais satisfeito e empolgado com os rumos que sua vida política e a do filho estavam tomando.

No dia da volta, foi Laura com o chofer quem levou Fabrízio e Érica até a estação da Luz para apanharem o trem para Girassóis. A neta despediu-se da avó dando-lhe um abraço apertado e um beijo carinhoso. Amava Laura de paixão.

Fabrízio e Érica subiram no trem e, quando este começou a se locomover, acenaram para Laura que lhes retribuía o gesto da plataforma da estação.

Assim que se aconchegaram na cabine do trem, Érica sentou-se rente à janela para ficar admirando a paisagem que ladeava a linha do trem. Fabrízio tomou alguns minutos para admirar a filha, sentiu-se feliz, mais uma vez, por finalmente estar realizando o desejo da menina, com sete anos de idade nessa época.

173

Apesar do barulho do trem, Fabrízio pôde ouvir um casal discutindo na cabine vizinha. A discussão o fez lembrar-se das brigas intermináveis com a esposa nos últimos anos. Nunca, em toda a sua vida, pensou que seu casamento fosse virar aquele caos, algo lastimável.

Érica se mantinha sentadinha rente à janela, observando a paisagem que ladeava os trilhos. Pena que, em breve, a escuridão da noite não lhe permitiria ver praticamente nada. Em certos momentos voltava-se para o pai e endereçava-lhe um sorriso, bonito, feliz por estar ali, realizando um sonho. Fabrízio retribuia com outro, feliz.

À hora do jantar, os dois comeram o lanche e a sobremesa que Laura lhes havia preparado. Depois da deliciosa refeição, pai e filha ficaram conversando por um bom tempo. Ainda que a noite tivesse caído, Érica permaneceu sentada à janela da cabine, observando a escuridão lá fora, vez ou outra rompida por um ponto de luz distante.

Foi assim até ela começar a *pescar* de sono. O pai, então, a ajeitou no leito para que dormisse, tranquilamente. Foi ele, então, quem se sentou rente à janela e deixou os olhos se perderem na escuridão lá fora. Não fazia ideia àquela hora em que ponto do trajeto o trem se encontrava. Ainda que avistasse as luzes de cidades brilhando a uma certa distância não sabia precisar quais seriam elas.

Visto que o sono não vinha, Fabrízio decidiu se deitar, na esperança de que deitado, adormecesse. Não levou mais que dez minutos e o trem parou numa estação. Ele sentou-se na pequena cama e espiou pela janela, mas não soube identificar a qual cidade a estação pertencia. Retomou sua posição na cama e continuou buscando pelo sono.

Ao invés do sono, vinha a lembrança de Lídia, do pouco tempo de convivência à época da faculdade, dos planos que fizeram e que tanto sonharam realizar lado a lado. Mesmo após tanto tempo distante ele ainda se lembrava dela, pelo menos uma vez por semana, especialmente quando via seu casamento com Tereza desmoronar cada vez mais. Ele ainda amava Lídia, um amor puro, que ficou na saudade.

A imagem do avô se sobrepôs à imagem da moça amada. O velho Felipo Guiarone estava ali, agora, ocupando toda a sua mente. Como ele adorava o avô, como lhe era grato por tudo, por tê-lo instruído, guiado os seus passos que fizeram dele o que era hoje!

O quarto estava abafado. Fabrízio se percebeu suando tanto que sentiu suas axilas umedecerem de suor.

Cansado de aguardar pelo sono que não vinha, ele decidiu sair do leito e dar uma volta pelo vagão, quem sabe assim, relaxaria e teria sono, finalmente. Abriu a porta do leito com cuidado para não fazer barulho e despertar a filha que dormia tranquilamente, espiou o corredor, não havia ninguém por ali, só então saiu.

Foi caminhando, escorando-se vez ou outra com as mãos na parede, quando o trem balançava. Quando deu por si, havia chegado à parte econômica da locomotiva. O vagão estava lotado de homens, mulheres e crianças pobres, para não dizer miseráveis, pensou. Todos pareciam dormir profundamente, exaustos, no mínimo, de tanto trabalhar. Tão exaustos que nem o barulho e o balançar do trem atrapalhavam-lhes o sono.

Dois garotos rechonchudos, dormindo de boca aberta, babando, chamaram a atenção de Fabrízio. Uma moça também chamou sua atenção, não por sua beleza física, mas pelo modo que dormia. Estava sentada com os braços entrelaçados nos joelhos. Posição que ele jamais conseguiria dormir, pensou.

O cheiro de suor ou de desodorantes vencidos infestava o ar do vagão, algo que Fabrízio considerou nojento e, por isso, fez questão de sair dali o mais rápido possível.

Afastou-se, pensando na pobreza, no quanto ela era horrível, no quanto ele a abominava, todavia necessária na sua opinião, pois eram os pobres e miseráveis seu maior cabo eleitoral, aqueles que eram iludidos facilmente, durante as campanhas, com promessas que nunca seriam cumpridas.

Ele, como todo bom político, sabia que seria impossível acabar com a pobreza devido à falta de estrutura econômica da região, do estado e do país tanto quanto à falta de preparo profissional dos pobres. Ninguém pode prosperar sendo analfabeto, semianalfabeto, sem adquirir méritos profissionais. No entanto, ele os iludia, como todo bom político, porque no fundo aquela gente queria ser iludida, era mais fácil viver de ilusão do que encarar a realidade.

Sabia também que não era interessante para os políticos e para os ricos que os pobres deixassem de ser pobres e analfabetos. Os estudos geram um povo mais culto e esperto que levanta questões a que os políticos não pretendem responder; tornam também as pessoas menos manipuláveis, o que não é interessante para os homens do poder.

"Melhores condições de vida", essa era a plataforma de qualquer político. Aquele que tivesse mais lábia, carisma e cara de pau de assumir o compromisso de que iria dar fim à pobreza e à miséria, ganhava os votos. Ele era um desses, prometia tudo isso, sabendo que não cumpriria.

Os salários também não podiam ser melhores. Ganhando mais, o pobre obteria mais poder o que não era interessante para os ricos. E estes é que bancavam os políticos, portanto, qualquer promessa que ameaçasse o reinado dos poderosos não passava de uma promessa em vão.

Fabrízio despertou de suas reflexões quando o trem fez uma curva, chegou a se escorar contra a parede do vagão para não ir ao chão.

"Chega de perambular feito um fantasma por entre os vagões do trem", disse Fabrízio para si mesmo. "Volte para o leito e procure dormir". Sim, aquilo seria o mais sensato a se fazer.

Retornava a sua cabina, quando resolveu parar rente à portinhola do vagão, por onde entram os passageiros, para respirar o ar que entrava por ali, puro e à vontade, ar suficiente para refrescá-lo. Ah, como ele precisava de ar. Estava passando mal de tanto calor. Um calor súbito e inexplicável.

O local só era iluminado pela luz espectral do luar. Ninguém do vagão seguinte podia vê-lo ali, o que era bom, assim ele poderia relaxar, sair da pose que vivia porque assim devia ser o comportamento de um político.

Ficou parado ali, respirando fundo, com os olhos fechados, desligando-se de tudo. Era bom estar ali, só, sem ninguém para importuná-lo. Só ele e Deus e a o luar como testemunha.

Cinco minutos depois o trem chacoalhou novamente e dessa vez mais forte. Fabrízio segurou-se firme e continuou ali, de olhos fechados, respirando e expirando o ar da noite, calmamente. Só despertou quando sentiu que a locomotiva havia diminuído a velocidade. Curioso para saber o porquê, pôs a cabeça para fora da portinhola, todavia, não encontrou motivo algum para a velocidade mais lenta, nenhuma estação se aproximava, não havia nada por ali senão uma vasta camada de pinheiros e montanhas, ao longe, sob o luar.

Algo acima da montanha chamou sua atenção, era a lua, nunca a vira tão linda como naquele momento. Ainda mais sobre uma paisagem tão bela como aquela. Visto que o trem diminuíra a marcha, Fabrízio destravou a portinhola para poder vergar o corpo para fora até uma posição em que pudesse enxergar a paisagem por um ângulo maior.

Ele jamais imaginou que seu corpo e sua mente pudessem ser tão reconfortados por uma lua como aquela, por estrelas cintilantes, pelas montanhas, colinas e morros tão belos como aqueles à luz do luar.

Fabrízio estava tão atento à paisagem quando foi surpreendido por um novo chacoalhão da locomotiva, foi pego tão de surpresa que não houve tempo para se segurar direito, desequilibrou-se e caiu do vagão, atingindo o chão pesadamente, rolando por entre a vegetação da pequena elevação rente aos trilhos do trem.

Ninguém notou o que lhe acontecera, pois todos os passageiros do vagão mais próximos dormiam profundamente, nem o chacoalhão os despertou.

O cabelo ensanguentado deslizou sobre o rosto de Fabrízio e ele não teve tempo para pensar e refletir sobre nada. Só viu as estrelas do céu se apagarem e um breu profundo tomar o lugar delas.

III

A família Guiarone encontrava-se reunida na casa da fazenda desde que o trem chegou trazendo somente Érica. Felipo achou estranho que o neto não estivesse junto à porta do vagão para descer. Pediu ao funcionário da estação que avisasse ao maquinista para esperar um pouco até que os funcionários da estação fizessem uma busca rápida por seu neto e por sua bisneta. Encontraram somente Érica sozinha na cabine-leito. Eles a levaram até Felipo, que já passava mal nessa hora, acometido de um mau pressentimento.

– *Cadê* seu pai? – perguntou à menina.

– Eu não sei, bisavô, quando acordei estava sozinha na cabine do trem. Não vejo o papai desde ontem quando ele me pôs para dormir.

Felipo balançou a cabeça negativamente. Enxugou a testa com o lenço e seguiu transtornado para a casa de Tereza, na companhia da bisneta. Mal soube como conseguiu chegar lá. Ao receber a notícia, Tereza transfigurou-se, ela própria não esperava que fosse ficar como ficou, abraçou-se à filha como se dependesse dela para não cair num abismo.

Assim que Romani soube do desaparecimento do filho colocou o desespero de lado e concentrou-se nas coisas que precisavam ser feitas diante daquela fatalidade. Pôs a polícia à par da situação, pegou o carro e partiu com a esposa para Girassóis, por acreditar que se sentiria melhor, enfrentando tudo aquilo na companhia do pai.

Sendo Fabrízio prefeito de Girassóis e filho de um deputado importante, a hipótese de sequestro foi levantada pela polícia. Entretanto, até aquele momento, nenhum telefonema exigindo resgate havia sido feito para a família Guiarone. A hipótese de vingança por parte de um político ou eleitor ressentido com Fabrízio ou com Romani também foi considerada pelas autoridades.

Diante da falta de informações sobre Fabrízio, Laura, entre lágrimas, fez um juramento para o marido:

– Nós vamos encontrá-lo, Romani. Sei que vamos!

Romani abraçou a esposa e chorou com ela.

– Espero, sinceramente, que Fabrízio esteja abrigado esta noite, esteja ele onde estiver – acrescentou Laura, esperançosa.

No quarto de Felipo a cena não era menos tocante. Felipo, sentado à beira da cama, ao lado da esposa, chorava desesperadamente. Marina alisava seu cabelo na esperança de acalmá-lo. Receava que ele tivesse algo, já tinha idade mais do que suficiente para ser acometido de um mal súbito, ainda mais diante de um baque como o do desaparecimento do neto querido.

– Tudo vai acabar bem, meu marido – dizia Marina com uma segurança que não tinha. Ela gostaria de estar tão confiante quanto às palavras que pronunciava.

Dias se passaram e nenhuma notícia de Fabrízio chegava até a família Guiarone. A semana virou sem que as autoridades tivessem algum êxito na busca pelo homem desaparecido. A chuva que não parava de cair na região complicava a busca. Há tempos não chovia tanto.

Cartazes com a foto de Fabrízio com os dizeres "Desaparecido. Se você viu esse homem, por favor, entre em contato com a polícia." foram distribuídos por todas as cidades que ladeavam a linha do trem. Entretanto, até aquele momento, ninguém havia ligado.

Ettore, que havia ido a Girassóis dar uma força para a sua família, unia-se, mais uma vez, naquele momento a Tereza e Érica para rezar o terço em prol de Fabrízio.

– Oremos – disse ele para a cunhada e para sobrinha –, oremos por nosso querido Fabrízio. Confiemos em Deus que tudo acabará bem.

Os três se encontravam sentados à mesa da grande sala da fazenda. Felipo e Marina também se encontravam no aposento, Felipo sentado numa poltrona e a esposa em pé, ao seu lado, com a mão sobre o ombro, procurando lhe transmitir algum conforto. Então, subitamente, Felipo Guiarone, num novo acesso de fúria, rasgou o verbo mais uma vez:

– Eu entreguei o meu neto a Deus e é isso que eu recebo em troca?!

Todos ali se assustaram. Ettore levantou-se da mesa e foi até o avô, consolá-lo:

– Acalme-se, vovô.

– Acalmar? Como posso me acalmar diante de uma tragédia dessas, Ettore? Como?

– Por favor, vovô.

Felipo olhou agoniado para Ettore e disse:

– Eu entreguei você a Deus, Ettore, para ser Seu servo e Ele me recompensa com o desaparecimento de Fabrízio? É certo uma coisa dessas para comigo, para conosco, Ettore, é certo?

Felipo não esperou pela resposta, percebendo que a chuva havia dado uma trégua, levantou-se da poltrona e deixou a sala em direção à varanda do casarão. Tereza o acompanhou com o olhar.

– Ele parece fora de si – comentou.

– É bom que ele tome um pouco de ar – disse Ettore, sentindo muita pena do avô.

– Estou preocupada – comentou Marina, apreensiva –, Felipo não está nada bem. É melhor chamarmos novamente o médico da família para examiná-lo.

A mulher deixou o corpo cair na poltrona que o marido ocupara até então e baixou a cabeça, chorosa. Os adultos permaneceram ali, cabisbaixos; só o som da respiração ofegante de todos era ouvida pelo recinto. A única que se mantinha respirando calmamente era Érica, algo em seu interior a mantinha segura de que o pai estivesse onde estivesse haveria de estar bem e que em breve regressaria para eles.

O silêncio foi quebrado pela chegada de Romildo, um dos empregados da fazenda. O homem estava branco feito cal.

– O que houve, homem? – assustou-se Ettore.

– O se... senhor... Fe... Felipo – respondeu o empregado, em pânico.

Marina deu um berro.

– O que aconteceu? – insistiu Ettore. – Fale, homem!

– Ele está descontrolado... ele...

Todos correram para a varanda em frente à casa e o terror tomou conta de todos ao avistarem o fogo consumindo uma das edificações da fazenda. Marina, horrorizada, falou:

– Ele pôs fogo... na capela!

De fato, Felipo Guiarone havia ateado fogo à capela que havia mandado construir na intenção de que Deus lhe concedesse a graça de ter um filho homem.

Diante do local em chamas estava ele, sentado ao chão, com uma expressão desoladora. Parecia em transe. Marina foi até o marido, pousou a mão sobre seu ombro e permaneceu ali ao lado dele, entregue ao ódio e à revolta.

Marina pensou em dizer alguma coisa a Felipo; algo que pudesse confortá-lo, mas desistiu. O silêncio, numa hora tão delicada como aquela, fala mais do que mil palavras, pensou.

Não havia por que recriminar o marido por ter feito o que fez, ela o compreendia bem, a decepção o levara a tomar aquela atitude. No íntimo, ela também estava revoltada com Deus pelo desaparecimento do neto.

Ettore e Tereza permaneciam na varanda da casa, ao lado de Érica, inertes, diante da cena dramática. Ettore juntou as mãos, fechou os olhos, baixou a cabeça e se pôs a rezar. Tereza o acompanhou. Os olhinhos mimosos de Érica olhavam para tudo aquilo com muita curiosidade e pena. Aquilo nunca mais se apagou de sua memória.

De longe, os empregados da fazenda assistiam à cena com uma expressão de terror na face. Medo e terror. Quando Romani e Laura voltaram da cidade, ficaram horrorizados também com o acontecido. Foi mais um dia de caos na fazenda Guiarone.

IV

Quando Fabrízio Guiarone recobrou a consciência, tudo o que ele via era o breu envolto em profundo silêncio. Ele fez grande esforço para abrir os olhos, mas não conseguiu. Fez também grande esforço para mover algum membro do seu corpo, mas uma dor forte e aguda o fez desistir.

O que estava acontecendo com ele?, perguntou-se, angustiado. Nada daquilo era normal. Estaria ele sonhando? Sim, só podia. Em breve acordaria e tudo voltaria às claras. Que Deus o acordasse daquele sonho, ou melhor, daquele pesadelo o quanto antes. Nunca se sentira tão agoniado em toda a sua vida.

Minutos depois esforçou-se novamente para abrir os olhos, todavia, nenhuma das pálpebras se mexeu. Vozes, então, romperam o silêncio. Eram vozes femininas e masculinas. Unidas em oração. De quem seriam?

Ah, como ele queria ver o rosto de cada uma daquelas pessoas que estavam ali ao seu redor, orando, mas apesar de todo o esforço para abrir os olhos, ele nem sequer moveu as pálpebras. O desespero se agravou dentro dele. Aquilo só podia ser um pesadelo, não havia outra explicação.

De repente, uma hipótese varou sua mente de lado a lado: estaria ele morto? Gelou. Poderia, por que não? Afinal, só via o breu e ouvia vozes, rezando, por ele... Seria aquele o seu velório? Sim, só podia ser.

Fabrízio quis gritar, berrar de pavor diante do que acreditava ser a sua realidade agora. Mas a voz não saía, por mais que tentasse, nem um sussurro, um mero gemido atravessava-lhe os lábios.

Morto?! Não podia ser!, exaltou-se. Não ele, tão jovem, na flor da idade. Se aquilo fosse realmente verdade, sua morte fora uma tremenda injustiça por parte de Deus para com ele.

Que sensação horrível. Jamais pensou que a morte fosse tão ardilosa quanto se revelava agora para ele. Que horror permitir que o morto ficasse ouvindo tudo o que se passava ao seu redor, sem poder interagir com nada. Que horror... O que pretendia Deus com aquilo?

Uma nova hipótese aliviou um pouquinho o seu coração. Talvez ele não estivesse lúcido dentro do seu corpo físico morto e sim, fora dele. Sim, podia ser, já ouvira falar a respeito, apesar de nunca ter acreditado. Para ele a morte era total perda dos sentidos, o cair num sono eterno, sem consciência de nada. Apesar de frequentar a igreja assiduamente e ouvir e reouvir o padre falar sobre a vida eterna, ao lado de Cristo, ele não conseguia se convencer de que aquilo fosse verdade. Para ele, tudo não passava de uma mentirinha para apaziguar o desespero que a morte provoca no ser humano.

Para a sua surpresa, Fabrízio sentiu alguém tocar seu corpo, na região do braço, esquerdo. Se ele havia sentido o toque, ele não poderia estar fora do corpo como pensou, concluiu. Estava morto dentro do próprio corpo. Aquilo era um inferno. Sim, a morte era o verdadeiro inferno.

Quis gritar e abrir os olhos novamente, fazendo um esforço sobrenatural desta vez, mas a dor não deixou ir muito longe. Desistiu.

Uma nova hipótese atravessou seus pensamentos, talvez ele não estivesse morto, mas as pessoas pensavam que sim e por pensarem, acabariam enterrando-o vivo. O desespero o dominou novamente, ele precisava gritar, espernear, fazer qualquer coisa para que as pessoas a sua volta percebessem que ele estava vivo e não morto. Antes que fosse enterrado.

De repente ele começou a se imaginar sendo asfixiado por ter sido enterrado vivo, a imaginação quase o levou à loucura.

Foram as orações que o tiraram daquele estado pavoroso, daquele caos mental em que se encontrava agora. Quando Fabrízio deu por si, orava, em silêncio, com aquelas pessoas ao seu redor.

Aquelas vozes, unidas em oração, abrandavam o seu desespero. O libertavam dos pensamentos trevosos que o feriam tanto, na alma. No minuto seguinte ele tentou reconhecer os donos daquelas vozes, entretanto, nenhuma lhe era familiar.

A constatação o deixou empertigado. Se aquele era realmente o seu velório, por que não ouvira, até então, a voz de nenhum membro de sua família? Se fosse, todos estariam ali, ao seu lado. A constatação o deixou menos aflito, crente de que se enganara ao pensar que presenciava o seu próprio velório.

Minutos depois, uma nova hipótese atravessava-lhe os pensamentos. Ele estava morto sim, só que no céu e, às vezes, unidas em oração ao seu redor eram as vozes dos anjos. Talvez estivesse atravessando o portal entre a vida e a morte. Sim, só podia ser...

As orações alcançaram seus ouvidos novamente provocando-lhe uma nova onda de calor e calmaria em seu interior.

Fabrízio sentiu novamente alguém tocar o seu braço. Dessa vez a pessoa ficou com a mão pousada sobre ele por um bocado de tempo.

Uma onda de alívio percorreu seu interior ao se ver diante de uma nova hipótese: ele não estava morto, nem no céu, nem no inferno, estava num hospital, recobrando a consciência e aquelas vozes eram as vozes das enfermeiras e dos médicos que o atendiam. Quão estúpido fora ele em pensar que estava morto.

Fabrízio riu em silêncio, mas o riso logo cedeu lugar à angústia ao perceber que nenhum médico ou enfermeira ficaria por um longo período de tempo ao lado de um paciente orando por sua melhora. Ainda assim, ele poderia estar num hospital, recuperando-se de algo, mas do que? Por mais que tentasse não se lembrava o que poderia tê-lo levado a ser internado num hospital.

Entretanto, se estava internado num hospital por que até então não ouvira a voz de nenhum de seus familiares? Seu pai e seu avô certamente estariam ali com ele, ainda mais num momento tão delicado quanto aquele. Sentiu-se novamente tomado de decepção e aflição, querendo desesperadamente encontrar uma resposta para o que se passava com ele.

Ele se viu envolvido mais uma vez por aquele grupo de oração. Minutos depois se viu diante de uma nova hipótese: "Não seriam os donos daquelas vozes freiras e padres reunidos para orar por ele? Poderia ser, por que não?". Ainda que fossem, onde estaria sua família? Por que ainda não haviam aparecido? Ele não ouvira suas vozes desde que recuperou a consciência. Aquilo tudo era muito estranho.

O que teria acontecido com ele?, perguntou-se mais uma vez. De repente, uma visão perturbadora assolou a sua mente. Ele se viu caindo de algum lugar, tudo girando, mato, folhas e o breu. Teria aquilo realmente acontecido ou tudo não passava de uma projeção da sua mente perturbada?

Cansado de procurar por uma resposta, e sob o poder da oração, Fabrízio cochilou. Despertou somente quando sentiu alguém deslizando sobre seu braço esquerdo um líquido morno, como se fosse um óleo. Descobriu que se tratava de um homem, pois ele cantava enquanto friccionava seu braço, fazendo uma espécie de massagem. Era uma voz melodiosa, bonita e calmante. Quem seria ele, perguntou-se Fabrízio, cabreiro, um médico, um enfermeiro, quem? A letra da canção que chamou sua atenção dizia:

> *Só o melhor vai lhe seguir*
> *Pelo paraíso, tão bonito e tão imprevisível...*
> *Só o melhor vai lhe seguir*
> *Quando estiver longe de tudo*

Num outro canto do mundo, longe do seu mundo
É no melhor que você vai conseguir
Pagar suas dívidas de amor
Encontrar a si mesmo, curar sua crise, sua dor
Será melhor hoje e pior que amanhã
Corpo são mente sã, chega de manhas e artimanhas...
Só o melhor vai lhe seguir
Se você permitir
Se não resistir
A esse melhor...
Só no melhor você vai conseguir
Espantar a tristeza
o que você escolheu para lhe ferir
Só no melhor você vai descobrir
que a felicidade é uma opção
requer sua colaboração, uma declaração:
"não à tristeza, não à pobreza de espírito, não à desilusão, não
à desunião!
Uma vida só no melhor".
Só no melhor você vai conseguir viver aquele amor
Que você tanto sonhou, aquele amor que é seu por direito
Que transforma os defeitos em virtudes, o gelo em calor...

Fabrízio gostou muito do que ouviu. Quantos anos não prestava atenção à letra de uma canção. Na verdade só fizera isso uma ou duas vezes na vida; quando conheceu Lídia na faculdade. Fora ela quem lhe ensinou a prestar atenção às letras das canções, perceber a riqueza do jogo das palavras e o que elas expressavam, poeticamente, algo que ele nunca se importou em fazer.

Ah, Lídia, encantadora Lídia... Será que ela ainda se lembrava dele tanto quanto ele se lembrava dela? Por onde andaria? Teria se casado? Tido filhos? Terminado a faculdade? Seria feliz? Ele sempre quis revê-la, falar com ela, contar-lhe que jamais a esqueceu, que ainda guardava no coração sentimentos profundos e bonitos por ela.

Ele ainda se lembrava, com nitidez, como ficou depois que terminou o namoro com ela, mantinha-se atento as pessoas que cruzavam por seu caminho na esperança de que uma delas fosse Lídia Buarque, quem ele tanto amava. Ah, como ele sonhara rever seu rosto, olhar profundamente em seus olhos por mais uma vez e dizer-lhe o quanto a amava. Um único encontro seria suficiente para consolar seu coração para sempre. Ao menos era isso o que ele pensava que iria acontecer.

Porém, caso estivesse morto, o seu maior sonho nunca mais se concretizaria.

No minuto seguinte, Fabrízio voltou a pensar no homem que há pouco havia cantado enquanto lhe fazia uma massagem. Quem seria? Nunca ouvira aquela voz anteriormente, médico não era, médico algum faria uma massagem num paciente, ainda mais cantando uma canção tão bonita quanto aquela com tanta emoção...

Quantas perguntas sem respostas, quanta aflição...

V

Fabrízio despertou mais uma vez com as vozes unidas em oração pela sua pessoa. Ah, como ele queria abrir os olhos para poder ver onde estava, saber quem eram aquelas pessoas para se livrar daquela ansiedade desesperadora que causticava a sua alma. Na esperança de se acalmar, ele se juntou às orações e elas conseguiram novamente tirá-lo do caos emocional em que se encontrava. Quando deu por si, seus olhos estavam semiabertos. Avistou uma senhora com as mãos unidas, olhos fechados, orando. Era-lhe totalmente desconhecida.

Só, então, ele notou que estava deitado sobre uma cama, coberto até a altura do peito, por um lençol e uma colcha. Percebeu também que havia um senhor, em pé, do lado esquerdo da cama fazendo parte do grupo de oração. Do lado direito havia uma outra mulher, aparentemente uns vinte anos mais jovem que a outra, ela também orava por ele.

Observou que o local onde ele se encontrava era muito simples. De madeira, que jamais recebera uma mão de tinta em toda a sua existência. Havia buracos na parede. E o teto não tinha forro. Avistou um pouco acima da janela o que lhe parecia ser gotas da água despencando do teto. Levou alguns segundos para que compreendesse que se tratava de uma goteira e que lá fora deveria estar chovendo muito.

Ao término da oração a senhora comentou, transparecendo grande alegria na voz:

– Ele está reagindo, vejam!

– Eu sabia que ele conseguiria escapar dessa. Bendito seja Deus! – disse a mulher mais jovem.

– Ele não podia morrer... não podia. – afirmou a senhora.

– Não, não podia... – ressaltou a voz da mais jovem. – Ele tinha de resistir! Era muito moço para deixar a Terra. Sua missão de vida não estava cumprida. Ele ainda tem muito a fazer por aqui.

– Foi a mão de Deus que o protegeu – afirmou a senhora.

– Tudo acabará bem. Vamos rezar novamente por ele, só mesmo o poder da oração para ajudá-lo a melhorar.

Os três voltaram a rezar e, dessa vez, ainda com mais fervor.

"Ele não podia morrer...", repetiu Fabrízio para si mesmo, então, ele não havia morrido, ainda, pelo menos. Mas estivera, pelo que percebeu, entre a vida e a morte. Por que? O que aconteceu com ele para ficar naquele estado? Tentou recapitular os últimos acontecimentos de sua vida, mas nada voltou à memória. Ah, como ele gostaria de se lembrar...

Que lugar era aquele? Um hospital, com certeza, não era. E por que sua família não estava lá?

No minuto seguinte, um homem por volta dos trinta anos de idade entrou no aposento. Percebeu que ele andava com dificuldades como se arrastasse uma perna. O estranho olhou para ele e sorriu. Tinha um rosto sereno, tipicamente camponês. Disse:

– Boa tarde!

Pela voz, reconheceu imediatamente o estranho, fora ele quem lhe fizera a massagem, enquanto cantava aquela belíssima canção. Fabrízio procurou sorrir, mas o sorriso não passou de um mero esboço. Tentou dizer alguma coisa, mas não conseguia emitir um único som, por mais que tentasse. Aquilo o desapontou profundamente, pois estava ansioso para saber onde estava, o que havia lhe acontecido.

Fabrízio tentou mais uma vez mover o corpo, mas nenhuma parte reagiu ao seu comando.

– É hora do remédio – disse o estranho. – O gosto é ruim, mas o efeito é ótimo. É um santo remédio. Tradição de família.

Fabrízio tomou o xarope sem protestar, nem mesmo fez uma careta pelo gosto horrível que ele tinha.

– Vejo que está melhorando – comentou o estranho. – Isso é muito bom. Amanhã o senhor estará se sentindo bem melhor. Pode crer.

O simpático estranho deixou o aposento, assoviando.

Enquanto a chuva lá fora zunia e as goteiras da humilde casa aumentavam, Fabrízio mergulhou mais uma vez num turbilhão de reflexões. Só foi despertar quando ouviu a senhora que estava sempre ali, ao seu lado, dizer:

– O rosto dele já não está mais tão inchado.

– O semblante dele fica mais sereno quando Tito canta para ele – disse a mulher mais jovem.

– Eu percebi.

"Tito?", então o nome do dono daquela voz melodiosa era Tito, comentou Fabrízio consigo, gostando muito do que descobriu.

As duas mulheres recomeçaram a orar e Fabrízio as acompanhou, rezando silenciosamente. Percebeu novamente que as orações que ouvia amenizavam a dor que sentia em diversas regiões do corpo. Ele, apesar de frequentar a missa todos os fins de semana, nunca prestara atenção de fato à reza em si, rezava por rezar, deixava a boca pronunciar a oração que decorara enquanto sua mente vagava longe. Ali, pela primeira vez, ele entendia realmente o significado e profundidade de cada palavra da oração. Já não eram mais inexpressivas e sem significado algum para ele. Adormeceu sob o poder da oração.

Só recuperou os sentidos algum tempo depois, não sabia precisar com exatidão quanto tempo. Poderiam ter sido horas ou apenas minutos, segundos, talvez.

Manteve a respiração curta, pois o peito doía. Tentou sentar, mas a dor dos músculos machucados da barriga não o permitiram.

188

Fechou os olhos, desconsolado. Quando os abriu novamente, levou alguns segundos para descobrir que a senhora idosa o estava observando. Quem seria?

Subitamente a senhora curvou-se sobre ele e, ao perceber que seus olhos estavam abertos, sorriu. Ele esforçou-se para retribuir o sorriso, mas, seu esforço foi novamente em vão. A seguir, ele umedeceu os lábios ressequidos com a língua e tentou formular uma pergunta, não conseguiu. Frustração.

A senhora tornou a sorrir para ele e perguntou:

– Como está se sentindo, filho?

A resposta de Fabrízio saltou-lhe a boca sem que ele se desse conta:

– Melhor, eu acho.

– Isso é muito bom.

Nisso o senhor por volta dos setenta anos de idade aproximou-se da cama e sorriu para o acamado.

– Ainda chove forte. – comentou. – Há dias que chove assim...

– Quem são vocês? – perguntou Fabrízio a seguir.

– Chamam-me de Vó. – respondeu a senhora.

– Chamam-me de Mãe. – respondeu a senhora mais jovem.

– E a mim de Vô. – arrematou o senhor.

– Eu me chamo Fabrízio. Onde está o rapaz que canta bonito? O nome dele é Tito, não? Ouvi um de vocês comentando outro dia.

Os três se entreolharam, foi a senhora mais jovem quem respondeu a pergunta:

– S-sim... o nome dele é... Tito. Isso mesmo! – respondeu a avó, atrapalhando-se um pouco com as palavras.

O senhor tomou a palavra a seguir:

– Tito saiu, foi colher algumas verduras.

– Embaixo dessa chuva?

– Sim, não há outro jeito. Daqui a pouco ele volta.

– Vocês dois certamente são os avós dele, não? E a senhora deve ser certamente sua mãe.

Os três assentiram com um leve balançar de cabeça.

– Há quanto tempo estou aqui? – perguntou Fabrízio a seguir.

189

– Há uns dez dias, creio eu.

– Tudo isso...

O senhor concordou com a cabeça.

– O que houve comigo? Por que vim parar aqui? Que lugar é este?

– Foi Tito quem o encontrou caído no meio do mato nas proximidades da linha do trem.

– Caído? Linha do trem...

– Sim. Você estava inconsciente, ele então deitou sua pessoa no chão da carroça e o trouxe para casa.

De fato, fora realmente Tito quem encontrou Fabrízio e o trouxera para aquela humilde casa. Ali, então, trocou as roupas enlameadas e ensanguentadas do acidentado por uma roupa limpa, dele próprio. Por sorte os dois tinham o mesmo porte físico. Tito também limpou-lhe os talhos com um lenço de linho embebido em água quente, depois passou álcool com arnica em alguns de seus ferimentos, fazia, enfim, desde então o que podia para reanimar Fabrízio e, sempre, sob o amparo dos avós e de sua mãe.

Fabrízio respirou fundo, silenciou-se por instantes, enfim perguntou:

– O que estava eu fazendo, caído, às margens da ferrovia?

Amarrou o cenho procurando desesperadamente por uma resposta. Avistou novamente então ele caindo de algum lugar, depois tudo girando, mato e o breu. Em seguida, perguntou:

– Por que não me levaram para um hospital?

– Não pudemos. A chuva não parou, enlameou toda a região. Não temos carro, nem sequer uma carroça para isso. Você teria de ser levado carregado, o que seria impossível, pois a cidade mais próxima fica a uns dezesseis quilômetros daqui. Tito poderia ter partido em busca de socorro médico para você, mas cortou o pé, coitado, enquanto o trazia para a casa. Pobre homem, mal pode andar.

– Coitado, eu sinto muito. Você não tem telefone?

O homem riu.

– Não meu rapaz, não há telefone e nem luz nesta casa.

190

– Como podem viver assim?

– É a vida.

Fabrízio respirou fundo e disse, em tom de desabafo:

– A miséria desse país é preocupante... Quero agradecer-lhes por tudo o que estão fazendo por mim.

– Não há o que agradecer, filho.

– Há sim.

– Acalme-se.

Fabrízio procurou atender ao conselho do senhor. "Linha do trem...", murmurou. "O que tinha a linha do trem a ver com o fato de ele estar ali naquelas condições?". Avistou então Érica estendendo a mãozinha para ele, ele sorrindo para ela e em seguida os dois subindo num vagão de trem. Viu então Laura acenando para ele e a filha e o trem partindo.

Agora ele se lembrava, fora de trem com a filha para São Paulo para realizar o desejo antigo da menina de andar de locomotiva. A cena que acabara de ver fora de quando eles partiram da estação da Luz em São Paulo de volta para Girassóis. Laura havia ido com eles à estação, por isso ele a viu acenando para os dois.

Em seguida Fabrízio se viu dentro de um quarto-leito, de trem, sentindo falta de ar. Viu caminhando até a portinhola do vagão para respirar ar puro. O trem então diminuiu a velocidade; ele abriu a portinhola para descobrir o porquê... Não, não fora por esse motivo que ele abriu a portinhola do vagão, fora por outro... qual? Sim..., para ver a lua sobre a montanha, sim, por isso... Depois, o trem trepidou e tudo se apagou. Tudo o que lembrava a seguir eram vozes unidas, em oração. Logicamente as vozes das duas senhoras e do senhor em torno dele estirado na cama daquela humilde casa.

– Eu caí do trem – explicou Fabrízio, emergindo de suas reflexões. – Só pode ter sido isso, não me lembro de nada que ocorreu entre o momento em que eu abri a portinhola do trem para poder ver melhor a lua sobre a montanha e ouvi vocês orando por mim.

Fabrízio se viu novamente despencando de algum lugar, tudo girando, muito mato e a seguir o breu.

– Sim! – confirmou ele – eu caí do trem em movimento.

– E Tito o encontrou e o trouxe para cá – completou o senhor que gostava de ser chamado de Vô.

– Se caí, ninguém que estava no trem ficou sabendo a respeito da minha queda. Se deduziram que caí da locomotiva não sabem precisar aonde ocorreu a minha queda. Portanto, minha família até o presente momento deve desconhecer o meu paradeiro, não?

O homem assentiu com cabeça.

– Devem estar preocupados, coitados. Deve ter sido um baque para eles encontrar Érica sozinha na cabine do trem. Deus meu, que loucura. Érica, minha filha, tem sete anos, quase oito.

O senhor comentou a seguir:

– Por não saberem ao certo aonde você caiu, as autoridades devem estar procurando por você ao longo da extensão da linha do trem, por isso é que ninguém chegou até aqui, ainda. A distância é muito longa para ser esmiuçada em poucos dias. Se é que pensam que você caiu do trem, podem estar cogitando outras possibilidades.

– Sim. – concordou Fabrízio, pensativo.

– É muito bom que você tenha recuperado os sentidos. Agora podemos saber quem é e, assim, avisar sua familia. Sua carteira com os seus documentos não estão com você.

– Não mesmo. Deixei-a no leito, junto aos meus outros pertences. Que situação... Só espero que esteja tudo bem com minha filha. Como disse, viajávamos juntos... A pobrezinha não deve ter entendido nada quando acordou e não me encontrou no leito.

– Deus está com ela, não se preocupe. – falou a senhora.

As palavras da mulher soaram com tanta segurança que o acalmaram.

Ele pensou em perguntar, por que nenhum dos três ali havia ido à cidade avisar as autoridades sobre ele, mas percebeu que sua pergunta era muito idiota. O senhor e a senhora eram idosos demais para percorrer tão longa distância, ainda mais sob forte chuva castigando a região há dias. A mãe de Tito era fisicamente frágil para aquilo também.

Que lugar miserável era aquele? Um dos muitos que ele e tantos outros políticos prometiam acabar durante a campanha eleitoral e, depois de eleitos, fingiam esquecer, descaradamente, de suas promessas. Só prometiam mesmo para angariar votos, só isso, mesmo porque muitas dessas promessas eram impossíveis de serem concretizadas por falta de verba.

Ele aprendera com seu pai que aprendera com o pai dele, seu avô querido, a prometer, prometer, mundos e fundos, até as calças se preciso fosse para ganhar uma eleição e depois de eleito fingir que teve uma amnésia.

De repente, ele se sentiu, pela primeira vez, culpado, por viver prometendo o que sabia que nunca poderia cumprir e não pretendia cumprir. Pela primeira vez ele se viu no lugar de uma pessoa humilde, iludida, aguardando ansiosamente pelas promessas políticas que nunca seriam realizadas.

Políticos tinham de ser muito caras-de-pau para subir aos palanques durante uma campanha eleitoral e prometer durante os comícios o que jamais iriam cumprir. Enganar, iludir, ludibriar gente pobre, necessitada só para ganhar uma eleição e o dinheiro que conseguiria depois, por meio do poder. Ele sempre soube que a política era suja, mas para ser um político, teve de fingir que desconhecia o fato.

Fabrízio lembrou-se, então, do que Rocco dizia nas cartas que lhe mandava da Europa, contando que descobrira, vivendo lá, para seu espanto, que a política nos países de primeiro mundo não era tão diferente do Brasil. Os golpes para se ganhar uma eleição eram os mesmos, o não cumprimento das promessas idem, a revolta e reclamação do povo quanto a atitude indevida dos políticos, a mesma. Que havia até um político que se fazia de bom moço, católico fervoroso, apresentador de um programa de TV patrocinado pela Igreja católica, escritor de livros em conjunto com um padre famoso na Europa, só para conquistar o eleitorado católico. E o mais espantoso em tudo aquilo é que ninguém percebia a sua estratégia eleitoral.

A única diferença entre a corrupção na Europa e no Brasil é que ela era abafada, raramente mencionada pelos meios de comunicação.

Fabrízio era muito grato a Rocco por aquelas informações, por tê-lo ajudado a desmistificar a soberania e perfeição da política dos países de primeiro mundo. Agora ele sabia que eram todos "farinha do mesmo saco". Que pena, o mundo poderia ser bem melhor se todos fossem honestos.

A palavra "honestos" ecoou no interior de Fabrízio, repetidas vezes. Ele lembrou-se, então, do avô, do avô querido, amado, que durante muitos anos acreditou ser um exemplo de perfeição, exemplo de ser humano, mas que agora, depois de muita reflexão, percebia não ser nada disso. Nem ele nem seu pai.

O avô nunca fora muito amigo da honestidade. Enriquecera se aproveitando, despudoradamente, da falência dos fazendeiros da região, que se viam obrigados a vender suas propriedades por terem perdido toda a colheita devido a uma seca ou a uma geada. Por ficarem com a corda no pescoço, ele os forçava a vender as terras por um preço bem mais baixo do que valiam, entregando-as quase que de graça.

O avô era impiedoso, só se importava consigo mesmo, mais ninguém. Fabrízio estava surpreso, agora, consigo próprio por perceber que levou tanto tempo para enxergar essa realidade. Foi preciso acontecer o acidente, tudo aquilo para poder ver, finalmente, a verdade.

Lembrou-se então, de Sofia, a única que *peitou* o avô e brigou por sua felicidade. Foi capaz de jogar toda a mordomia em que vivia em nome do amor. Diferente dele que largou a mulher que amava porque o avô queria que ele se casasse com Tereza só por ela ser filha de um dos homens mais ricos da região e ter muitos contatos no mundo da política. Quão tolo fora ele em atender as exigências do avô, seu casamento com Tereza vinha sendo um caos desde o segundo ano de casados.

Pensando melhor, Sofia fora admirável na sua atitude. Ela, sim, estava certa, não ele, que acatou o que o avô determinara como se ele fosse um cordeirinho submisso.

Pensando em Sofia, Fabrízio lembrou-se o quanto a irmã vinha passando necessidades nos últimos tempos e que seu pai tanto quanto ele negaram-lhe ajuda.

Desonestidade era a sua sombra desde que se dera por gente. Fora desonesto com o seu eleitorado, com sua irmã e o que é pior, consigo mesmo. Mentira para si, afirmando que amaria Tereza com o tempo, tanto quanto amou Lídia, mesmo sabendo interiormente que isso jamais seria possível. Deus, como ele fora desonesto consigo próprio, um capacho nas mãos do pai e do avô. Que vergonha ele sentia agora de si mesmo. Ah, se ele pudesse mudar tudo na sua vida, dar uma virada de 360° nela... ele poderia, enfim, ser feliz. Conhecer a verdadeira felicidade que nunca foi possível conhecer. No entanto, ele estava ali, alojado naquele casebre, caindo aos pedaços, no meio do nada, entre a vida e a morte, talvez mais para o lado da morte do que do lado da vida... Ele tinha de ser honesto consigo: era tarde demais para mudar, para fazer o que achava ser o certo. Tarde demais, infelizmente.

A voz do senhor atravessou os pensamentos de Fabrízio:

— Relaxe, meu filho. É bom relaxar.

Fabrízio ficara tão pensativo que se esquecera daquelas três pessoas que estavam ao seu lado, na cama, fazendo-lhe companhia.

Nisso, Tito entrou na casa, estava encharcado de água, trocou de roupa e foi vê-lo no quarto. Disse:

— Estou preparando uma sopa. Um bom caldo lhe fará muito bem. Vai revigorar as suas energias. Com a graça de Deus o senhor vai ficar bom, pode crer!

Tito tornou a sorrir para o acamado e deixou o aposento. Fabrízio voltou-se para o senhor que permanecia ao seu lado e disse:

— Ele é um ser humano e tanto, não?

— Você também é, meu filho. Todos são. – afirmou ele, sorrindo afetuosamente para ele.

— Eu não sou. – argumentou Fabrízio, com certo pesar. – Jamais faria o que Tito e vocês três estão fazendo por mim.

— Você é que pensa que não, mas na hora H, faria sim. Somos mais capazes e mais solidários do que pensamos ser.

– Será?! – perguntou-se Fabrízio, pensativo. – Vocês estão sendo muito bons para mim, se não fossem vocês eu já teria virado comida de urubu.

Os dois riram. O senhor pediu licença e se retirou do recinto. Fabrízio permaneceu ali, estirado na cama, respirou fundo, sentindo-se menos angustiado agora.

Vinte minutos depois Tito entrou no aposento, sentou-se no banquinho que se encontrava rente à cama e se pôs a dar-lhe comida na boca. Era uma sopa de legumes, com mandioca. Comia porções pequenas e Tito, a todo instante, limpava sua boca com um pano de prato que servia de guardanapo.

Havia algo no rosto dele que Fabrízio jamais vira antes no rosto de qualquer outro indivíduo que cruzara pelo seu caminho. Havia uma felicidade real, uma paz e uma tranquilidade.

Como poderia um homem ser feliz naquelas condições? Impossível. No entanto, Tito era. E por mais que tentasse encontrar a razão, não descobria o porquê.

– Chamam-me de Tito e...

Tito ia dizer: "e você?", mas Fabrízio adiantou-se:

– Eu sei.

Tito ergueu as sobrancelhas, demonstrando grande surpresa.

– Sabe? É mesmo? Que bom!

– Seus avós e sua mãe me contaram.

– É lógico, só podia ter sido mesmo vovô, vovó e mamãe.

– E o seu nome, qual é?

– O meu é Fabrízio.

– Muito prazer, Fabrízio.

Após saborear uma colherada de sopa, Fabrízio quis saber:

– Que lugar é esse, exatamente, Tito?

– Um lugar no meio do mato... um pedaço improdutivo de uma fazenda. Por isso moro aqui, de graça. Trabalho aqui.

– E seu pé, melhorou?

Um certo espanto transpareceu no olhar do anfitrião, mas Fabrízio não notou.

– Está melhor, graças a Deus.

O rapaz ergueu o pé direito machucado, enfaixado com um trapo, manchado de sangue, na parte próxima aos dedos, para Fabrízio ver.

– Vê? – perguntou. – Está tão melhor que vou poder ir finalmente à cidade. Você precisa me dar o número do telefone da sua casa para eu poder ligar e informar sua família a seu respeito.

– Sim... é lógico.

Fabrízio passou a informação que Tito anotou num pequeno pedaço de jornal amassado. A seguir, comentou:

– Sua família é maravilhosa. Há quanto tempo moram aqui nesse cubi...

Fabrízio mordeu os lábios, ia dizer "cubículo", mas mudou de ideia ao perceber que seria indelicado.

– Há uns dez, onze anos... – respondeu Tito, prontamente. – Eu não me lembro muito bem. É uma casa humilde, mas sempre nos abrigou do sol e da chuva quando precisamos.

"Humilde?", comentou Fabrízio com seus botões, na sua concepção, aquilo não era nem uma casa, era um casebre, uma oca de índio, qualquer coisa, menos uma casa.

– Eu quero ajudá-los, muito, pelo que estão fazendo por mim.

– Não se preocupe com isso, Fabrízio. O importante é que você fique bom, restabeleça a sua saúde.

Fabrízio gostou do que ouviu.

Minutos depois, Tito voltou ao quarto e perguntou a Fabrízio se não se importaria que ele ligasse o rádio a pilha. Não pegava muito bem, estava sempre com as estações se cruzando, mas servia muito bem para se entreter à noite.

Aquele dia terminou com Fabrízio rindo com os comentários que Tito fazia a respeito do programa de rádio que ouviam.

Antes de se retirar para dormir, Tito lembrou-se de dar o xarope feito com mel para o paciente:

– É novamente hora do remédio. O gosto é ruim, mas o efeito é ótimo.

Antes de dar-lhe o remédio, Tito examinou o homem acamado para ver se tinha algum osso quebrado. Levantou um braço com cuidado e depois o outro.

– Aparentemente está tudo bem – comentou, satisfeito com o que descobriu.

Fabrízio também ficou contente ao se perceber novamente sentindo o corpo se mover e vendo que ele reagia ao seu comando.

A seguir, Tito ajudou o "paciente" a erguer a cabeça com delicadeza e a apoiou colocando um outro travesseiro sobre o que já estava ali. Em seguida deu-lhe o xarope que Fabrízio tomou sem protestar, nem mesmo fez uma careta pelo gosto horrível do líquido.

– Você me parece bem melhor hoje do que ontem. – confessou Tito. – Vejo que está melhorando. Isso é muito bom, meu senhor. Logo o senhor estará se sentindo novinho em folha.

Fabrízio sorriu, agradecido. Tito sugeriu a seguir:

– Que tal darmos uma voltinha, irmos até a varanda da casa, será bom para as suas pernas e pulmões. Até mesmo para a sua vista, pois a paisagem ao redor da casa é de encher os olhos.

Fabrízio apreciou a sugestão.

– Muito bom! – exclamou Tito, empolgado.

E com a sua ajuda, Fabrízio sentou-se na cama e depois ficou de pé. Houve uma leve vertigem, mas que passou assim que o homem respirou fundo por algumas vezes. Tito elogiou-o mais uma vez:

– Ótimo, meus parabéns!

Foi amparado por Tito que Fabrízio caminhou até a varanda da humilde casa.

Lá fora, o céu estava azul, as estrelas e a lua ainda continuavam ofuscadas pelo tempo chuvoso, no entanto, a visão foi repousante para os olhos de Fabrízio que desde o acidente não via nada além do interior de um casebre. Jamais uma paisagem fora contemplada por ele com tanto entusiasmo como admirava naquele momento. Ele estava encantado com o que via. Agradecido a Deus por poder estar vendo.

– Respire fundo. – incentivou Tito. – Sinta o ar encher o seus pulmões, isso, muito bom... parabéns!

– O ar daqui é diferente, puro...

– Uma bênção, não?

Fabrízio assentiu com um leve balançar de cabeça.

Após um tempo, ali, Tito ajudou Fabrízio a voltar para a cama. Ele sentia-se revigorado quando se deitou novamente no leito.

Tito lhe disse "boa noite" e com um sopro apagou a vela que estava sobre um banquinho próximo à cama.

– Se precisar de mim durante a noite é só chamar, estou no quarto vizinho. – acrescentou, antes de se retirar do aposento.

Fabrízio ficou ali na escuridão vendo o círculo verde deixado pela claridade, procurando dormir, mas por mais que tentasse não conseguia, sua mente não o deixava.

Sentia falta, naquele momento, dos avós e da mãe de Tito. Da oração que eles faziam por ele e das palavras bonitas que trocavam com ele.

Sentiu pena mais uma vez daquela família de quatro membros abrigada numa casa tão humilde como aquela, vivendo naquela miséria, entretanto, parecendo não se importar com nada daquilo. Sendo felizes apesar dos pesares.

Deveriam dormir cedo, como geralmente fazem as pessoas que moram nessas regiões ermas como aquela, por isso, a casa silenciou cedo.

Em seguida, o rosto de Lídia novamente se projetou diante dos olhos de Fabrízio provocando uma sensação gostosa dentro dele.

Por alguns segundos ficou contemplando o sorriso infantil que estava constantemente nos lábios dela, apaixonantes tal como seus olhos doces e gentis.

Lídia, ah, Lídia querida, que ainda amava tanto... Que nunca deixou de amá-la, que só se distanciou dela fisicamente, em pensamento jamais... Ah, como teria sido feliz ao lado dela.

Ele recordou, incansavelmente mais uma vez, o tempo em que viveu ao lado dela na faculdade; da noite de amor que os dois viveram e que ficou marcada na memória, no coração de ambos, para sempre, e quis novamente que aquele tempo voltasse. Que tivesse um novo rumo, o rumo que seu coração havia escolhido e não o que seu avô determinara. Uma fúria silenciosa abateu-se sobre ele.

Ainda lembrava com vivacidade como ela o fitou no dia em que terminou o namoro com ela, a tristeza infinita que transpareceu em seus olhos. A mesma tristeza que ele sentia mas teve que disfarçar, fingindo-se de forte, senão não conseguiria terminar o namoro com ela, como o avô havia exigido que fizesse.

O avô, sempre o avô por trás das suas decisões, determinando o que e como ele deveria fazer, quem deveria amar. As palavras que deveria usar... Nesse instante ele se lembrou do que Sofia lhe dissera certa vez: "Você não tem personalidade alguma, não passa de um fantoche nas mãos do vovô." Sofia tinha razão, toda razão. Ele realmente não passava de um fantoche na mão do avô.

Fabrízio tornou a passar a língua pelos lábios ressequidos.

O acidente mudara sua vida, o fizera deparar-se com o tempo, o tempo que nunca permitiu se dar para avaliar a sua vida. Se ele tivesse a chance de sobreviver àquela enfermidade, ele faria tudo diferente. Que Deus lhe concedesse uma nova chance.

Foi pensando em Lídia Buarque, do que viveu e do que não viveu ao lado dela que Fabrízio Guiarone adormeceu aquela noite.

VI

No dia seguinte, Fabrízio acordou com a casa em profundo silêncio. Questionou-se: Afinal, que horas seriam? Seis? Sete? Oito da manhã? Ah, o que importava saber a hora? Ele não tinha pressa para nada, compromisso algum... Aquelas eram as férias que ele prometia tirar mas nunca tirava. Uma promessa em vão, como fazia aos seus eleitores.

Por um lado estava sendo bom estar entrevado numa cama, longe de tudo e de todos. Só assim pôde experimentar pela primeira vez a sensação de ser e de estar livre. Livre como um pássaro.

Os pássaros cantando do lado de fora da casa indicavam ausência de chuva e que o sol estava brilhando novamente.

Conseguiria ele se levantar desta vez e ir até a janela, sozinho? Deveria arriscar? Com esforço, levantou-se e foi até a janela, em condições precárias e que, muito em breve, apodreceria por completo. Crente de que todos ainda se encontravam dormindo àquela hora, Fabrízio abriu-a com muito cuidado para não fazer barulho.

A luz do dia ofuscou sua vista, mas foi temporário, logo ele pôde enxergar tudo lá fora, com clareza e confirmar que ali era realmente um daqueles lugares da Terra que foram privilegiados pela natureza. A vista era magnífica. Lembrava uma daquelas pinturas a óleo onde se vê uma casinha humilde e, ao fundo, montanhas e um céu azul magnífico.

Pouco depois, voltou a prestar atenção na casa que o abrigava. Parecia mais uma casa de sapé do que propriamente uma casa. Sentiu novamente pena daquela humilde família composta apenas de quatro pessoas, que aprendeu a admirar com carinho desde que ali chegara.

Foi assim que ele avistou uma foto pendurada na parede. Uma foto que o tempo encarregara-se de desbotar, mas ainda podia se ver com clareza que nela estavam os avós e a mãe de Tito ao lado de um garotinho que só poderia ser o próprio Tito quando menino. Na foto eles também pareciam felizes. Seriam de fato? Duvidou. Para ele ninguém conseguia ser feliz vivendo em condições tão precárias como eles viviam, embora já tivesse ouvido falar que para algumas pessoas, as coisas mais simples da vida são suficientes para alcançarem a felicidade. Talvez... Quem sabe... O fato era que ele tinha de tudo na vida, sempre tivera, entretanto, não era feliz.

Ao lembrar-se do quanto aquela humilde família rezou por ele, Fabrízio percebeu que a fé deles era o que os sustentava diante de toda aquela condição precária de vida. Sentiu orgulho e admiração por aquela gente.

Fabrízio voltou para a cama e tornou a se recostar no travesseiro. Lágrimas e mais lágrimas caíram de seus olhos a seguir ao perceber que ele, miraculosamente, havia se salvado daquele terrível acidente. Um milagre, com certeza, eficaz graças à ajuda daquela família. Ele lhes seria agradecido pelo resto de sua vida por tudo que fizeram e estavam fazendo por ele.

Ele agradeceu novamente a Deus por estar vivo, mas também por ter posto aquela família no seu caminho. Foi pensando nos avós, na mãe de Tito e no próprio Tito que Fabrízio voltou a dormir.

Ao despertar, encontrou seus novos amigos ali, ao seu lado. Sorriu para eles e disse:

— Bom dia!

Os três lhe deram bom-dia.

— Onde está Tito? – quis saber Fabrízio.

– Aproveitou a trégua que a chuva deu e partiu para a cidade em busca de ajuda para você – explicou o avô do rapaz.

Fabrízio olhou para a janela, apurou os ouvidos e perguntou:

– É impressão minha ou está chovendo pesado outra vez?

– Sim, voltou a chover pesado novamente. Pobre Tito; ele não contava com isso. Pensou que a chuva havia cessado de vez.

– Ele não deveria ter ido, com uma chuva torrencial dessas, há dias, a terra deve estar puro barro. Além do mais ele está com o pé ferido. – comentou Fabrízio, preocupado.

– Há coisas na vida que não esperamos passar, elas vêm, e simplesmente temos de enfrentá-las... faz parte da vida. O importante é acreditarmos que podemos superá-las por mais que nos pareça impossível. – afirmou a mãe de Tito. – Por falar em tornar possível o impossível, lembrei-me de um texto que li, certa vez, que ficou marcado profundamente em minha memória.

– Fale-me sobre ele – pediu Fabrízio com repentino interesse. – Dias de chuva são bons para recordarmos histórias que ouvimos, lemos ou vivemos, não é mesmo?

Fabrízio lembrou-se do quanto gostava, quando criança, de se reunir com os irmãos em volta do avô para ouvir suas histórias. As melhores, na sua opinião, eram contadas sempre em dias de chuva.

A senhora sorriu singelamente para todos e disse:

– O texto chamava-se "O impossível é possível", dizia o seguinte:

Há muito tempo atrás, um homem teve um sonho. Ele queria construir uma pirâmide. As pessoas riram dele, achando que o seu sonho era impossível, no entanto, ele acreditou no contrário: acreditou que era possível, sim, e com persistência começou a construir a sua pirâmide.

Em meio à construção, no entanto, houve momentos em que pedras rolaram dando a impressão de que a pirâmide jamais conseguiria ser erguida. Entretanto, o "sonhador" não desistiu do seu sonho, persistiu até o fim e assim conseguiu construir a pirâmide dos seus sonhos, provando a todos que impossível era possível, sim.

Noutros tempos, um homem quis construir algo que flutuasse sobre os mares e rios, para levar as pessoas de um lugar para o outro. As pessoas riram dele, achando que sua ideia era absurda, um sonho impossível. Esse homem, no entanto, acreditou que era possível sim e, com persistência, construiu aquilo que veio a receber o nome de barco, mais tarde. Provou mais uma vez, que o impossível pode ser possível, sim.

O mesmo ocorreu com aquele que quis iluminar a vida com a energia elétrica. As pessoas também riram desse indivíduo, crentes de que seu projeto "sonho" era impossível, no entanto, "Thomas Edson" provou a todos, mais uma vez, que o impossível é possível, sim.

O mesmo ocorreu com aqueles que quiseram construir o carro, o avião, a televisão, a geladeira, o fogão, o telégrafo, a câmera fotográfica, o cinema, entre outras coisas. A princípio, tudo parecia ser impossível, mas com persistência e fé nos sonhos o que era impossível tornou-se possível mais uma vez.

Quem surgiu com a ideia de construir um foguete que levasse o homem à Lua, também foi tido como um lunático por acreditar que seu projeto era impossível de ser realizado e, no entanto, o impossível tornou-se possível novamente. O foguete foi construído e à Lua o homem foi levado.

Um homem, certo dia, quis fazer um desenho que se movesse, falasse e dançasse como o ser humano. As pessoas riram dele, achando que sua ideia era estapafúrdia e impossível, no entanto, acreditando no possível, este homem mostrou ao mundo que um desenho poderia ser animado, sim. O nome deste homem foi Joseph-Antoine Plateau e Earl Hurd e Pantomimas Animadas é considerado o primeiro desenho animado da história.

Quantas e quantas doenças apareceram ao longo dos tempos e foram tidas como uma doença sem cura? Inúmeras. No entanto muitos homens acreditaram que era possível encontrar a cura para elas, batalharam para isso e provaram ao mundo mais uma vez que o impossível era possível, sim.

Os orientais descobriram a acupuntura há milênios; para o ocidental, imagine só que agulhinhas espetadas numa região específica do corpo ou da orelha podem curar uma pessoa de enfermidades. Ridículo, impossível, mas os orientais mostraram ao mundo que a acupuntura cura, sim. E, mais uma vez, o que era impossível tornou-se possível.

O homem que sonhou criar o computador também foi tido como um sonhador, pois para todos, no passado, era impossível a existência de um computador, no entanto, hoje, o computador está entre nós e cada dia mais equipado, auxiliando e facilitando a vida do ser humano, provando mais uma vez que o impossível é possível, sim.

Há cerca de 2000 anos atrás, um homem disse que a vida não termina com a morte, seu nome era Jesus, muitas pessoas riram dele, por achar que isso era impossível, porém, aqueles que o viram ressuscitar, descobriram que ele estava certo e aquilo que parecia a todos ser impossível foi também provado ser possível, sim.

Muitas pessoas acreditaram, na época, e muitos acreditam até hoje que somente Jesus pôde ressuscitar por ser ele o filho de Deus, por ser ele especial, um ser privilegiado e divino. As demais pessoas não sobrevivem a morte. Isso é impossível para elas. No entanto, pessoas e mais pessoas vem tendo contato com os espíritos dos mortos ao longo dos tempos, revelando a todos que o impossível é possível, sim.

Ainda acreditamos em muitas coisas impossíveis, mas quer coisa mais impossível que o fato de estarmos num planeta que está flutuando num sistema solar, onde tudo gira simetricamente dentro de um cosmos, num espaço infinito repleto de estrelas? Esquecemo-nos disso, esquecemos que não estamos somente sobre esta cidade, este país, este continente. Estamos num mundo flutuante cuja força que o mantém em órbita nos parece impossível de existir. Mas de impossível essa força não tem nada, afinal, estamos todos aqui, vivos, neste mundo, com essa força.

Portanto, o que nos parece hoje ser impossível, um dia será provado possível. Tem sido assim desde os primórdios, provando que a vida é muito além do que pensamos... muito, mas muito além, mesmo!

Portanto, se hoje a paz nos parece ser impossível, lembre-se de que tudo que é impossível um dia se torna possível, com persistência e fé.

Se a saudade hoje nos parece ser impossível de ser curada, lembre-se novamente de que o que é o impossível hoje, amanhã tornar-se-á possível.

Se hoje nos parece impossível reencontrar nossos entes queridos que se mudaram para o plano espiritual lembre que o que nos parece impossível hoje, amanhã nos será possível. Porque a vida é eterna, todo espírito sobrevive à morte e transita entre mundos e vidas no Além.

Somos como o Sol e a Lua. Quando não estamos num lado do planeta estamos do outro. Alternando sempre de lugar, porque é necessário para o nosso equilíbrio físico e espiritual, da mesma forma que é importante para o equilíbrio do planeta a transição de lugar entre o Sol e a Lua. Só que a maioria dos seres humanos ainda não percebeu isso, continua vendo o homem, a alma humana, como via estes dois elementos nos primórdios de vida no planeta, achando que o sol que brilhou no dia e se pôs no horizonte não é o mesmo que raia no dia seguinte. Achando que a lua que iluminou a noite e desapareceu ao raiar do dia não é a mesma que volta na noite do dia seguinte. Levou tempo, no passado, para que o ser humano percebesse que o sol e a lua de todo dia eram os mesmos de todos os dias. E que quando um não estava presente, estava do outro lado do planeta.

O processo é o mesmo em relação a alma humana, quando o espírito não está encarnado na Terra está no plano espiritual, quando não está lá, está aqui. Vivendo a mesma alternação de planos como o sol e a lua.

É interessante notar que Deus, ao criar o mundo, fez de tudo para que nunca ficássemos sós, pois o sol parte para o outro lado do planeta por ser importante, com certeza, para o equilíbrio do planeta e da vida humana sobre ele, mas deixa a lua em seu lugar. Ele nunca tira um sem deixar o outro, da mesma forma que Ele nunca leva uma pessoa para outro plano de vida sem deixar aqueles que viviam ao seu lado na companhia de alguém. Deus nunca nos deixa sós.

Tudo que Deus leva, volta um dia; quem Deus nos fez encontrar, nos faz reencontrar um dia, assim como voltamos a reencontrar o sol e a lua no dia seguinte. As estações no decorrer dos anos, datas comemorativas, tudo é um ciclo, uma ciranda, um carrossel no cosmos. Eterno!

Às vezes, Deus junta a lua e o sol, num eclipse, para nos revelar que indivíduos que habitam planos diferentes (Plano terrestre e plano espiritual) também podem se encontrar num mesmo plano. Sabemos disso quando vemos e nos comunicamos com os espíritos dos desencarnados e nos desmembramos do corpo, quando estamos dormindo e viajamos para outros planos no cosmos.

Assim como podemos comparar a vida com o processo do sol e da lua, podemos compará-la com as ondas do mar, que nascem e morrem na praia. Morrem, aparentemente, afinal a água que forma as novas ondas é a mesma das ondas que "morreram" na praia. E assim é a vida, não morremos nunca! É um eterno ir e vir... infinito.

Impossível? Lembre-se de que o que hoje nos parece ser impossível, cedo ou tarde, revela-se possível!

Assim como o texto havia "tocado" a mãe de Tito, tocou Fabrízio também. A seguir foi a vez da avó de Tito pedir licença para contar uma história que ouviu certa vez e que a fez também refletir muito sobre a vida. Dizia:

Certa vez um homem, bastante cético, enquanto fazia sua caminhada, encontrou uma moça pintando um quadro a óleo. No mesmo instante, ele parou para admirar seu trabalho. A jovem pintora olhava para o horizonte, depois voltava o olhar para a tela e dava umas pinceladas, em seguida repetia o procedimento sucessivamente.

– Pintando a paisagem? – perguntou o homem.

– Sim, gosto muito de pintar a natureza – respondeu ela, gentilmente.

– Pintei um quadro, uma vez, de natureza morta. Até que ficou bom.

– Natureza morta não é o meu forte – respondeu a pintora. Prefiro pintar o que chamo de natureza viva, e de preferência com todos os detalhes que fazem parte dela.

– Não deve ser fácil retratar a natureza nos seus mínimos detalhes, hein? É preciso muita sensibilidade por parte do pintor para captar todos os detalhes que compõem o cenário da natureza.

– Sem dúvida – disse ela –, mas depois de pintar vários quadros do mesmo estilo, torna-se fácil para o pintor retratar a natureza nos seus mínimos detalhes.

O homem que até então não havia visto a pintura que a moça realizava resolveu dar uma olhada na tela. Assustou-se ao ver que a paisagem retratada ali não condizia com a vista que se tinha do horizonte para onde ela volta e meia olhava e parecia servir-lhe de inspiração. Na tela viam-se dois planetas em meio a turbilhão de estrelas.

– Gostou? – perguntou a pintora.

– Sim – respondeu o homem, um tanto sem graça.

– O que foi? Não me parece que tenha gostado da pintura. Não está real?

– Está... está ótima, é que... – engasgou-se o homem, ficando levemente corado. Limpando o pigarro disse: – curioso, pensei que estivesse pintando o que vê no horizonte para onde dirige o seu olhar a todo instante.

– E estou.

A resposta da moça foi precisa. O homem estranhou e comentou consigo, em silêncio: "Coitada, deve ser fraca das idéias, simplória, com certeza, por isso diz o que diz!". Foi como se a pintora houvesse lido os seus pensamentos. Ela falou:

– O senhor não gostou da minha pintura, não é mesmo? Não a está achando tão real, confesse!

– É que... bem... Ela não condiz com a realidade. Não há nenhum planeta no horizonte.

Ocorreu-lhe algo, então. Sorrindo ele comentou:

– Ah! Já compreendi, você não está pintando o horizonte está criando... criando, é isso, não? Que idiota eu!

– Não estou criando nada não, meu senhor. Não sou boa em criação. Estou pintando exatamente o que vejo. Como lhe disse eu só pinto a natureza no seu real.

"Ou essa moça está caçoando de mim ou é realmente maluca!", pensou o homem.

Olhando mais atentamente para o estranho, a pintora explicou:

– Este planeta que o senhor vê aqui – apontou ela com o pincel para o planeta retratado na tela –, está bem lá, acima do horizonte.

– Como assim, acima do horizonte, daqui não vejo nada além de um céu azul no horizonte.

– Não é porque o senhor não vê que não está lá, certo?

Ela pegou uma outra tela que estava ao seu lado e lhe mostrou o que havia pintado nela. Nela se via uma cópia perfeita, como se fosse uma fotografia do horizonte ao longe. Para o homem aquela era a pintura mais linda e perfeita que já vira até então, uma pintura como as de Norman Rockwell de tão real.

– É perfeito. – elogiou, pasmo.

Ela sorriu e explicou:

– Como pode notar eu realmente pinto a natureza como ela é. Pois bem, essa outra tela que estou pintando é a continuação dessa que pintei há pouco. Foi quando eu a estava pintando que avistei o que está além do horizonte. Na certa com os sentidos da alma.

"Sabe, meu amigo, descobrimos maravilhas na natureza quando estamos dispostos a olhar para ela na sua totalidade. Perceber que há muito mais do que os nossos olhos alcançam, que muito dela passa despercebido para a maioria das pessoas por elas nunca pararem para olhar para tudo com mais profundidade, com os sentidos da alma.

– Isso, com certeza, só pode ser um dom seu, as pessoas em geral não têm essa capacidade! Digo, de enxergar o que está além do aparente.

– Têm sim, é natural para todo mundo. As pessoas apenas desconhecem esse dom, como desconhecem inúmeras capacidades que possuem dentro de si.

O homem ficou ali contemplando a beleza do quadro e a magia que ele lhe transmitia; uma magia diferente e sobrenatural.

– Sabe, moça, foi muito bom encontrá-la aqui, hoje, agora...
– desabafou ele, minutos depois –, pois você me ensinou algo muito importante sobre a vida. Que ela vai muito além do que nossos olhos podem ver e nossa mão pode tocar. Que é preciso vê-la com os sentidos da alma para poder vê-la na sua totalidade.

Ele despediu-se da pintora e seguiu seu caminho. Daquele dia em diante, aquele homem passou a observar tudo que compunha a natureza com outros olhos, olhando sempre para tudo com mais profundidade. Aquilo despertou nele uma outra percepção da vida e de Deus, pois começou a perceber que a inteligência e criatividade de Deus eram mais profundas do que percebera até então.

Fabrízio estava com os olhos cheios d'água ao término da narrativa da avó de Tito. O texto era muito parecido com o que ele estava vivendo, pois ele, antes do acidente, jamais se ativera a outras realidades da vida como se atinha agora.

O avô de Tito pediu permissão para todos para contar algo. Fabrízio assentiu, empolgado. De repente, parecia um menino, aquele que nunca se permitiu ser por estar sempre querendo ser um adulto antes da hora.

O avô de Tito contou...

Aparecido, enquanto seguia pela avenida que findava na praça onde havia a igreja matriz de sua cidade, encontrou dois conhecidos seus. Voltou-se para eles e disse, empolgado:

– Vou indo ao encontro de Deus!

Seus conhecidos responderam:

– Eu também vou indo ao encontro de Deus!

– Então vamos juntos! – alegrou-se Aparecido.

Chegando à praça, Aparecido dirigiu-se imediatamente para a porta da igreja. Ia entrando no local, quando notou que seus colegas não se dirigiam para lá. Ele, encasquetado, perguntou a eles:

– Eh, meu caro, você não disse que estava indo ao encontro de Deus?

– E estou – afirmou o fulano.

– Então venha, é por essa porta que se chega até Deus.

O fulano, pacientemente, deu seu parecer:

– O senhor chega até Deus por meio da igreja, eu, quando subo até aquela colina. É lá que eu O sinto mais presente, posso conversar com Ele e até mesmo ouvir as Suas respostas.

Surpreso, Aparecido voltou-se para a colega que também dissera que estava indo ao encontro de Deus, e que agora se encontrava na praça na companhia de três crianças que brincavam com balões e lhe perguntou:

– Eh, você não disse que estava indo ao encontro de Deus?

– Sim. – afirmou a pessoa.

– Então venha, é por aqui a entrada da igreja.

A pessoa o olhou complacente para Aparecido e explicou:

– Para mim, entrar em contato com Deus é brincar com as crianças, dar-lhes atenção, companheirismo, ensiná-las algo de positivo. Agindo assim estou também prestando um favor a Deus, impedindo que as drogas cheguem até elas, destruindo assim suas vidas.

Surpreso, Aparecido continuou:

– Veja, aquela outra pessoa que agora se encontra sentado no banco da praça, também disse que estava indo ao encontro de Deus e, no entanto, está sentado no banco da praça. Eu não entendo!

– Talvez porque ela tenha descoberto que Deus está dentro dela e não em um lugar que ela precise ir se encontrar com ele. – explicou-lhe.

Assustado, Aparecido entrou na igreja. Após a missa, quando voltava para a casa, ele reencontrou seus colegas que haviam lhe dito que estavam indo ao encontro de Deus. Todos pareciam tão serenos e abençoados quanto ele.

Foi então que Aparecido descobriu que não importa o meio que cada um tem para entrar em contato com Deus, o que importa mesmo é manter esse contato, seja ele como for.

Fabrízio não soube precisar qual das três histórias o impressionara mais. As três tinham muito a ensinar a todos sobre a vida. A seguir, os avós e a mãe de Tito pediram-lhe que contasse algo também. Mas ele alegou não se lembrar de nenhuma historinha do gênero. Sentiu-se constrangido. Eles insistiram. Vencendo o constrangimento, Fabrízio falou, em meio a risos:

— A única história que lembro é uma que minha mãe lia para mim quando eu era menino. Acho que não vale, né?

— Que é isso, vá em frente, nos conte! – incentivou a mãe de Tito. – Histórias de criança não são só para crianças. Na verdade os adultos adoram lê-las para os filhos, sobrinhos e netos, só para terem uma boa desculpa para lê-las para si próprios. Histórias infantis parecem simples, fantasiosas, mágicas, mas transmitem profundos ensinamentos.

— Vamos – insistiu a avó –, conte-nos sua história.

— Bem – começou Fabrízio limpando a garganta –, a historinha chamava-se, ou melhor, chama-se: "Quem foi que disse que tem de ser assim?". Dizia o seguinte:

Selton era o cão de estimação de um médico cujo consultório fora construído na frente da sua residência. De tanto observar seu dono, Selton aprendeu muito sobre medicina. Por isso pôde ajudar muitos cães da vizinhança a recobrar sua saúde.

Fez massagem e receitou uma pomada para um Pit Bull que sofria de dores nas costas. Fez curativo num Pincher que havia prendido o rabo numa porta. Ajudou um cocker spaniel a se livrar de pulgas espalhadas pelo corpo com um pó medicinal. Engessou a pata quebrada de um vira-lata. Receitou mel com própolis para curar a tosse de um Bulldog. Ajudava, enfim, todo aquele que tivesse problemas.

Certo dia, enquanto passeava pela calçada, Selton encontrou uma gata que havia se mudado há apenas duas semanas para a vizinhança. A gata deu-lhe um sorriso e puxou papo:

— Olá, como vai? Meu nome é Bruna.

— Tudo bem e você? O meu é Selton.

— Já ouvi falar muito de você. As gatinhas da vizinhança contaram-me que você é sempre muito prestativo para com seus amigos, está sempre ajudando todos, tem dotes médicos.

— Eu faço o que posso para estender a mão ao próximo.

– Acho um gesto muito bonito de sua parte! – elogiou Bruna, com sinceridade.

– Obrigado! – Selton encabulou-se ainda mais.

– Você quer conhecer o jardim da casa de minha dona? – convidou Bruna.

– Quero, sim! – respondeu Selton empolgado.

E foi assim que Selton e Bruna se tornaram amigos. Estavam sempre juntos passeando pelas ruas, adorando estar um na companhia do outro.

Dias depois, os cães amigos de Selton foram ter uma conversa muito séria com ele.

– Queremos saber, Selton, é verdade que você se tornou amigo da gata da vizinha? – perguntou o cachorrão em nome de todos.

– É, sim. O nome dela é Bruna, é uma gata muito simpática! – explicou Selton, orgulhoso de ter Bruna como amiga.

– Ora, Selton, cães e gatos não podem ser amigos! – observou o Pit Bull.

– Cães e gatos não andam juntos! – salientou o Cocker Spaniel.

Os outros cães, rosnaram em concordância.

– Quem foi que disse que cães e gatos não podem ser amigos? – quis saber Selton.

Os cães ficaram em dúvida.

– Eu não sei quem disse, Selton – explicou o Pincher –, mas é uma tradição. E temos de respeitar a tradição e ponto final!

Selton, voltou para casa calado e pensativo. Para ele não importava o que os amigos dissessem, ele gostava de Bruna e não haveria de romper essa amizade por nada desse mundo.

Diante desta decisão, todos os cães da região resolveram deixar de ser amigo de Selton e passaram a ignorá-lo.

Selton ficou triste, pois gostava muito de todos, mas não achava justo ter de romper a amizade com uma gata tão bacana como Bruna por causa de uma tradição que ninguém sabia explicar ao certo de onde vinha, quem a inventou, que origem teve. Para Selton era mais importante fazer novos amigos do que criar inimigos.

Duas semanas depois, enquanto Selton e Bruna brincavam na calçada como de costume, apareceu um garoto andando de skate em disparada. Selton não teve tempo de desviar e foi atropelado. Os cachorros que estavam do outro lado da rua viram o que aconteceu, e num impulso, quiseram ir ajudá-lo. Mas o Pit Bull os deteve:

– Esperem, fiquem aqui! – disse, ferozmente.

Bruna saiu correndo para o jardim da casa onde morava.

– Vocês viram? – comentou o cachorrão. – Na hora em que Selton mais precisa de sua amiga gata, ela sai correndo. Espero que isso lhe sirva de lição!

Todos os cães concordaram com ele. Para espanto de todos, Bruna retornou em seguida, trazendo consigo um skate. Ajudou Selton a deitar-se sobre ele e puxou-o até o lugar onde ele guardava seus apetrechos médicos. Ali, Bruna cuidou do amigo, enfaixou-lhe a pata, deu-lhe remédio.

Os cães assistiam a tudo com os olhos arregalados de surpresa. O Cocker Spaniel comentou a seguir:

– Talvez a gata não seja tão má como pensamos.

– Não se iluda, meu amigo. – atalhou o Pit Bull. – Se a tradição diz que gatos não prestam é porque gatos não prestam.

Os cães, por estarem distraídos, não perceberam que o mesmo garoto, andando de skate e que atropelara Selton há pouco, vinha a todo vapor pela calçada onde eles se estavam e... Plaft! Atropelou todos de uma só vez. O menino também foi ao chão, mas levantou num salto, deu uma gargalhada e partiu.

Os uivos ardidos de dor da cachorrada logo foram ouvidos por Bruna que ao vê-los levou o skate até eles e puxou um de cada vez para a casinha de Selton onde cuidou de todos, com muita dedicação.

– Onde aprendeu estas habilidades? – perguntou o Cocker Spaniel.

– Minha dona também é médica. – explicou Bruna.

Em pouco tempo os cães se recuperaram do acidente e compreenderam que Bruna era uma ótima gata e que podiam ser seus amigos. Descobriram também que um amigo vale mais que qualquer tradição e se questionaram: "Afinal, quem foi que inventou que cães e gatos não poderiam ser amigos?". Fosse quem fosse, se enganou, não passava de um preconceituoso e racista. Eles podem ser amigos, sim. Ensinar e ajudar muito uns aos outros.

A partir daquele dia, todos os cães e gatos da redondeza resolveram dar uma chance à amizade e um basta ao preconceito e ao racismo, assim todos se tornaram amigos. Para comemorar o grande acontecimento, todo ano, nessa data é celebrada a amizade entre os cães e gatos.

Fabrízio percebeu que a história que acabara de contar, apesar de ser uma historinha infantil, trazia profundos ensinamentos a todos. Não percebera outrora, por ser criança.

– A sua história tem também muito a nos ensinar, filho. – elogiou a avó de Tito.

– Já pensaram se todos brigassem por racismo? – comentou a mãe de Tito. – A Arca de Noé nunca teria sido completada com um casal de cada espécie.

Todos riram.

Fabrízio emudeceu ao perceber que ele havia agido com Sofia da mesma forma que os cães haviam agido com Selton após ele se tornar amigo de Bruna, a gata. Ele rompera os laços familiares com Sofia só porque ela se apaixonara por um negro. Algo que ele nunca teria dado importância, se não fosse pelo avô e pelo pai.

Mas, afinal, quem foi que inventou que é errado ser isto ou aquilo, assim ou daquele jeito, se a natureza de Deus é composta de elementos diferentes e é isso que faz a vida ser tão repleta de coisas e pessoas interessantes para conhecermos, brincarmos, conversarmos, e principalmente, aprendermos umas com as outras? O segredo para ser feliz é aceitar tudo que há na vida, sem preconceito ou racismo.

O preconceito não acrescenta nada ao ser humano, nunca acrescentou, só faz com que todos se privem de fazer novos e ótimos amigos. Devemos evitar os vícios: as drogas, o alcoolismo, a violência, não as pessoas por serem diferentes, pois isso, sim, nos é prejudicial.

Fabrízio não sabia quem havia impregnado a sociedade com racismo e preconceito, fosse quem fosse agira assim por ter uma visão limitada da vida, por se julgar dono da verdade, uma verdade completamente avessa à verdadeira natureza da vida, da qual todos fazem parte, sem distinção. Fosse quem fosse, havia também se julgado superior a Deus, dizendo "entre aspas" que Ele errou ao criar aqueles que são diferentes de si. Sim, errou, porque considerou os que são de outra raça e cor, até mesmo as de diferente casta social ou de outra religião, um erro.

Fora o avô, bem sabia Fabrízio, que o instigara a ser racista e preconceituoso. Mas ele não podia recriminá-lo, sabia que ele havia aprendido a ser daquela forma com seu pai que aprendera com o pai dele e assim por diante. Nunca pararam para se perguntar, refletir se o que pensavam estava certo ou errado, fora fruto de uma cosmovisão limitada.

Agora ele compreendia que todos deveriam tirar um minuto, sempre que necessário, para refletir se o que o coletivo social diz é real, de acordo com a natureza da vida, de acordo com Deus e não fruto de uma visão preconceituosa, racista e limitada da vida.

O próprio avô jamais deve ter se questionado tal coisa e ele sabia bem o porquê. Aprendera que qualquer padrão de pensamento incutido por um antepassado seu era incontestável quanto a sua veracidade. O fato é que o seu preconceito e racismo causavam dor a ele e ao pai, pois apesar de afirmar que não, ele sabia que ambos sofriam intimamente por terem de romper os laços afetivos com Sofia.

Ao notar que a chuva havia parado, Fabrízio sentiu-se disposto a levantar novamente. Por instantes, pensou que não conseguiria, mas o olhar terno da avó de Tito lhe deu forças para seguir em frente.

Convidou os três para acompanhá-lo mas eles se recusaram, alegando terem outras coisas para fazer. Na verdade queriam deixá-lo só para que ele pusesse suas ideias em ordem.

Da varanda, Fabrízio correu os olhos pela linda paisagem que cercava a humilde casa que há dias o abrigava. O céu ainda estava carregado de nuvens escuras sinal de que havia ainda muita chuva para cair na região.

Ele respirou fundo e uma sensação prazerosa brotou em seu peito. Os ouvidos pareciam subitamente muito perceptivos, permitindo até que ele ouvisse o vento soprando do leste, trazendo a fragrância das árvores de eucalipto até ele.

Fabrízio sentia-se mudado, na verdade liberto de algo, como se fosse um pássaro Fênix renascido das cinzas.

Depois, voltou à cama, pensou em espiar os outros cômodos da casa, mas teve receio que tropeçasse em alguma coisa que não pudesse enxergar devido à escuridão do interior da casa. O lar estava silencioso, os três outros moradores deveriam estar descansando no outro aposento, que ainda não havia tido a oportunidade de conhecer.

Fabrízio pensou novamente na alma boa daquela família e novamente sentiu-se abençoado por Deus por tê-los posto em seu caminho num momento tão necessitado quanto aquele. O canto de um pássaro, tal como uma lira, chamou-lhe a atenção, fazendo-o adormecer, logo depois.

Despertou somente quando a avó de Tito chamou por ele:

— Filho... Tito está voltando, e pelo seu bom humor traz boas notícias.

Nem bem ela terminara de falar, o neto entrou no aposento:

— Localizei sua família! Em breve eles devem chegar aqui para apanhá-lo.

— Graças a Deus! — exclamou a avó. O avô e a mãe de Tito também se alegraram com a notícia. Fabrízio voltou o olhar para Tito e lhe disse em tom de profunda gratidão:

— Eu agradeço muito, a todos vocês pelo que fizeram por mim.

Tito olhou para o acamado, consternado e disse:

— Assim que cheguei à cidade descobri que estavam à sua procura. Sua foto com seu nome e telefone para contato está pendurada em diversos lugares públicos da cidade.

— Eles devem estar desesperados — comentou Fabrízio, pensativo.

— Não é para menos — comentou a avó. — Afinal, você desapareceu sem deixar pistas... Mas tudo, enfim, voltará as boas de agora em diante.

VII

Cerca de duas horas depois, luzes vermelhas piscantes e a sirene estridente de uma ambulância rasgaram a tarde silenciosa do lugar. Os veículos chegaram diante do humilde casebre deslizando sobre o barro deixado pela chuva torrencial dos últimos dias.

– São eles! – exclamou Tito.

Tito fez sinal para os para-médicos e estes entraram no casebre com uma maca e puseram Fabrízio com os devidos cuidados sobre ela. Ao sair da casa, Fabrízio logo avistou Romani, notou que estava transfigurado e que seus olhos lacrimejavam e que tremia compulsivamente.

Antes de fecharem a porta da ambulância, Fabrízio voltou-se para Tito e disse mais uma vez:

– Tito, assim que estiver melhor eu volto. Não se esqueça de transmitir o recado à sua família, por favor.

– Adeus Fabrízio. – acenou Tito.

O moço lhe disse adeus, pois não acreditava que Fabrízio regressasse àquelas terras novamente. Ninguém gosta de voltar aos lugares onde passou dias difíceis, o que todos mais querem é apagar da memória esses momentos.

Romani voltou-se para o moço, estendeu-lhe a mão e lhe agradeceu:

– Obrigado pelo que fez a meu filho.

– Não há de que, meu senhor.

Romani entrou no carro e partiu atrás da ambulância. Tito ficou observando os dois veículos até desaparecerem de sua vista. Depois caminhou até sua horta e se pôs a colher alfaces, cantarolando como sempre.

VIII

Fabrízio foi levado dali direto para o hospital da cidade de Girassóis. A pedido de Romani, os médicos já aguardavam sua chegada. Sem delongas submeteram o moço a todos os tipos de exames, tiraram chapas de todo o seu corpo para localizar alguma fratura, fizeram, enfim, um *check-up* completo.

Romani aguardava ansiosamente por notícias médicas.

Após todos os exames, o médico responsável pelo paciente achou melhor transferi-lo para a U.T.I., por acreditar que ele precisava de um acompanhamento mais rígido.

Nesse ínterim, a família Guiarone chegou ao hospital. Felipo ainda se encontrava desesperado apesar do neto já ter sido encontrado e o que era mais importante, vivo. Laura idem. Tereza também ainda se encontrava transtornada. Marina era a única, aparentemente, mais controlada.

Assim que Fabrízio foi transferido para a U.T.I. a família se dirigiu para a antessala de onde podiam vê-lo adormecido sobre uma cama estreita, conectado a máquinas: bombas de ar, monitores que registravam tudo, dos batimentos cardíacos à pressão intracraniana.

— Papai está morto, mamãe? — perguntou Érica num tom de voz tão embotado e triste, que Tereza sentiu-se novamente tomada pela angústia.

Foi Felipo quem respondeu à pergunta:

— Não, querida, ele está apenas dormindo, é preciso, para recuperar-se do acidente.

Encerrou a fala, sentindo a ferroada quente das lágrimas deslizando sobre sua face. Droga! ele havia prometido para si mesmo não chorar; para se mostrar forte diante de tudo aquilo, mas era emoção demais, não dava para se controlar.

Horas depois, Érica, Marina e Laura voltaram para a casa. A menina precisava dormir. Romani insistiu para que o pai fosse junto com eles, mas Felipo afirmou que não arredaria o pé dali até receber novas notícias do médico. Tereza também quis ficar. Assim permaneceram os três no hospital.

As horas de vigília fluíram lentamente até que o médico veio lhes dar novas informações sobre o estado de Fabrízio. O relógio já marcava meia noite quando ele entrou na sala, olhou de relance para Tereza, em seguida para Felipo e disse:

— Tenho boas notícias. O senhor Fabrízio Guiarone está fora de perigo.

Pai e filho se abraçaram fortemente e soltaram um suspiro de alívio. Aquela era a melhor notícia que podiam ter ouvido nos últimos tempos. Tereza também se sentiu aliviada.

Assim os três voltaram para a casa sentindo-se bem mais leves. Já pela manhã do dia seguinte o médico liberou as visitas. Só podiam entrar de dois em dois no quarto. Os dois primeiros foram Romani e Felipo.

– Vovô... papai – a voz de Fabrízio soou fraca.

– Que susto você nos deu, filho – murmurou Felipo –, olhando com ternura para o neto querido.

– Os médicos o examinaram e pela graça de Deus você está fora de perigo, Fabrízio. – informou Romani, emocionado.

– Meu neto, querido – acrescentou Felipo, mas não foi além disso, um choro súbito calou-lhe a voz.

Ficou tão emocionado que teve de ser retirado do quarto para não provocar emoções fortes no paciente.

Marina entrou a seguir e os demais cada um a seu tempo. Ettore foi o último a entrar no quarto. Fora especialmente para visitá-lo. Fabrízio ficou lisonjeado com o gesto do irmão. Pegou sua mão direita e ficou segurando-a por um bom tempo. Ettore sentiu-se consternado pelo gesto carinhoso do irmão.

– Estou rezando por você, Fabrízio, para que Deus o ajude a se restabelecer o mais rápido possível de tudo isso.

Fabrízio agradeceu o irmão com os olhos.

Quando só restaram no quarto Romani e Fabrízio, o moço disse para o pai:

– Papai, quero ver Sofia.

O pai franziu a testa, surpreso com o pedido.

– O que deu em você, Fabrízio? Perdeu os miolos?

– Ela é minha irmã, papai. Pensei muito nela durante esse pesadelo que vivi. Tive medo de morrer sem vê-la novamente.

– Você não vai morrer, filho. Está fora de perigo. Logo estará novinho em folha. A política o espera. Isso foi uma peça do acaso, de agora em diante tomaremos mais cuidado.

Baixando a voz, Romani acrescentou:

– Não comente com seu avô a respeito do que acaba de me pedir, filho, ele não anda nada bem desde o seu acidente. O pobre

219

coitado quase teve um enfarto por causa do seu desaparecimento. Pense nele, filho.

— E não é o que venho fazendo desde criança, papai?

O pai olhou-o novamente, tomado de espanto.

IX

Assim que o pai deixou o quarto, Fabrízio fechou os olhos, deixando-se levar pela gostosa sensação de alívio que ecoava pelo seu interior agora. Quando despertou, avistou Tereza em pé junto à janela do quarto, de costas para ele.

— Tereza?

Tereza virou-se para o marido assim que o ouviu seu nome. Trilhas prateadas de lágrimas riscavam seu rosto pálido. Seus olhos estavam vermelhos e inchados, por ter chorado muito. Olheiras profundas os margeavam. Depois de uma breve hesitação, ela aproximou-se da cama e disse, em meio a um sorriso angustiado:

— Fiquei muito preocupada com você.

Ele retribuiu o sorriso angustiado e disse:

— Como vai, Tereza?

Ela respondeu a pergunta por meio dos olhos, olhos que ficaram pregados nos do marido por longos minutos, em silêncio absoluto. Foi nesse momento que Fabrízio percebeu que jamais se permitiu ver a esposa na íntegra, porque a imagem de Lídia estava o tempo todo se sobrepondo a ela. Ele estava o tempo todo, inconscientemente, comparando-a com Lídia, olhando só para os seus defeitos, para poder continuar mantendo Lídia num pedestal. Somente agora, percebia que Lídia só era perfeita para ele porque ambos nunca viveram sob um mesmo teto, dividindo os aborrecimentos do dia a dia e as diferenças de personalidade que afloram após o casamento.

Despertando de suas conclusões, ele estendeu a mão para a esposa. Ainda que incerta, ela apertou a sua mão, posicionando-se agora rente à cama em que ele se encontrava deitado.

— Que bom revê-la, Tereza!

— É bom revê-lo também, Fabrízio. S-senti... senti sua falta...

— Quero lhe pedir desculpas pelo modo que a venho tratando nos últimos tempos.

– Eu também não tenho agido corretamente com você. Mas depois conversamos a respeito. Quando você estiver completamente recuperado, longe daqui.

Ele sorriu. Ela o beijou na testa.

X

Mais tarde quando Fabrízio se encontrava a sós com Felipo, ele disse para o avô:

– Quero agradecer aquela família que me salvou, vovô. Se não fossem eles, eu estaria largado à beira da linha onde caí até hoje. A uma hora dessas já teria virado comida de urubu faz tempo.

– Que espécie de gente é essa? – perguntou Felipo com certa prepotência na voz. – Por que esperaram tanto para nos ligar dando notícias suas?

– O morador mais jovem da casa machucou o pé, vovô.

– Mas isso não é razão. E os outros moradores, por quê?

– Os outros moradores eram um casal de idosos e a mulher do moço, que me encontrou caído às margens da linha do trem, era fisicamente frágil para andar todos aqueles dezesseis quilômetros que levavam até a cidade mais próxima. Sem contar a chuva que não parava de cair e o barro que ia se acumulando pela região, complicando ainda mais a locomoção das pessoas.

– Não importa, era uma situação de emergência... você poderia ter morrido por falta de ajuda médica.

– Vovô! O que importa é que eles me ajudaram!

– Fique tranquilo, meu neto, mandarei um dos meus empregados levar uma cesta básica para essa gente.

– Não, vovô! – Fabrízio se alterou.

O avô assustou-se com o tom do neto.

Não quero que dê apenas uma cesta básica para aquela família. O que é isso? Eles merecem bem mais! Quero ajudá-los de verdade... arranjar um emprego para aquele que me salvou. Quero tirá-los da miséria!

– O que essa gente fez com você, Fabrízio?! Uma lavagem cerebral, foi? – irritou-se Felipo.

Fabrízio encarou o avô, seriamente.

– Não se preocupe com isso agora, filho – continuou Felipo, abrandando a voz –, depois veremos isso. Agora você precisa descansar.

– Há coisas na vida, vovô, que carecem de urgência! – afirmou Fabrízio, resoluto. – Mas não se preocupe, meu avô, eu mesmo irei até lá e tomarei as providências que acho que devem ser tomadas. Mas fique certo de uma coisa, vovô: farei por aquela família algo no mesmo nível que eles fizeram por mim.

O avô pareceu alarmado, baixou o olhar e deixou o quarto.

XI

Assim que deixou o hospital, Fabrízio quis passar uns dias na casa do avô. Seguiu todo trajeto calado, olhando fixo a paisagem por onde o carro passava. Romani fazia comentários a respeito de política, mas o filho nem o ouvia, estava com a mente longe, completamente desinteressado por tudo que se referia à política.

Assim que desceu do carro, Fabrízio deu por falta da capela.

– O que houve com a capela, papai?! – perguntou, entristecido.

– Um incêndio – explicou Romani, num sussurro quase imperceptível.

– Foi vovô, não foi?

Romani concordou com a cabeça, surpreso com a perspicácia do filho.

A voz de Érica despertou os dois homens daquele estado petrificado.

– Papai!

Fabrízio voltou-se na direção da casa e avistou a filha parada na varanda. Ainda usava seu pijama. Dormira ali para aguardar a chegada do pai, quisera lhe fazer uma surpresa. Fabrízio respirou fundo. A visão da filha era como um elixir para uma alma adoentada. Ele foi até ela e pegou-a no colo. Um sorriso esplendoroso estampou-se na face da pequenina.

– Cuidado, filho, não é bom fazer força – alertou Romani.

Fabrízio beijou a filha e a recolocou no chão. Juntos entraram de mãos dadas na casa.

Naquela noite, pouco antes de dormir, Fabrízio lembrou-se de Tito e sua família, do carinho com que foi tratado. Ele precisava voltar lá para fazer o que havia prometido. Ajudá-los a melhorar a qualidade de suas vidas. E aquilo não podia esperar mais tempo, requeria urgência...

Capítulo 7

I

Numa ensolarada e tranquila manhã de domingo, Fabrízio Guiarone partiu com seu pai rumo a casa de Tito e sua família. Pelo trajeto, Romani contava ao filho os últimos acontecimentos de sua vida política, mas Fabrízio estava disperso, apreciando a paisagem pela janela, as aroeiras que ladeavam a estrada agitando-se à brisa.

Quando o carro passou por uma valeta, Romani fechou o cenho. Quando passou por outra, soltou um palavrão. Fabrízio voltou-se para o pai e disse:

– Como se diz em inglês, papai, *take it easy!*– em seguida, traduziu a frase: – Vá com calma! *Pega leve!* Não se deixe amolar por pequenas coisas, papai. Não vale a pena! Estressar-se por picuinhas não muda nada. Mas o senhor não me entende, eu sei, só quem se vê de frente para a morte é que compreende o que estou dizendo.

"Certa vez, uma amiga que fiz no quarto ano de faculdade me contou uma passagem de sua vida que mudou radicalmente seu modo de encarar a vida. Na época não compreendi a profundidade do que ela me contou, mas agora, depois do que passei, sim. Compreendo muito bem.

"Ela contou-me que, pouco antes de entrar na faculdade, havia se tornado profundamente desgostosa com a vida, a ponto de desejar a própria morte, depois que terminou o seu primeiro namoro, o que chamou de seu primeiro "grande" amor.

"Então, um dia, enquanto aguardava no carro por sua irmã que fora ao banco pagar umas contas, uma jamanta entrou na rua em que o veículo estava estacionado, de forma tão abrupta que por pouco não bateu de frente, com tudo, no carro em que ela estava. Ao perceber que poderia ter sido atingida pela jamanta e morrido, minha amiga, despertou para a vida. Passou a valorizá-la como nunca fizera até então. Não só valorizava como agradecia por tudo que ela lhe dava. Nunca mais permitiu que pensamentos negativos e destrutivos ocupassem sua mente, novamente.

"Meses depois dessa passagem, ela conheceu num Café em São Paulo, o rapaz que depois de alguns meses de namoro, percebeu ser a sua cara metade. Casaram-se quando ela havia passado para o terceiro ano de faculdade, logo depois ela engravidou e nove meses depois deu à luz a uma linda criança.

"Como ela mesma me disse: "infelizmente, para muitos, como aconteceu comigo, é preciso ficar cara a cara com a morte para despertar para a vida. Ainda bem que despertei, caso contrário não poderia estar vivendo tudo de bom que estou vivendo agora ao lado do meu marido e do meu filho. Se eu tivesse morrido não teria permitido a eles, também, que vivessem a felicidade que usufruem agora ao meu lado".

"Quando ela me contou essa sua experiência de vida, eu jamais fiz ideia, de sua profundidade; agora, no entanto, sei porque me vi também diante da morte, desejando viver mais do que nunca, viver e ser feliz.

"Estou quase certo de que há por trás da nossa vida uma força, seja ela chamada de Deus, anjo, ou energia, ensinando a todos nós a valorizar a vida, aproveitá-la de forma mais saudável e próspera para a própria vida.

"Não quero nunca mais ter de passar pelo que passei, para perceber o quão valiosa é a minha vida. Acho que esse é o maior desejo de todos que já se viram cara a cara com a morte."

Romani endereçou ao filho um rápido olhar de esguelha. Seu rosto revelava preocupação, o filho estava diferente, parecia um tanto quanto retardado. A queda o afetara, infelizmente. Que aquilo passasse rapidamente, rogou a Deus, para que Fabrízio voltasse a ser quem sempre foi: um rapaz de fibra, cheio de energia e com mente e coração de político.

Fabrízio pareceu ter lido os pensamentos do pai, o que o fez rir, interiormente.

Trinta e oito minutos depois, o carro atravessava a porteira próxima às terras onde vivia Tito com sua família. Dali, já se podia avistar o casebre onde Fabrízio passou o período mais difícil de sua vida. Logo, Fabrízio avistou Tito cortando lenha. O moço ao ver o carro se aproximando, parou o que fazia, enxugou a testa com o braço e aguardou. O veículo parou em frente ao casebre e de dentro dele saíram Fabrízio e Romani.

Fabrízio, imediatamente, foi até Tito e o cumprimentou. Romani o seguiu.

– Fico feliz que tenha se recuperado – disse Tito, feliz por revê-lo.

– Estou muito bem, graças a vocês! – respondeu Fabrízio, denotando forte emoção na voz. E, voltando-se para Romani fez as devidas apresentações:

– Tito, este é meu pai. Naquele dia eu mal pude apresentá-los.

– Muito prazer, meu senhor – cumprimentou Tito, na sua simplicidade de sempre.

Fabrízio acrescentou:

– Voltei para agradecer, mais uma vez, você, sua mãe e seus avós pelo que fizeram por mim enquanto estive aqui. Se não fossem vocês eu certamente não teria sobrevivido. Não faz ideia do quanto sou grato a todos vocês.

– Ora, Fabrízio, não há o que agradecer.

– Quero ajudá-los no que estiverem precisando.

– Não se preocupe.

– Eu insisto. É o mínimo que posso fazer em retribuição pelo que fizeram por mim. Minha vontade é, na verdade, levá-los para morar na fazenda do meu avô. Numa casa mais confortável, onde você pode trabalhar e ganhar um bom dinheiro no fim do mês. O que acha? Por favor, aceite. Sei que passam dificuldades morando aqui. Não quero mais que passem dificuldade alguma na vida, compreendeu?

Tito mordeu os lábios, sem graça.

Voltando os olhos para o casebre, Fabrízio perguntou:

– Onde estão seus avós e sua mãe? Quero muito apresentá-los a meu pai. Faço questão.

Tito olhou-o, espantado.

– Chame-os, por favor, Tito. Quero muito saber o que acham da minha proposta.

Tito parecia perdido, sem saber o que dizer. O silêncio caiu sobre todos, de forma constrangedora.

– Por favor. – tornou Fabrízio em tom de súplica.

– Eu... eu... – gaguejou Tito – acho que você delirou, Fabrízio, enquanto esteve acamado e inconsciente. Por causa da queda, você sabe...

As palavras de Tito assustaram Fabrízio.

– Delirei?! C-como assim? Do que está falando? – quis saber ele, olhando de viés para o moço.

Ainda que inseguro, Tito respondeu:

– Eu... eu... moro só nesta casa, Fabrízio.

Fabrízio franziu ainda mais a testa. Ficou absorto por alguns segundos, só então comentou:

– Seus avós e sua mãe não me disseram que moravam noutro local. Pensei o tempo todo que morassem aqui com você.

– Como lhe disse, Fabrízio, você delirou, só pode ter delirado enquanto estava acamado e inconsciente, afinal, meus avós e minha mãe jamais estiveram aqui durante sua convalescença.

– Como não?! – exaltou-se Fabrízio. – Estiveram sim, praticamente todos os dias em que permaneci nessa casa. Tito, você está, por acaso, brincando comigo?! O que deu em você, homem?!

– Não é brincadeira, não, Fabrízio! Falo sério – assegurou Tito em tom grave.

Romani intrometeu-se na conversa:

– Se meu filho está dizendo que seus avós e sua mãe estiveram aqui é porque estiveram.

Tito fez um gesto de impotência com as mãos.

– Calma, papai. – pediu Fabrízio, procurando também se acalmar.

– Eu juro, meu senhor, que falo a mais pura verdade – assegurou Tito, novamente.

– Por que está fazendo isso comigo, Tito? – indagou Fabrízio sentindo-se cada vez mais indignado com o comportamento estranho daquele que salvara a sua vida.

Tito fez novamente um gesto de impotência com as mãos.

Fabrízio, num impulso, foi até o casebre e entrou. Espiou cada cômodo, mas não encontrou ninguém. Saiu da casa, decepcionado.

– É... eles não estão aqui – lamentou. Seu queixo agora estava, trêmulo.

– E-eu disse – gaguejou Tito.

– Vamos embora, filho. – falou Romani parecendo agora profundamente mal humorado.

– Tito, por favor – insistiu Fabrízio, mais uma vez.

O moço baixou os olhos, parecendo tão transtornado quanto Fabrízio.

Romani tocou no ombro do filho e disse:

– Filho, será que não percebe que essa gente não quer nada de você? Aceite suas condições. Vamos embora. Você se sentirá melhor estando longe daqui, acredite-me.

Romani puxou o filho até o carro e assim que se acomodaram no assento, o veículo partiu. Pela janela Fabrízio encarava Tito que procurava a todo custo fugir do seu olhar. Ele mal podia acreditar em tudo que estava vivendo.

Havia uma estranha expressão no rosto de Tito quando ele voltou o olhar para o carro que seguia longe, quase fora do seu campo de visão. Retomou então o que fazia antes da chegada de Fabrízio e Romani.

Enquanto isso, dentro do carro, Fabrízio desabafava com o pai:

– Eu não entendo, papai. Por que? Por que eles estão se escondendo de mim?

– Porque são pobres e jacus, meu filho. Verdadeiros "bichos do mato". Gente assim é muito tacanha e muito envergonhada de gente rica e poderosa como nós. Se quer o meu conselho, esqueça essa gente, para o seu próprio bem. Se eles não querem receber sua gentilezas, problema deles, você tentou.

Fabrízio mordeu os lábios, encasquetado. Romani completou:

– Nós nunca sabemos de verdade quem são as pessoas, filho. O rosto que você vê não é propriamente o rosto delas, é apenas uma máscara sobre a sua verdadeira face. Podemos compará-las também com uma ilha, porque elas só mostram o que lhes convém. Se durante toda a sua vida você conhecer a fundo meia dúzia de pessoas, considere-se um ser privilegiado.

Fabrízio manteve-se calado, mergulhado em seus pensamentos. Romani perguntou-se então se Tito não estava certo quando afirmou que o filho havia delirado durante sua convalescença. Poderia, por que não? Depois de tudo o que sofreu... Romani ficou atemorizado desde então com a possibilidade de Fabrízio ter tido algum tipo de dano mental em consequência da queda que sofrera. Deus quisesse que não. O melhor a se fazer era levar o filho a um neurologista, para ser examinado o quanto antes.

II

Assim que Fabrízio e Romani chegaram à fazenda Guiarone, Fabrízio contou a todos o que havia acontecido. Felipo não gostou nada do que ouviu.

Preocupado com o estado do filho, Romani procurou um neurologista para examiná-lo. O médico foi da mesma opinião que Tito: Fabrízio certamente havia delirado durante sua convalescença e explicou:

– Nos momentos em que seu filho abriu os olhos em meio ao seu estado caótico de saúde, ele avistou a fotografia da família do homem que salvou sua vida, pendurada na parede. A imagem deles ficou gravada na sua memória e ele acabou sonhando com eles. Um sonho que lhe pareceu ser muito real. É muito comum sonhar com uma pessoa que nunca se conheceu a não ser por foto. Ele deve ter ouvido também o dono da casa...

– Tito, é o nome dele – ajudou Romani.

– Pois bem, ele deve ter ouvido Tito falando sobre seus avós e sua mãe enquanto era cuidado por ele. Pessoas solitárias têm o hábito de conversar sozinhas. O tal Tito pode ter contado sobre sua família, citando nomes, detalhes, enfim para entreter seu tempo. Para mim, tudo é muito fácil de entender. Aconselho o senhor a procurar um psiquiatra para o seu filho. Ele o ajudará a compreender tudo o que se passou.

Romani sentiu-se mais tranquilo com as palavras do médico.

– Obrigado, doutor.

– De nada, meu senhor.

III

Numa nova madrugada, Fabrízio acordou mais uma vez, gritando. Laura despertou com o grito e saiu correndo aflita para o quarto do filho. Sentou-se à beirada da cama e passou a mão carinhosamente na testa do moço na intenção de acalmá-lo.

– Acalme-se, Fabrízio. – suplicou.

O filho suava frio, parecia à beira de uma síncope.

– Eu juro, juro por Deus, mamãe – falou Fabrízio com todas as letras. – Os avós e a mãe do Tito estavam lá, naquele casebre, orando por mim, fazendo-me companhia, cuidando de mim durante a minha convalescença. Não foi delírio, nem alucinação da minha parte, foi real! Muito real, entende?

Laura assentiu. Felipo entrou no quarto em seguida. Ao vê-lo, Fabrízio jurou também para o avô:

– Estou dizendo a verdade, vovô. Os avós e a mãe de Tito estavam lá, comigo, naquele casebre. Não estou louco! Não quero que pensem que fiquei biruta depois da queda.

Fabrízio estava atônito, balançando a cabeça em desespero.

– Só se o tal de Tito estiver mentindo... – ralhou Felipo, pensativo.

– Por que Tito faria tal coisa? – inquiriu Fabrízio.

Ninguém soube responder.

– Vou preparar um chá para você – disse Laura, deixando o quarto. Felipo sentou-se à beira da cama e massageou o ombro do neto amado.

– É tudo muito estranho, vovô – prosseguiu Fabrízio – aquela gente era ótima comigo, por que resolveram agora se esconder de mim?

Os olhos de Felipo se estreitaram. Seu rosto inteligente mostrava agora um esforço de concentração examinando as hipóteses que vinham emergindo do seu interior.

Laura retornou ao quarto e entregou ao filho uma xícara de porcelana contendo um chá encorpado, aromático e fumegante. Fabrízio sorveu a bebida sem muita vontade.

230

Repentinamente o avô pousou a mão no ombro do neto e, murmurou, visivelmente excitado:

– Essa gente só pode estar se escondendo de você por alguma razão.

– Razão? Qual razão teria aquela humilde família para se esconder de mim, de nós?

Felipo deu de ombros. Sentia ódio mais uma vez da tal família por estar causando aquele transtorno ao neto. Ao contrário do filho e dos demais da casa, ele desacreditava piamente que Fabrizio estivesse sofrendo dos miolos por causa da queda do trem. Para ele, o neto era de aço.

Fabrízio pegou a mão do avô, apertou-a e fez um pedido muito sério a ele:

– Por favor, vovô, vá comigo, amanhã, até a casa da família de Tito.

– Esqueça isso, meu neto.

– Não, vovô, não posso!

– Está bem! Se isso vai fazê-lo se sentir melhor, irei com você. Entretanto, se eles insistirem em continuar evitando a sua pessoa, prometa-me que os deixará agir como desejam agir, certo?

Fabrízio respondeu que sim por meio de leve aceno de cabeça. Mas respondeu só por responder, não pretendia largar aquela família enquanto não fizesse algo de bom por eles.

IV

No dia seguinte, como prometido, Felipo Guiarone acompanhou Fabrízio até a casa de Tito. Chegando ao local, Fabrízio bateu palmas, chamou pelo rapaz, mas ninguém o atendeu. Ao bater à porta, ela se abriu. Ele espiou o interior da casa, estava vazia. Ouviu-se então a voz de Tito ecoar até eles:

– Olá.

– Olá, Tito! – alegrou-se Fabrízio ao ver o moço.

– Este, Tito, é meu avô, queria muito que você o conhecesse.

O moço humilde disse, de modo submisso:

– Muito prazer, meu senhor.

231

Tito esticou as mãos, mas ao perceber que estavam sujas de terra, fez uma careta e as encolheu. Felipo examinou o rosto do indivíduo com atenção. Principalmente seus olhos.

– Voltei para rever você e sua família. – explicou Fabrízio pronunciando cada palavra bem devagar, com certo receio.

Tito fez outra careta, respirou fundo e disse:

– Eu já lhe disse que moro só, Fabrízio.

Felipo aproximou-se do moço e, num tom ríspido, ordenou:

– Desembucha logo, homem, onde estão seus avós e sua mãe?

– Juro, meu senhor, que moro só.

– Não me faça perder a paciência com você, seu...

– Vovô! Eu cuido disso! Diga Tito, por favor, onde estão seus avós e sua mãe, deixa eu fazer alguma coisa em retribuição pelo que vocês fizeram por mim quando mais necessitei. Eu insisto.

O moço balançou a cabeça negativamente, sem saber mais o que dizer. Diante da falta de ação do rapaz, Fabrízio sentiu seu sangue subir. Num gesto rápido, tomado de fúria, entrou na casa e pegou a foto emoldurada da família que vira pendurada na parede. Voltou até Tito e empunhando a foto na sua direção, disse:

– Falo dessas pessoas que estão nesta foto! Onde estão eles, Tito? Onde?!

Tito engoliu em seco, baixou a cabeça, um pesar tamanho havia tomado seu rosto.

– Onde estão eles?! – repetiu Fabrízio rompendo-se em lágrimas. – Vocês foram tão bons para mim, por que estão fazendo isso comigo, agora?

– Eles... eles – Tito gaguejou.

– Diga... – insistiu Felipo, enfurecido.

A voz de Tito soou triste e melancólica:

– Meus avós e minha mãe estão no céu, meu senhor.

Os olhos de Fabrízio arregalaram-se de espanto.

– Céu? – riu. – Que brincadeira é essa, Tito?

– Não estou brincando não, Fabrízio. Falo sério. Meus avós e minha mãe faleceram já faz um bom tempo. Moro só desde então.

– Não entendo o porquê está fazendo isso comigo – falou Fabrízio, inconformado. – Eu vi seus avós, falei com eles, eles

232

falaram comigo, cuidaram de mim, sua mãe também... – e apontando para a foto, Fabrízio completou: – essas pessoas aqui dessa foto estão vivas, muito vivas!

Irritado, Felipo tomou a foto da mão do neto e empunhando-a contra a face de Tito, bramiu:

– Diga onde eles estão, já, agora!

Tito baixou a cabeça e começou a chorar. Felipo, tocado, baixou a foto emoldurada e encheu os pulmões de ar. O clima pesou entre os três. O silêncio tomou o lugar. Foi nesse ínterim que Felipo olhou para a foto emoldurada. Olhou para ela com grande atenção. A cor sumiu de seus lábios, o olhar tornou-se trágico. Então, devolveu a foto para Tito, voltou-se para Fabrízio e disse seriamente:

– Vamos embora, meu neto.

– Não posso, vovô. Não enquanto não descobrir a razão de ele estar mentindo para mim.

– Eu explico a você no caminho de volta para casa, você vai entender.

– Vou? Como assim?

O tom de Felipo assustou Fabrízio. Mesmo sob protestos o avô conseguiu fazer com que o neto entrasse no carro que partiu assim que ele fez sinal para o motorista.

Tito ficou observando o veículo até perdê-lo de vista. Só então entrou no casebre e recolocou a foto de sua família no seu devido lugar.

Nisso, Fabrízio perguntava ao avô:

– Diga-me, vovô, se o senhor realmente sabe, por que aquela família está se escondendo de mim?

– Explico, meu neto – respondeu Felipo, tomando fôlego antes de se pôr a falar. – O avô desse Tito, trabalhou na minha fazenda há muitos anos, cerca de vinte anos atrás. Seu nome era Juarez.

– Trabalhou?!

– Sim. Morou lá, numa das casas para os empregados, com a esposa e a filha. Yolanda era o nome da filha, se não me engano.

– E isso é motivo para eles se esconderem de mim? Ah, eles se esconderam ao saberem que eu era seu neto... agora faz sentido.

No mínimo porque houve algum problema entre eles e o senhor no passado, não? O que houve de tão grave? Roubo?

– Não, nada disso. Eu demiti Juarez por causa do neto, esse indivíduo que se chama Tito. Não me lembro ao certo, mas creio que seu nome era outro.

– Tito é seu apelido, com certeza, vovô.

Fabrízio bateu a mão na testa recriminando-se: *taí*, nunca perguntei qual era seu verdadeiro nome!

– Esse moço, quando criança, tinha hábitos estranhos. Eu vou lhe contar toda a história e você vai me compreender:

Felipo contou com detalhes o que presenciou entre Ettore e Inácio (Tito), quando eram crianças.

Assim que Felipo terminou de narrar o acontecido, Fabrízio se viu diante de uma revelação ainda mais constrangedora do que a de dois garotos se beijando na boca. Viu que o avô havia cometido um erro gravíssimo. Um erro que o fez ser injusto com o empregado e sua família. Não fora Inácio que beijou Ettore, mas Ettore que beijou Inácio. O avô não deveria ter percebido, até então, que Ettore era diferente dos outros meninos. Diferente dos homens em geral. Deveria ele lhe contar a verdade, agora? Seria um choque para o avô, com certeza. O que fazer? Emergindo de suas reflexões, Fabrízio disse:

– Meu avô, o senhor precisa conversar com essa gente, fazer algo por eles. Eu imploro. Se não fossem eles eu...

A voz de Felipo se sobrepôs a do neto:

– Estava pensando, meu neto, será que essa gente não se arrependeu de tê-lo salvo após saberem que era meu neto.

– Não creio, vovô, são boníssimos... devem estar envergonhados, apenas isso.

– Não se iluda com gente desse tipo, Fabrízio, pobre, só serve para nos eleger em época de eleição, só isso.

Fabrízio ignorou as palavras do avô, insistiu:

– O senhor tem de fazer algo por aquela família, vovô.

– Está bem, meu neto, tentarei, mas farei isso porque você insiste muito!

V

Na manhã do dia seguinte, Felipo voltou a casa de Tito, levado de carro por seu chofer particular.

– Como vai o senhor? – cumprimentou Tito imprimindo à voz um tom simpático. – Fabrízio melhorou?

Felipo foi direto ao assunto:

– Pode dizer a sua família que quero vê-los. Eu sei que devem estar se sentindo envergonhados de mim, mas não precisam temer, só quero agradecer-lhes pelo que fizeram pelo meu neto.

Tito foi mais uma vez incisivo ao dizer:

– Eu já lhe disse, meu senhor, que moro sozinho neste lugar.

– Chega de mentiras, homem.

Houve um silêncio desconfortável entre os dois. Foi Felipo quem o quebrou, dizendo:

– Exijo que me leve até sua família agora. Estou mandando!

– Com todo respeito, meu senhor, eu...

– Sem mais desculpas e mentiras estapafúrdias!

Tito tentou se defender mais uma vez:

– Seu neto não está bem da cabeça...

Felipo pegou o braço do moço, apertou-o com toda força de que dispunha e, numa voz enraivecida, falou:

– Leve-me até eles, agora! Antes que eu perca a paciência de vez com você!

Tito, sem ver saída, acabou concordando:

– Se é isso que o senhor deseja, assim será. Levarei o senhor até meus avós e minha mãe.

Felipo largou o moço e sorriu satisfeito.

– É assim que se fala.

Os olhos do velho Guiarone faiscaram de excitação.

VI

Tudo que Tito disse para o motorista de Felipo foi: "Para a cidade" e o carro seguiu o caminho indicado. Os três homens seguiram em silêncio os quinze minutos que levou para chegarem ao destino.

Nesse período, Felipo observava o caminho com atenção e uma certa apreensão. Pensando no que iria dizer a Juarez e sua esposa, Leonor, quando se visse frente a frente com eles novamente. O casal, certamente se assustaria um bocado ao vê-lo, jamais pensaram que reveriam o grande Felipo Guiarone um dia. Nem eles, nem a filha. Yolanda. O destino, pelo visto, havia pregado uma surpresa a todos.

Felipo, voltou o olhar, discretamente para o homem simples sentado no banco ao seu lado, que seguia calado, apenas indicando o caminho. Uma coisa era certa, ele não havia se tornado um marica como previu. Havia se tornado apenas um homem modesto e trabalhador. Menos pior.

Relembrando o que Fabrízio havia falado sobre Juarez, Leonor, Yolanda e Inácio, o quanto eles haviam sido formidáveis e essenciais na recuperação de sua saúde, no quanto ele insistiu para que ele fizesse algo de bom por eles, Felipo Guiarone se viu novamente preocupado com o neto. Desde o acidente que ele estava mudado. Uma mudança que o preocupava. Ninguém do mundo da política poderia ser tão bom como Fabrízio estava se tornando. Era perigoso.

Ao sinal de Tito, o carro parou. Felipo então o seguiu, imerso em seus pensamentos, sentindo um leve tremor percorrer seu corpo.

Deoclécio, o chofer particular de Felipo, a certa altura do trajeto, deu uma olhada atravessada para Tito e, em seguida, comentou:

– Espero que não esteja caçoando de nós, seu matuto!

Tito não respondeu, continuou calado, caminhando.

O cenho de Felipo fechou-se gravemente ao se dar conta de onde eles acabavam de entrar naquele momento. O que estariam fazendo naquele lugar? Estaria Juarez trabalhando ali? Que lugar horrível de se trabalhar. Nem morto ele aceitaria um emprego daqueles. Felipo sentiu-se tão mal que levou a mão ao peito, sentindo uma ligeira falta de ar. Sentia agora sua alma se inquietar.

– Seu avô trabalha aqui?! – perguntou Felipo, olhando enojado para o lugar.

Tito não respondeu, continuou andando, calado. Deoclécio tomou as dores do patrão.

236

– O senhor Felipo lhe fez uma pergunta, seu imbecil! Responda! – explodiu.

Tito parou, voltou-se para Felipo e disse seriamente:

– O senhor me pediu para levá-lo até meus avós e minha mãe e é o que estou fazendo. Tenha paciência e logo o senhor estará bem diante deles.

Mil pensamentos confusos passaram pela mente de Felipo Guiarone naquele instante. Sua vista chegou a ficar turva tamanho o caos que se tornou sua mente.

Tito, por fim, parou. Felipo aproximou-se dele. Tentou dizer alguma coisa, mas nenhuma sílaba conseguiu atravessar seus lábios.

– Aqui estão eles, meu senhor. Meus avós e minha mãe – explicou Tito com lágrimas nos olhos.

Felipo olhou para a placa de madeira que se encontrava cravada no pequeno retângulo florido em frente a eles. Nela estava escrito o nome de Juarez, Leonor e Yolanda, ao lado de cada nome a data de nascimento e morte de cada um deles.

– Quero que me leve a sua família, agora! – berrou Felipo, com ojeriza da situação.

O motorista olhava assustado para a cena.

Tito, emocionado, respondeu:

– Eles estão enterrados aí, meu senhor, se não acredita em mim, desenterre-os!

– Meu neto disse... – berrou Felipo.

– Seu neto delirou – atalhou Tito, prontamente. – Desde que meus avós e minha mãe partiram para o céu, eu moro só. Vovó foi quem faleceu primeiramente, eu era ainda um menino quando isso aconteceu. Meu avô não teve condições de pagar os medicamentos, tampouco a cirurgia que ela necessitava, pois perdeu o emprego, ficou sem dinheiro, estava endividado. Partiu do local onde moravam, uma fazenda pelo que me contou, com uma mão na frente e a outra atrás. Não conseguiu arranjar outro emprego, minha mãe foi trabalhar então para nos sustentar. Morreu moça, de câncer, creio eu, meu avô nunca me disse exatamente o nome da doença que a matou.

"Vovô morreu logo em seguida de desgosto pelo que aconteceu a ela e a vovó. Eu tinha apenas vinte e dois anos quando fiquei sozinho... As certidões de óbito podem confirmar o que eu digo, meu senhor, é só ir conferi-las no cartório da cidade.

Tito parou de falar ao ver o estado em que Felipo Guiarone se encontrava naquele momento.

As lágrimas brilhavam em seus olhos. Sua vista, então, começou a escurecer, as pernas bambearam.

"O neto...", murmurou, puxando pela memória. Fabrízio sempre comentava, quando criança, que havia visto pessoas que ninguém mais via, em alguns ambientes.

Ele sempre achara curioso tudo aquilo, nunca o levara a sério. Para ele aquilo não passava de uma criancice, mas, agora, depois do que aconteceu... Não, o neto não tinha alucinações, nunca as tivera, o que tinha na verdade, sabe Deus o porquê, era o dom de ver e se comunicar com os mortos.

Felipo se repreendeu diante de suas conclusões. Ele só poderia estar ficando louco para chegar àquela conclusão. Aquilo não existia, os mortos não podiam andar entre os vivos, muito menos ajudá-los.

Mas Fabrízio falara aquilo com tanta certeza... Se aquilo fosse realmente verdade, Juarez, Leonor e Yolanda haviam ajudado seu neto mesmo sabendo quem era o seu avô. Mesmo tendo uma vida miserável depois que ele o despediu de suas terras.

O dia em que Juarez o salvou no rio voltou à mente de Felipo, a seguir, em *flashs*. O fiel Juarez cujo neto não se tornara um marica.

Um estalo se abateu sobre Felipo Guiarone a seguir. Ao rever a cena dos dois meninos se beijando naquele quarto, naquele dia, ele percebeu que fora o neto quem beijara Inácio e não o contrário. Tirara conclusões precipitadas... O neto... O neto é que era... por isso a vocação repentina para padre.

Felipo Guiarone assumiu um ar sombrio de decadência, sentiu o corpo estremecer, um sopro no coração. O coração se contraiu, parecendo subir pela garganta. Tudo escureceu a seguir e os sentidos se perderam.

VII

Felipo foi levado do cemitério direto para o hospital da pequena cidade. Foi o próprio Tito quem ligou para a fazenda dos Guiarone para informar o que havia acontecido ao patriarca da família. Foi Romani quem atendeu o telefonema e partiu imediatamente para a cidade em questão levando consigo o médico da família para examinar o pai.

Preferiu ir só, apenas na companhia do chofer. Seria melhor, muita gente só serviria para complicar as coisas. Encontraram Felipo em estado de choque. Até aquele momento ainda não recobrara o sentidos. Os olhos estavam abertos, opacos e vazios. Enquanto o médico conversava com o médico que atendera Felipo no pronto socorro para saber o procedimento que ele havia tomado em relação ao paciente desde que ele ali chegara, Romani foi ter uma conversa particular com Deoclécio.

Encontrou o empregado nervoso, receoso de que fosse responsabilizado pelo mal que havia acontecido ao patrão. Romani tranquilizou o rapaz e pediu que lhe contasse em detalhes tudo o que havia acontecido nas últimas horas. Foi gaguejando, atrapalhando-se com as palavras que o empregado descreveu passo a passo o que acontecera pouco antes de Felipo ter sofrido o choque.

Romani ergueu as sobrancelhas surpreso: "Cemitério?", murmurou ao sentir um arrepio correr-lhe pelo corpo.

– Sim! – confirmou o motorista.

Romani ficou boquiaberto com o que ouviu.

– Uma coisa é certa – concluiu Deoclécio – o tal de Tito não desacatou o senhor Felipo, seu Romani, isso eu posso jurar. Foi inclusive muito solícito para comigo ajudando-me a trazer o senhor Felipo para o carro e depois para o hospital na cidade. Sem ele, eu não teria tido forças para carregar seu Felipo para o carro, tampouco rapidez para localizar o hospital da cidade.

Romani assentiu, pensativo.

Quando o médico da família Guiarone teve a certeza de que Felipo estava em condições de ser transferido para o hospital de Girassóis, porque lá seria melhor assessorado, ele foi levado de ambulância para lá.

Antes de voltar a Girassóis, Romani voltou-se para o motorista que o aguardava como um cão obediente e chamou-o com um gesto. Tirou de dentro de sua maleta uma agenda, escreveu nela três nomes: Juarez, Leonor e Yolanda e pediu ao funcionário que fosse até o cartório pedir a certidão de óbito daquelas pessoas. Estava crente de que elas não existiam. Para ele toda aquela cena vivida entre Felipo e Tito no cemitério não passava de uma farsa armada pela família de Tito.

VIII

Antes de partir para o hospital, Marina foi até o pequeno altar de sua sala de estar de sua casa e acendeu duas velas. Ajoelhou-se sobre o pequeno genuflexório que havia ali em frente à imagem da Virgem Maria, juntou as mãos, e fitando a imagem, começou a rezar. Mas as palavras habituais não aliviavam a dor que se espalhava por seu corpo.

Ao encontrar o pai no hospital, Fabrízio o abraçou fortemente.

– Como está, papai? – perguntou Fabrízio. – Não se preocupe. Tudo vai acabar bem. Por que não me pediu para ir junto com o senhor buscar o vovô?

– Não quis preocupá-lo, filho.

– Afinal, o que houve exatamente com o vovô? Por que ele entrou nesse estado de choque? O senhor está me escondendo alguma coisa?

– Não.

– O que houve, então?

– Emoção, creio eu. Ele deve ter tido uma forte emoção.

– Afinal, vovô se encontrou ou não com a família de Tito?

– Acho que não, filho. Estava tão aturdido que acabei esquecendo de perguntar ao Deoclécio a respeito – mentiu Romani.

Por alguns segundos ele pensou em contar ao filho que Deoclécio havia localizado a certidão de óbito dos avós e da mãe de Tito no cartório da cidade, mas achou melhor deixar para depois, temeu que a notícia o deixasse ainda mais perturbado.

– Estou arrependido de ter pedido para o vovô ir lá, ele não está mais na idade para fazer esse tipo de coisa.

– Não se culpe, filho. Seu avô fez o que fez porque o ama.

– Eu sei. Eu também o amo.

Pai e filho se abraçaram novamente, forte e demoradamente. Foi então que Romani avistou pela janela envidraçada da sala onde eles se encontravam algo que aguçou os seus sentidos. Viu um Centro Espírita do outro lado da rua. Delicadamente, ele se desvencilhou dos braços do filho e foi até a janela para poder ver o lugar com maior nitidez.

Havia uma outra hipótese, percebia ele agora, para explicar o que se passara com o filho. Teria ele, como diriam os espíritas, o dom da mediunidade?

Ele já ouvira falar a respeito de mediunidade, mas se recusava a acreditar naquilo; era assustador demais a ideia de que os espíritos dos mortos pudessem se comunicar com os vivos. Com alguns especialmente.

Romani lembrou a seguir o mesmo que Felipo recordou naquele instante em frente a lápide da família de Tito. O fato de que Fabrízio, na infância e na adolescência, via pessoas pela casa, que ninguém mais via. Chegava a contar que conversara com elas, o que todos achavam ainda mais estranho. Todos pensavam, na época, que ele, como toda criança, conversava com seus amigos imaginários, aqueles com que a maioria das crianças conversa. Mas, agora, depois do que aconteceu, tudo levava a crer que o filho na verdade conversava mesmo é com os espíritos dos mortos.

Romani lembrou a seguir do artigo que leu certa vez a respeito de mediunidade que o deixou bastante curioso. A certa altura do artigo, o escritor perguntava ao leitor: como sabemos que aquela pessoa que vemos está realmente sendo vista pelas demais à nossa volta? Como saber que todos que vemos estão aqui de corpo e alma e não somente em alma?

Romani lembrou-se também de outro trecho da matéria que dizia: "A alma do homem foi feita para ajudar o próximo. Amar ao próximo como a ti mesmo, essa é uma das leis de Deus. Mas o poder dessa alma continua sendo executado mesmo estando desencarnada".

Romani tornou a indagar:

Seria o filho um médium e não sabia? Se sim, por que? Por que teria ele aquele dom? Ele preferia acreditar naquela explicação,

241

pois ela o fazia descartar a hipótese de que a queda do trem havia afetado a mente do filho amado.

Nisso, Romani subitamente começou a chorar.

Fabrízio que naquele momento estava sentado ao lado da avó, passando sua mão carinhosamente por sobre a mão direita dela, ao notar o estado do pai levantou-se e foi até ele confortá-lo. Com carinho, ficou alisando-lhe os cabelos.

Érica olhava para a cena com admiração e agradeceu novamente a Deus por ter-lhe trazido o pai de volta são e salvo.

Visto que Romani não parava mais de chorar, um médico foi chamado para examiná-lo. Ele precisava se acalmar, pois sua pressão subiu. Marina ficou preocupada. O médico lhe prescreveu um calmante e pediu que o levassem para casa e que ele repousasse.

Ao chegarem à casa de Romani e Laura, Fabrízio ajudou o pai ir até seu quarto. Ajeitou-o na cama e o sedativo o fez dormir logo em seguida. Fabrízio estava preocupado. Informou a esposa de que iria dormir por ali mesmo, não queria deixar o pai sozinho, podia precisar dele caso acordasse passando mal na madrugada.

Laura convidou o filho para irem até a copa, um chá e algumas torradas cairiam bem naquela hora. Aquele era sem dúvida o pior período da vida deles todos, pensou Fabrízio.

Quando Romani acordou no dia seguinte estava estranho e deprimido. Não quis ir trabalhar, não queria falar com ninguém. Ficou amuado o dia todo.

Fabrízio não queria deixá-lo só, mas também não podia deixar o avô só no hospital, queria estar ao seu lado quando recuperasse os sentidos. Por isso ele se viu obrigado a dividir seu tempo entre a casa da mãe e o hospital.

Ettore chegou no fim de semana para visitá-los. Fez suas orações, benzeu o avô e o pai. Também estava preocupado.

Antes de partir para Girassóis, ele havia escrito para Sofia informando-a dos últimos acontecimentos envolvendo a família. Sofia resolveu ligar para a casa da mãe para saber como estavam todos, foi Fabrízio quem atendeu o telefonema.

Por segundos pareceu não haver ninguém do outro lado da linha. Depois, a voz um tanto quanto apagada de uma mulher soou. Fabrízio a reconheceu de imediato. Era a irmã.

– Sofia, é você? – perguntou, com certa euforia.

– Sim, Fabrízio – respondeu ela, incerta –, liguei para saber como andam vovô, papai e você? Ettore me informou do acontecido.

– Estou melhor, bem melhor agora, graças a Deus. Vovô até o presente momento não deu sinais de melhora. Papai não está bem também, está com depressão. Não sai da cama para nada. Estou preocupado. Algo de terrível abateu-se sobre nós, Sofia.

Houve uma breve pausa até que ele perguntasse:

– E você... vocês, como vão?

Sofia surpreendeu-se com a pergunta.

– Bem, na medida do possível.

Fabrízio pensou em dizer a irmã que fosse visitar o pai e o avô, caso quisesse, mas mudou de ideia ao perceber que sua visita poderia agravar o estado dos dois.

IX

Ettore não podia ficar por muito tempo em Girassóis, duas semanas foi tudo o que ele conseguiu de licença. Foi Fabrízio quem o levou até a estação para ele tomar o trem.

Ao regressar para a casa, Laura chamou Fabrízio e disse que o pai queria lhe falar em particular.

– Papai! – o pedido o alegrou. Aquilo indicava que Romani estava recuperando seu equilíbrio.

Assim que Fabrízio se sentou na pontinha da cama, ao lado do pai, Romani pegou na mão do filho, apertou e falou o que achava necessário ser dito:

– Você tem razão, filho, precisamos fazer algo pelo rapaz que salvou a sua vida... – apesar de fraca, a voz de Romani era audível.

– Não só por ele, papai, mas por todos os membros de sua família.

Romani apertou a mão do filho, para chamar sua atenção, fazê-lo olhar fundo para ele. Foi preciso grande esforço por parte dele para juntar as palavras certas para se expressar:

– Filho, meu querido e amado Fabrízio. Os avós e a mãe de Tito estão realmente mortos.

– Mortos?! – riu Fabrízio, indignado. – O senhor também com essa história?!

– Eles estão mortos há anos, Fabrízio – reforçou o pai.

– Impossível, papai eu os vi, não só os vi como conversei com eles, fui tocado por eles.

– Seu avô forçou Tito a levá-lo até seus avós e sua mãe, sem ter escolha. Tito o levou até o cemitério da cidade onde eles foram sepultados. Foi por isso que seu avô entrou em estado de choque, por saber que o moço falava a verdade.

– Não pode ser, papai, eu não posso ter sonhado tudo aquilo, era tudo tão real... Não pode ter sido um delírio, não pode. Vovô me explicou o que aconteceu entre ele e a família do Tito no passado e eles devem estar querendo se proteger, Tito deve ter posto uma placa naquele túmulo para nos despistar. É isso!

Romani achou que seria o momento ideal para explicar para o filho que ele, talvez, fosse um médium. Ele estava prestes a falar quando Fabrízio falou empolgado:

– Já sei! Já sei como desmascarar toda essa farsa!

Fabrízio curvou-se sobre o pai, deu-lhe um beijo na testa e saiu alegremente.

X

Um bom tempo depois Fabrízio estava novamente na companhia de Tito, na sua humilde casa. O homem de trinta anos olhava para ele com perplexidade mais uma vez.

Fabrízio repetia mais uma vez sua proposta de levá-lo para morar na fazenda do avô e dar-lhe um emprego lá. Tito recusou o convite a princípio, mas Fabrízio, com sua eloquência política acabou convencendo-o a aceitar.

– Está bem, aceito – respondeu o rapaz.

– Ótimo! Amanhã mesmo mandarei um caminhão de carreto buscar suas coisas. Só mais uma coisa, qual é o seu nome de verdade, afinal Tito só pode ser o seu apelido, não?

– Meu nome mesmo é Inácio. Tito foi um apelido que ganhei na escola, já nem me lembro mais o porquê.

Fabrízio sorriu. Com Tito morando na fazenda, pensou Fabrízio, cedo ou tarde ele se ausentaria de lá para ir visitar a sua família. Ele então, manteria alguém de olho nele para que quando isso acontecesse, o seguisse e descobrisse enfim, onde moravam os avós e a mãe do rapaz.

Fabrízio despediu-se de Tito, entrou no carro e partiu. Antes de atravessar a porteira voltou o pescoço para olhar novamente o casebre onde ficara naquelas semanas de desespero e dor. Teve a impressão de ver alguém na pequena varanda, teria de fato?

XI

Dois dias depois uma caminhonete foi apanhar Tito e seus pertences. Ele levou consigo pouquíssimas coisas. Fabrízio explicou que ele não precisaria levar nenhum dos móveis, pois a casa que ele iria morar na fazenda já era mobiliada.

Assim que ajeitou tudo na caminhonete, Tito voltou o olhar para o casebre, queria contemplar pela última vez o lar que abrigara durante tantos anos. Respirou fundo, e só então entrou na caminhonete e fez sinal para o motorista partir.

De repente, pediu ao homem que parasse, saltou do veículo e voltou até o casebre, havia se esquecido da foto emoldurada dele com sua família. Contemplou a foto, deu um beijo nela e depois de se acomodar no assento do veículo, partiram.

Como todas as casas da fazenda construídas para os empregados morarem estavam ocupadas, Fabrízio acabou instalando Tito na casa dos avós, num dos quartos que eram ocupados pelos netos quando dormiam na fazenda. Sabia que a estada dele na casa seria temporária, pois a avó e o avô quando voltassem para lá não permitiriam tal coisa. Mas enquanto isso...

Marina encontrava-se hospedada na casa do filho em Girassóis e estava decidida a voltar para a fazenda somente quando o marido estivesse curado. Isso lhe daria tempo, pensou Fabrízio, já cogitando a possibilidade de mandar construir o mais rápido possível uma nova casa para empregados, uma especial para que Tito morasse. O próprio Tito se prontificou a ajudar na construção, tinha experiência, já trabalhara como pedreiro.

Como o moço tinha o mesmo porte físico de Fabrízio, ele lhe deu um punhado de roupas usadas para que Tito tivesse agora o que vestir para todas as ocasiões.

Fabrízio preferiu não revelar ao rapaz o que se passara entre o avô e sua família no passado. De nada serviria para ele tomar conhecimento da maior injustiça que seu avô cometera na vida. Porém, caso ele reconhecesse o lugar, lembrasse de que morara ali certo dia, ele teria de revelar-lhe que o avô dele, Juarez, havia trabalhado para o avô, Felipo. Só omitiria o acontecido entre ele e Ettore.

Mas Tito não se lembrou de nada, ao menos até aquele presente momento. Não era de se espantar que não se lembrasse do lugar, estivera na fazenda só quando menino, visitando os avós, esporadicamente, e quando morou lá com Yolanda assim que ela se separou do marido foi somente por um mês e meio. Não reconheceria a casa onde eles haviam residido, pois havia sido derrubada e reconstruída de tijolos. A fazenda em si mudara muito desde que ele estivera ali.

Nos dias que se seguiram, Tito foi tomando outro aspecto físico. Parecia mais bem nutrido, forte, corado e mais feliz. Fabrízio também sentia feliz por ver o moço adquirindo um novo aspecto físico.

Enquanto isso Romani continuava à base de antidepressivos e decidiu se afastar do seu cargo de político.

Visto que Felipo não se recuperava do choque, o médico aconselhou a família a transferi-lo para uma clínica psiquiátrica. Marina quis cuidar dele em sua própria casa, mas não tinha saúde física nem os recursos médicos necessários para assessorá-lo. Por isso, viram-se obrigados a interná-lo na mesma clínica que abrigava Nazaré. A família toda o acompanhou até lá.

O semblante de Nazaré mudou ao ver o pai entrando na clínica. Há quase 15 anos ela não o via. Pensou a princípio, que ele finalmente havia ido visitá-la, lembrado dela, finalmente. Foi triste e, ao mesmo tempo, chocante, para ela, descobrir que ele estava sendo levado para lá para receber os mesmos cuidados que um dia ela precisou.

Desde então, Nazaré permaneceu ao lado do pai, como uma dama de companhia, contando-lhe histórias que sua memória resgatava ao longo dos dias. E ele parecia ouvir e se alegrar quando ela o beijava na testa, externando todo o seu carinho.

Duas semanas depois...

Fabrízio, desabafava com o pai:

— Já se passaram dias e Tito nunca se ausentou da fazenda, como eu supunha que faria para ir visitar seus avós e sua mãe.

O pai olhou profundamente nos olhos do filho, quis lhe revelar as conclusões que chegou a seu respeito (a respeito de toda aquela história), mas não encontrou palavras.

Fabrízio prosseguiu em tom de desabafo:

— Estava pensando outro dia a respeito do que o vovô fez ao avô do Tito, ou melhor, do Inácio. Não foi certo, papai. Onde já se viu expulsar um homem por causa de uma bobagem de criança?

— Seu avô foi sempre de extremos, Fabrízio. Quando ele me contou que havia visto os dois meninos se beijando e decidiu despedir Juarez por acreditar que o neto dele tinha influencias demoníacas, eu, bem... Eu deveria ter-lhe dito a verdade, fazê-lo compreender que fora Ettore quem beijou Inácio e não o contrário. Mas eu tive medo, Fabrízio, muito medo de que seu avô se revoltasse comigo por ter tido um filho, você sabe... Seria uma apunhalada do destino para com seu avô.

Fabrízio arregalou os olhos surpreso, estupefato na verdade:

— Então, o senhor sabe a respeito de Ettore?

— Sempre achei Ettore diferente dos outros garotos desde que ele era pequenininho. Recusava-me a acreditar que ele fosse, você sabe...

— Um homossexual?

— Não consigo sequer pronunciar essa palavra. Para um pai, é uma vergonha, uma derrota ter um filho homossexual... Temi a vida toda que Ettore se tornasse um efeminado, desmunhecado quando atingisse a idade adulta. Por sorte, por Deus, talvez, isso não aconteceu, ele é bem másculo, e acabou se tornando padre, enfim foi a melhor saída para ele e para todos nós.

247

– Ele não optou por ser padre por vocação, papai, mas para esconder de todos e, acho que até de si mesmo, a sua homossexualidade.

– Eu também acredito nisso.

– Oh, papai, ele é tão infeliz... Tenho pena dele, muita pena, mal posso olhar para os seus olhos, pois eles me entristecem.

– Eu sei, filho, eu sinto o mesmo toda vez que o vejo. Mas foi o melhor para ele ter se tornado um padre, principalmente diante da sociedade.

– Estamos sempre pensando nos outros, no que vai ficar bem para os outros, para os familiares, para a sociedade na hora de escolhermos o rumo que queremos dar para a nossa vida. Não creio que isso seja certo, pensei antes que fosse, agora não mais. Devemos escolher na vida aquilo que realmente alegra o nosso coração. Escolher o que o coração escolhe por nós. Eu, por exemplo, papai, escolhi no passado o que vovô achava ser o certo para mim, não o que meu coração escolhia para mim. Sabe, papai, eu amei uma mulher na faculdade, seu nome era Lídia, pretendia terminar tudo com Tereza para me casar com ela, mas vovô descobriu e me fez desistir do que pretendia. Agi errado, percebo agora, pois o meu rompimento com Lídia a fez tão infeliz que ela abandonou a faculdade, fez de mim um homem também muito infeliz, meu casamento com Tereza é só de aparências. Não vivo bem com ela há anos.

"Só mantenho o casamento porque o vovô diz que o eleitorado prefere um candidato com família a um divorciado. Percebo agora que por trás de todas as nossas decisões está vovô; ele determinando tudo, sem se importar com os nossos sentimentos, a nossa felicidade, a nossa realização. Veja o que ele fez com tia Nazaré. Isso não está certo, papai, não podemos mais viver comandados pelo vovô. Temos de viver comandados pelas escolhas do nosso coração. Isso não quer dizer que deixaremos de amar o vovô, o amor continuará sendo o mesmo, porém de forma lúcida, sem interesse, sem exigências.

"Foi por causa do vovô também que tivemos de nos separar de Sofia, dos filhos, dela, seus netos... Sempre senti muita saudade da minha irmã, papai. Muita mesmo. No fundo eu nunca me importei com o fato de o marido dela ser negro, só me importei porque o vovô me induziu a isso. Se não fosse ele... jamais teríamos nos afastado dela.

"Sabe, papai, no fundo eu admiro Sofia, por sua coragem de jogar tudo para o alto em nome do amor. Ela foi de todos nós a mais certa."

– Quando penso que neguei ajuda a ela, ajuda financeira quando ela mais precisou, eu... Ainda me lembro com nitidez o dia em que a encontrei no semáforo em São Paulo, vendendo flores ao lado do filho. Foi um choque para mim.

– Mas o senhor ainda pode mudar tudo isso, papai.

– Não, filho. É tarde demais.

– Não é, não! Sabe, papai, penso que a minha queda do trem aconteceu por um propósito divino, despertar não só a mim, mas todos nós dos erros que estamos cometendo ao longo da vida e nos redimirmos deles.

Romani gostou ainda mais das palavras do filho.

– Levante-se, papai. Levante-se! – ordenou Fabrízio com certa euforia.

– Estou sem vontade, filho, não tenho forças.

– Tem sim, precisa se esforçar. Vamos, eu o ajudo. Precisamos fazer algo muito importante agora. Algo que fará muito bem para o senhor. Para o senhor se livrar de vez dessa depressão horrível. Vamos!

– Para onde?

– O senhor verá!

O filho ajudou o pai se levantar e a vestir uma roupa mais adequada para sair. Em seguida chamou o chofer e pediu-lhe que preparasse o carro, pois eles dentre em pouco pegariam a estrada. Assim foi feito, em menos de vinte e dois minutos o carro seguia para São Paulo.

Assim que chegaram à metrópole o chofer dirigiu o veículo para o endereço que Fabrízio lhe passou.

Ao aproximar do cruzamento da avenida Brasil com a avenida Rebouças o semáforo fechou. Veio então um menino mulato vender flores. Nem bem o garoto se aproximou, Fabrízio saiu do carro e chamou, a toda voz pela moça que vendia flores ao lado do garoto.

249

– Sofia!

Sofia olhou espantada para o irmão.

– Fabrízio, você, aqui?!

O irmão abriu-se num sorriso para ela e disse:

– Alguém veio vê-la, minha irmã!

Foi nesse momento que Romani saiu do carro, trêmulo de emoção.

– Papai?! – exclamou Sofia, surpresa por vê-lo.

A filha seguiu na sua direção, parou em frente a ele, procurou sorrir, mas chorou ao invés disso. Um choro inevitável.

– Alegro-me em vê-lo recuperado, papai.

– Filha. – murmurou Romani, com voz tépida. – Que bom revê-la!

O pai abraçou a filha, forte e calorosamente. Sofia, a princípio permaneceu dura entre os braços de Romani, por fim, relaxou e retribuiu o abraço caloroso.

– Oh, filha... Que bom revê-la.

– Olá, papai...

– Perdoe-me, filha, perdoe-me.

– Eu já lhe perdoei, papai, faz muito tempo.

– Fui um tolo. Tenho sido um tolo a vida inteira.

– Eu o amo, papai.

– Eu também, filha.

Nisso, Fabrízio fez sinal para que o sobrinho se aproximasse.

– Olá, como vai? – disse ele para o garoto. – Sou o irmão mais velho da sua mãe e, portanto, seu tio. Meu nome é Fabrízio.

O menino exibiu seus dentes bonitos num sorriso viçoso e disse:

– Olá. Como vai?

– Bem, melhor agora que o conheci.

Sofia desvencilhou-se do abraço do pai, voltou-se para o filho e fez as devidas apresentações:

– Rodrigo, esse é o seu avô: Romani Guiarone.

O menino sorriu bonito também para o avô e disse:

– Já o conheço por fotos e pela propaganda política, mas sempre quis conhecê-lo pessoalmente.

Ainda que choroso, Romani procurou sorrir para o menino. Em seguida o abraçou fortemente.

– Venham. – disse Fabrízio abrindo a porta do carro. – Vamos sair daqui, temos muito o que conversar.

– E-eu – gaguejou Sofia – estou trabalhando no momento...

– Por favor, filha. – insistiu Romani.

Sofia assentiu. Assim que todos se ajeitaram nos assentos, o veículo partiu. Por sugestão de Sofia, seguiram para sua casa. Chegando lá, Sofia preparou-lhes um café para comer com pão caseiro. Romani e Fabrízio ficaram assustados com as condições precárias da casa. A única que eles conseguiram alugar para morar diante das dificuldades financeiras que enfrentavam há anos. Enquanto Sofia coava o café e punha a mesa, quis saber tudo sobre o acidente com Fabrízio, que lhe contou nos mínimos detalhes o que lhe acontecera. Foi então que, subitamente, Romani voltou a chorar. Chorar sentido, como uma criança extremamente magoada.

– Perdão, filha. – repetiu ele. – Fui um tolo em ter feito o que fiz contra você e seus filhos. Oh, Deus, como eu me odeio pelo que fiz contra você, filha! Onde eu estava com a cabeça quando virei o rosto para os meus netos? Para impedi-la de ver sua mãe?!

– Papai. – disse Sofia com ponderação, apertando delicadamente o pulso de Romani. – Eu posso perdoar-lhe mil vezes por tudo que aconteceu entre nós, mas só você pode permitir que esse perdão surta efeito dentro do senhor. Como disse Shakespeare: "Não sobrecarreguemos nossas vidas com um peso que já se foi".

Nisso, Pedro, o filho mais novo de Sofia e Saulo chegou na casa. Espantou-se ao ver a mãe ao lado de Romani e de Fabrízio.

– Pedro – disse Sofia, com grande emoção. – Este é seu avô Romani Guiarone e este é seu tio Fabrízio, meu irmão mais velho.

O menino sorriu, demonstrando grande simpatia. Voltando-se para o pai, Sofia completou:

– Este é Pedro, papai, seu outro neto.

Romani abraçou e beijou o neto com grande ternura da mesma forma que Fabrízio. O filho sentou-se à mesa com eles para tomar

251

café acompanhado de pão. Romani quis saber então o que ele fazia, como estava indo nos estudos, tudo enfim que cercava a vida dos netos. Ambos falavam com grande desembaraço e simpatia. Romani sentiu grande orgulho por tê-los como netos.

Fabrízio aproveitou o momento para chamar Sofia de lado e pedir-lhe perdão pelo modo que a tratara durante todos aqueles 12 anos.

– Sinto orgulho de você, agora, meu irmão – confessou Sofia –, pois você finalmente despertou para a vida, está aprendendo a ser si mesmo, a ouvir o que dita o seu coração, a pedir desculpas, a se redimir de seus atos indevidos, você está se tornando um ser humano maravilhoso, Fabrízio. Sinta orgulho de si mesmo. Você merece.

Os dois se abraçaram. Ao pé do ouvido de Sofia, Fabrízio confessou:

– Por falar em sentir orgulho, confesso que sempre admirei a sua coragem. Sempre senti uma pontinha de inveja por você ser tão corajosa, assumir o que queria para si, aceitar e seguir as escolhas do seu coração. Você é de todos os Guiarone a mais forte!

"Sabe, mana, eu deveria ter feito o mesmo que você no passado, ter jogado tudo para o alto em nome do amor, do grande amor da minha vida, que foi uma moça que conheci na faculdade, mas não, desprezei o que ditava o meu coração por causa do vovô. E tudo que eu ganhei foi uma vida afetiva infeliz."

– Você fez o que achou que era o certo para você, na época, Fabrízio. O certo para você era fazer tudo o que o nosso avô determinasse, que bom que agora você está percebendo que o melhor a se fazer é seguir o instinto do seu coração.

Novo abraço, novas lágrimas.

Nisso Saulo chegou. Ao ver Romani e Fabrízio sorriu e exclamou:

– Visitas?! Que bom!

Romani levantou-se da mesa para cumprimentá-lo.

– Como vai?

– Bem e o senhor? Seja bem-vindo a minha casa.

– E-eu... quero me desculpar pelo modo que o tratei, ou melhor, que o tratamos quando Sofia o levou até nossa casa para apresentá-lo a família.

252

– Aquilo já faz tanto tempo, senhor Guiarone. Eu nem me lembrava mais. O importante é o que fazemos no presente, no aqui e agora. Isso é o que vale mais para todos nós.

Saulo dizia a verdade, pois nunca guardara ressentimento pelo acontecido. A conversa a seguir foi se tornando cada vez mais descontraída, logo Romani e Fabrízio se sentiam como velhos conhecidos na companhia de Saulo.

O encontro terminou com Romani explicando, superficialmente, o que havia acontecido com o pai.

– Eu sinto muito. – lamentou Saulo.

– É uma pena que o vovô esteja nessas condições. – complementou Sofia, com pesar.

– É uma pena, sem dúvida, mas... a vida quis assim e, como Fabrízio me fez perceber, a vida tudo o que fez para nos ensinar algo de muito importante.

Romani voltou-se para Saulo e falou:

– Meu pai não tem mais condições de administrar a fazenda, estando eu e Fabrízio na política não temos também condições de administrá-la. Rocco, meu outro filho, hoje vive na Europa, Ettore é padre, portanto... Estou oferecendo a você o emprego de administrador da nossa fazenda. Em troca, obviamente de um bom salário mensal.

Saulo e Sofia se entreolharam.

– Por favor, aceite.

Saulo, sorriu, sem graça e disse:

– Tolo eu se não aceitasse, senhor Guiarone. Só espero fazer um trabalho a sua altura. Vou precisar de algum tempo para adquirir experiência.

– Sei que vai se sair muito bem no trabalho.

– Eu também acredito nisso – reforçou Fabrízio, com sinceridade.

– Está bem, se Sofia não se opõe...

– Não querido, não me oponho de jeito nenhum. Vai ser muito bom mudar para a fazenda, bom para todos nós.

Todos sorriram, contentes com o desfecho.

– Só uma coisa, papai. – observou Sofia, pensativa. – E se o vovô voltar ao normal, não creio que ele vá gostar de saber que o Saulo agora administra a sua fazenda, não acha?

– Filha, quero muito que o seu avô se recupere, quando isso acontecer, ele terá de aceitar os rumos que dei para a fazenda. Está mais do que na hora de ele remodelar o seu modo de pensar. Descartar valores que não levam a nada, só causam, na verdade, mal a todos.

Sofia se perguntou se realmente alguém na idade do avô teria condições de reformular seus padrões de pensamento. Duvidou, ainda mais em se tratando de Felipo Guiarone. No entanto, torceu para que estivesse errada.

XII

Sofia e Saulo foram muito bem recebidos por Tito quando chegaram à fazenda da família Guiarone. O moço se sentia feliz por poder estar tendo a oportunidade de conhecer mais um membro da família que tanto queria bem. Sofia, assim que viu Tito, teve a impressão de já o conhecer de outrora.

Certa tarde, Tito havia despertado de uma sesta, passava pela sala em direção à cozinha quando ouviu seu nome sendo pronunciado por Fabrízio. Discretamente, ele se aproximou da janela que dava para a varanda e ficou ali ouvindo a conversa. Assim, acabou descobrindo a verdade que Fabrízio lhe ocultava:

– Quer dizer que o Tito é o Inácio, aquele garotinho que conhecemos numa das férias de julho aqui na fazenda?! – espantou-se Sofia.

– O próprio. Neto de um dos empregados da fazenda da época.

– Eu me lembro dele! Não foi esse homem que salvou o vovô certa vez de se afogar no rio?

– Ele mesmo. Seu nome era Juarez, a esposa chamava-se Leonor, e a filha do casal, Yolanda, mãe do Tito, ou melhor, do Inácio.

– Que coincidência. Eu gostava imensamente do Inácio, lembro-me de ter voltado para cá, nas férias seguintes para reencontrá-lo e fiquei muito decepcionada quando soube que ele não morava mais aqui com a família.

– Vovô despediu Juarez assim que voltamos para São Paulo. Prepare-se, minha irmã, para saber o porquê.

Sofia arregalou os olhos, ansiosa.

– Vovô pegou Ettore beijando Inácio na boca dentro do quarto onde dormíamos. Por pensar que fora Inácio quem beijou Ettore, ele decidiu demitir Juarez para evitar que tivéssemos contato com o menino em vindas futuras à fazenda. Para o vovô uma criança que era capaz de fazer o que fez com um coleguinha, era capaz de muito mais, era na verdade um enviado do demônio. E demônios, como vovô havia aprendido com o seu pai, tinham de ser exorcizados de um local o quanto antes, pois podem desgraçar uma família, sua propriedade, tudo, enfim, que se constrói.

Sofia olhava boquiaberta para Fabrízio. Não foi preciso nem dizer o que se passava por sua cabeça, Fabrízio leu seus pensamentos. Disse:

– Como vê, mana, vovô cometeu um erro grave.

– Gravíssimo!

– Uma injustiça para com aquela gente tão boa.

– Nem fale. Ainda que vovô tivesse visto, com os próprios olhos, Ettore beijando Inácio na boca, ele poria a culpa em Inácio, faria do menino o bode expiatório, por se recusar a ver a verdade, assim como fazem muitos pais.

– Então você também...

– Sempre achei muito estranha a decisão repentina de Ettore de se tornar padre. Nunca fora chegado a Igreja a ponto de querer se dedicar a ela como faz um padre. Percebi então que ele escolheu o celibato para esconder de todos e até de si próprio a sua homossexualidade. Mais que isso, para fugir de Caio Calasans, por quem, na minha opinião, ele era apaixonado. Caio também era apaixonado por ele.

Sofia refletiu por instantes, enfim perguntou:

– Ettore já está sabendo disso?

– Não contei nem para ele nem para o Tito. Achei melhor. Tenho medo de que Ettore se culpe eternamente pelo que causou a família de Tito e este se revolte conosco, se souber.

– Você tem razão. Só fico pensando no que Ettore e Tito achariam de toda essa história.

Tito recostou-se à parede. Sua mente estava a mil, o coração também. Então Fabrízio Guiarone era o neto do homem que desgraçou a vida da mãe e dos avós. Bem que ele achou que já estivera naquela fazenda antes, mas achou que fosse um delírio seu. Deus, que loucura... Ele estava de volta à fazenda de onde eles foram expulsos e justamente na hora em que sua família mais precisava daquele emprego e daquela casa.

E agora ele soube o real motivo que fizera Felipo Guiarone demitir seu avô de uma hora para outra. Um motivo injusto, completamente equivocado. Que loucura?!

Já teria a mãe, no plano espiritual, sabido de toda a verdade? Tanto ela quanto os avós? Sim, certamente. Saberiam eles que Fabrízio era neto de Felipo Guiarone antes de lhe fazer companhia e orar para a sua recuperação? Sim, certamente, e mesmo assim o ajudaram. Mesmo depois de terem passado aquela injustiça nas mãos de Felipo Guiarone eles lhe perdoaram. Cuidaram do seu neto no momento em que mais precisou. Aquilo fez com que Inácio sentisse ainda mais admiração pelos avós e pela mãe.

Tito voltou silenciosamente para o seu quarto, não queria que Fabrízio e Sofia o encontrassem ali e soubessem que ele agora sabia de toda a verdade. Seria melhor fingir que não sabia de nada, ao menos por ora. Ele deitou-se na cama, aconchegou sua cabeça sobre o travesseiro e se pôs a pensar. Os pensamentos pareciam vir em redemoinho. Apaziguaram-se somente quando ele voltou seus pensamentos para Ettore. Tudo aconteceu por causa de Ettore, de um beijo inocente de criança. Eles ainda não haviam se encontrado, ou melhor, se reencontrado, pois desde então Ettore não voltara mais a Girassóis. Mas ele agora queria muito revê-lo. Ver atentamente o individuo que indiretamente desgraçou a vida de sua família.

Desde então Tito não conseguiu mais deixar de pensar em Ettore Guiarone.

XIII

No dia seguinte, Érica balançava no balanço que Tito havia construído para ela.

Depois, ao se ver a sós com Fabrízio, Tito perguntou-lhe:

– E seu irmão, nunca aparece?

– Qual deles?

– O que se tornou padre.

– Ettore?! Ele só vem para cá quando pode.

– Gostaria muito de conhecê-lo.

– Ele ficará feliz em conhecê-lo também, Tito.

Depois de falar um pouco sobre o rumo que Ettore havia decidido dar a sua vida, Fabrízio falou de Rocco. Mas Tito não ouviu com tanto interesse o que girava em torno de Rocco como ouviu sobre Ettore, que havia se tornado, nos últimos dias, o centro de sua atenção.

XIV

A igreja a que Ettore servia estava iluminada só pelos raios de sol que atravessavam as grandes janelas. Ettore foi até o altar levar o sermão que preparara para missa daquela noite. Ao deixar o local, avistou um homem ajoelhado bem próximo dali. O visitante levantou-se, foi até ele e disse:

– Padre, gostaria de me confessar.

Não era hora de receber confissões, mas Ettore sentiu que havia dentro do homem, ali, parado a sua frente, uma certa urgência por aquilo. Por isso atendeu seu pedido.

– Tudo bem. Vamos até o confessionário.

Ajoelhado diante da janela do confessionário, o homem e se pôs a falar:

– Padre, vim aqui suplicar a Deus que me ajude.

– O que o aflige, meu bom homem?

– Um desejo profundo de vingança, padre.

– Isso não é bom.

– Mas eu não consigo parar de pensar nisso, padre, esse desejo fica se remoendo em minha mente. Eu acordo e durmo pensando nele. Minha alma anseia por vingança, padre.

– Isso é um pecado. Uma afronta a Deus. Não é assim que se resolvem as coisas. Acredite-me.

– Eu sei, no entanto, só consigo um pouco de paz quando decreto para mim mesmo que vou me vingar daqueles que merecem vingança.

– O que eles fizeram de tão grave contra você, meu bom homem?

– Eles destruíram vidas, padre.

– Vidas?

– Sim, vidas.

– São criminosos?

– De certo modo sim. O que o senhor faria, padre?

– Rezaria, redobraria a minha fé, pediria a Deus para iluminar meus pensamentos afastar-me de todo o mal. Não se paga o mal com o mal. Agindo assim estará proliferando o mal, sendo tão mau quanto aquele que praticou o mal.

– Sei... acredito que o senhor, padre, nunca tenha agido assim, não é? Digo, resolvido o mal com o mal.

– Eu...

Ettore sentiu seu queixo tremer. As palavras do homem haviam-no abalado de certo modo, sem saber ao certo o porquê. Teve a impressão de que o estranho estava dando uma indireta para ele.

– E então, padre? O senhor não respondeu a minha pergunta.

Ettore sentiu-se em pânico naquele instante. Principalmente agora que percebia que havia, sim, resolvido entre aspas, o que acreditava ser o mal, com o mal, quando decidiu ser padre para fugir dos desejos por Caio Calasans os quais acreditava serem incabíveis.

A voz do estranho tornou a chegar aos seus ouvidos:

– O que faria, padre, se descobrisse que um dia resolveu o que acreditou ser mal com o mal? Quero saber, padre, caso eu me arrependa do que vou fazer.

As palavras do estranho fizeram Ettore novamente estremecer por dentro.

– E-eu... – disse Ettore, por fim, gaguejando. – Eu tentaria me redimir. Sim, faria o que estivesse ao meu alcance para me redimir.

– Sei. Por pouco pensei que não faria nada. Que viveria escondido na igreja pelo resto da sua vida, sem tomar nenhum providência a respeito do mal que cometeu. É lógico que esse não é seu caso, não é mesmo, padre?

Nova intervenção do silêncio.

– Sabe, padre... – continuou o estranho –, lembrar-me-ei do que me sugeriu após realizar a minha vingança. Vou tentar me redimir do que fiz.

– Não seria mais sensato você deixar de cometer essa vingança, meu bom homem? Assim não terá de se redimir depois.

– Não, padre. Estou decidido que vou me vingar dessa família pelo que eles fizeram a minha no passado. Vou me vingar, custe o que custar e ninguém vai me impedir.

– Você está nervoso, meu amigo. Frequente mais as missas, comungue mais, confesse mais; em casa, acenda velas para o seu anjo da guarda, tudo isso vai fazer com que você perceba que a vingança não está com nada, que ela não trará nada de bom a ninguém.

– Que Deus me perdoe, padre. Mas nada me fará voltar atrás na minha decisão.

O homem calou-se. Ettore não soube mais o que dizer. Depois de um breve silêncio arriscou:

– Pense bem no que vai fazer; meu bom homem, pode estragar sua vida para sempre. Pode até mesmo acabar na prisão.

Ettore percebeu que o homem não estava mais ajoelhado ao lado do confessionário. Abriu a cortina num gesto rápido, mas não o encontrou mais. Ele havia se retirado da igreja a passos leves. Parecia ter evaporado.

Ettore deixou o confessionário enxugando a testa que, naquele instante, suava como se estivesse sob um sol de quarenta graus. Foi até o altar, fez o sinal da cruz e rezou uma prece. As palavras do estranho ainda estavam ecoando em sua mente. De certo modo ele havia lhe dito verdades, feito ele perceber que solucionara o que acreditava ser mau com o mal.

XV

Uma semana depois, Ettore foi visitar a família. O pai, apesar de estar ainda vivendo à base de antidepressivos, dava sinais de melhora. Saíra para pescar com os dois netos.

Foi Saulo quem o apanhou na estação de trem. Os dois foram conversando animadamente durante todo o trajeto até a fazenda dos Guiarone. Saulo contou o quanto Tito havia sido eficaz na noite em que quase perderam toda a plantação por causa de uma geada. Com a ligeireza de uma lebre, ele convocou todos os empregados para acenderem pneus, espalhando-os arredores das plantações para evitar que a geada queimasse os grãos. Ele, Saulo, não teria tomado essa atitude por falta de experiência, se não fosse Tito... Graças a ele a plantação havia sido salva. Ele era, como Fabrízio fazia questão de dizer, um ser humano admirável.

Fabrízio estava na varanda da casa, aguardando o irmão, quando a caminhonete dirigida por Saulo chegou trazendo Ettore. Assim que avistou o irmão, correu na sua direção e o abraçou fortemente. Em seguida, ambos trocaram palavras costumeiras.

– Que bom revê-lo, meu irmão – exclamou Fabrízio. verdadeiramente feliz pelo reencontro.

– Você está muito bem, Fabrízio – elogiou Ettore com sinceridade –, parece-me mais feliz.

– E estou mesmo, Ettore. Feliz como nunca fui.

Ao ver Tito se aproximando, Fabrízio apressou-se em dizer:

– Ettore, quero lhe apresentar Tito, o homem que salvou a minha vida e que considero como um irmão.

Ettore voltou-se para trás na direção em que Tito caminhava até eles. Como ele estava contra o sol, Ettore não pôde ver seu rosto de imediato, pois a luz do sol ofuscava a sua visão. Somente quando Tito ficou a menos de um metro é que ele pôde ver sua fisionomia com nitidez.

– Como vai? – disse o moço de modo bastante formal.

O sorriso de Ettore despencou de sua face ao perceber que Tito era o homem que havia se confessado com ele e admitido estar planejando uma vingança contra a família que destruiu a sua no passado.

– Como vai, padre? – tornou Tito, olhando reto e direto para os olhos de Ettore.

– Bem e você? – respondeu Ettore apertando a sua mão.

– Muito bem, com a graça do Senhor.

Pelo olhar de Ettore, Tito soube no mesmo instante que ele o havia reconhecido. Exatamente como ele previu que faria.

Mil pensamentos passaram simultaneamente pela cabeça de Ettore naquele instante. "Que coincidência", murmurou com seus botões. "Com tanta gente no mundo para confessar com ele, aquele que salvara o irmão e que planejava se vingar de uma família foi justamente confessar com ele. Que curioso..."

XVI

Mais tarde, após o almoço, Érica pediu a Tito para levá-la para passear. Assim que os dois se foram, de mãos dadas, Fabrízio voltou-se para Ettore e comentou com garnde satisfação:

– Tito é um homem maravilhoso, Ettore. Érica simplesmente o adora. Parecem velhos conhecidos de outrora. Estão sempre juntos.

Ettore assentiu com a cabeça, fingindo-se de alegre por saber aquilo.

– Há algo que você gostará de saber a respeito de Tito, Ettore – acrescentou Fabrízio.

Ettore olhou para o irmão com grande interesse.

– O que, por exemplo? – perguntou.

Fabrízio explicou:

– Tito não é seu nome verdadeiro, logicamente, é apenas um apelido. Seu nome verdadeiro é Inácio. E pasme, ele é aquele garotinho com quem você, Sofia e Rocco brincaram certa vez quando vieram passar as férias de julho aqui na fazenda do vovô. Ele é neto do Juarez, o homem que salvou o vovô do rio, certa vez. Você com certeza deve se lembrar do fato, não?

– Sim. Lembro-me bem.

– Lembra-se também de Inácio quando menino?

– Sim, agora que mencionou, sim. Deveríamos ter cerca de dez, onze anos de idade na época. Que coincidência, não, você ter sido salvo pelo neto daquele que salvou o vovô.

– Sim, de fato, uma coincidência tremenda.

Fabrízio tomou coragem para contar ao irmão a verdadeira razão pela qual o avô havia despedido Juarez no passado. Ettore estava boquiaberto ao término da narrativa. "Então, o sonho que ele sempre tinha com um menino e o avô berrando com os dois não fora um sonho, era um fragmento do passado, acontecera de fato.

Naquele instante Ettore voltou ao passado em memória. Bem na hora em que ele beijou Inácio nos lábios dentro do quarto em que dormia. Ele queria beijá-lo, muito, desde que o conhecera se sentira atraído por ele, ainda que não soubesse, por ser criança, o que sentia de fato. Achou um menino lindo, com lábios lindos, queria senti-lo junto ao seus. Por isso o arrastou para dentro da casa, durante o pic-esconde para roubar-lhe um beijo. Ele ainda podia sentir a quentura dos lábios se encostando aos seus quando, subitamente, ouviu o grito do avô.

Meu Deus, o avô interpretara tudo errado, pensou que Inácio o havia beijado quando na verdade fora o contrário. Que situação! Por causa daquele beijo inocente, ele desgraçara uma família. Que horror! Que injusto!

A voz de Fabrízio despertou-o dos seus pensamentos:

– A vida é realmente uma caixinha de surpresas, não, Ettore?

– S-sim – gaguejou Ettore, aturdido sem saber o porquê. – Bem que achei o rosto do Tito familiar.

Ettore caminhava para o seu quarto, para se preparar para o banho quando percebeu finalmente quem era a família da qual Inácio pretendia se vingar.

"Essa família destruiu a minha família no passado, padre...", lembrou-se ele das palavras de Inácio.

"A família", murmurou Ettore. "A família era a dele. Era de sua família que Inácio ia se vingar pelo que o avô havia feito à família dele no passado. Deus meu! Que horror!"

O pior é que ele não podia abrir a boca, contar nada do que ouviu, pois tudo fora dito em confissão, e jamais um padre poderia quebrar o voto de confissão.

Aquilo não podia estar acontecendo, não... Ele deveria estar, como dizem, "fora do domínio de suas faculdades mentais'. Ele precisava falar com Inácio, o quanto antes e esclarecer tudo aquilo. Se não o fizesse, não teria mais sossego."

Ettore entrou no banho e procurou relaxar.

XVII

Assim que teve uma oportunidade, Ettore foi ter uma palavra com Tito em particular.

— Como vai, padre? – perguntou Tito em tom cordial.

— Você é...

— Sim, padre, sou eu quem se confessou com o senhor naquele dia.

— Seu desejo de vingança é para com a minha família, não é? Pelo que meu avô fez à sua família no passado?

Tito respondeu com olhar.

— Como é que você soube a respeito? Meu irmão me disse que preferiu ocultar de você o elo que liga sua família a nossa no passado.

— Eu ouvi, sem querer, Fabrízio conversando com Sofia, padre. Eles não sabem que eu sei e nem o senhor pode lhes contar que sei, pois tudo o que lhe disse foi em confissão, padre, não se esqueça disso.

Ettore remoeu seus pensamentos até dizer:

— O que mais me espanta é o fato de você ter ido se confessar justamente comigo. É coincidência demais.

— Não de fato, padre. Fui até sua paróquia porque sabia que era lá que o encontraria. Foi seu próprio irmão quem me informou onde era a sua paróquia. Fiquei perambulando pela igreja, aguardando o senhor aparecer. Se não aparecesse naquela tarde, voltaria noutro dia até encontrá-lo. Queria revelar, especialmente ao senhor, meu propósito...

— Um propósito maligno! – explodiu Ettore.

— Um propósito justo! – revidou Tito, olhando ao redor.

— Imperdoável diante de Deus!

Tito deu de ombros. Levou à boca um galhinho de trigo e começou a mascá-lo.

Com voz apopléctica, Ettore perguntou:

— Por que revelou a mim seu desejo de vingança? Por que especificamente a mim? Eu não entendo.

Tito manteve-se calado, mascando o galhinho.

Algo iluminou Ettore naquele instante.

— Mas como eu sou estúpido, é lógico, me procurou para revelar seu plano numa confissão por saber exatamente que eu não poderia revelar o que me confessou. E a preocupação, o desespero por saber de suas intenções e não poder revelar a alguém, ou impedir, acabaria me torturando, corroendo os meus sentidos, acabando com a minha vida. Quis isso porque fui eu quem desencadeou a ira do meu avô sobre a sua família, não foi?! Diga!

Tito não respondeu, apenas deu de ombros mais uma vez. Ettore balançou a cabeça desconsolado. Com pesar disse:

— Se essa foi a sua intenção, parabéns, você conseguiu. Estou em pânico. Ainda mais por não poder revelar nada do que sei a minha família.

Tito continuou se mostrando indiferente as palavras de Ettore que a seguir perguntou:

— Como deseja se vingar?

— Eu não seria tolo de revelar tal coisa ao senhor.

— Deve haver um modo de impedi-lo. Eu ainda vou encontrá-lo!

— Padre, o senhor não pode revelar o que eu lhe contei, lembre que tudo que lhe disse foi dito em confissão. O senhor só pode revelar o que sabe, se perceber que mais importante que os votos à igreja é a felicidade das pessoas. De sua família, no caso. O senhor terá de escolher.

— Eu não posso quebrar meu voto da confissão. Nenhum padre pode, sob qualquer circunstância.

— Cabe ao senhor escolher o que é melhor para si e para o próximo, padre.

Inácio aproximou-se de Ettore e disse em tom de reforço:

— Lembre-se, padre, a felicidade dos outros está nas suas mãos. É o senhor quem escolhe, evitar uma desgraça ou se manter fiel a sua igreja.

As palavras de Tito penetraram nos ouvidos de Ettore como um ácido corrosivo.

Ettore ia se defender com palavras, mas calou-se ao perceber que Fabrízio e Érica se aproximaram. Inácio, que até então estava de cócoras, levantou-se pegou a menina no colo e brincou com ela.

Fabrízio voltou-se para Ettore e disse, orgulhoso:

— Érica adora o Tito!

Ettore voltou o olhar para o homem segurando a menina nos braços. Quando seus olhos se encontraram com os dele, percebeu que o outro queria lhe dizer alguma coisa, por meio do olhar. Não levou muito para perceber o que era, gelou. Era por meio de Érica que Inácio pretendia se vingar de sua família. Com a confiança que Fabrízio tinha nele, poderia levar a menina para qualquer lugar e lhe fazer algum mal. Ettore tornou a gelar. Pediu licença a Fabrízio e voltou para o casarão, estugando os passos, clamando a Deus por intervenção.

Desde então, a imagem de Inácio abraçando a sobrinha ficou registrada em sua memória e, volta e meia, vinha à tona perturbando-o cada vez mais. Desde esse dia, Ettore nunca mais dormiu tranquilo.

Capítulo 8

I

O relógio já marcava três e quarenta e cinco da madrugada e até aquele momento Ettore não havia conseguido dormir. Virava de um lado para outro na cama, mas nada de o sono vir. Vinha sendo assim desde que voltara da fazenda, dominado por uma inexorável tensão.

A pergunta que não conseguia calar em sua mente era: o que ele deveria fazer com relação à vingança que Inácio planejava fazer contra a sua família?

O certo seria contar tudo a família, antes que uma desgraça se abatesse sobre todos. Mas como contar, se Inácio havia lhe contado sobre seus planos de vingança em confissão? Por ter sido em confissão ele não podia abrir a boca.

Ettore levantou-se e foi até o banheiro, uma ducha o ajudaria a relaxar. Voltou para a cama e tentou novamente dormir. Trinta e cinco minutos depois, chegava ao fim de outro período de sucessivas tentativas para dormir. Todas fracassadas.

Tudo dependia apenas de uma decisão sua, uma única escolha: quebrar ou não o voto da confissão. Quebrando impediria Inácio de cometer um mal contra sua família, não quebrá-lo permitiria esse mal.

Se Deus tudo vê, tudo ouve, já deveria estar a par de seu dilema. Se estava, por que não o ajudava diante daquela terrível situação? Por que não iluminava suas ideias ou, melhor, iluminava a mente e o coração daquele indivíduo vingativo?

Por mais que sua mente trabalhasse febrilmente em busca de uma saída, Ettore não encontrava nenhuma.

Ettore levantou-se novamente e foi até a igreja, conhecia tudo por ali tão bem que caminhou no escuro. Ao chegar ao altar, acendeu uma vela, ajoelhou-se e se pôs a rezar: "Pai Nosso que estás no céu, santificado seja o vosso nome...".

Nos dias que se seguiram, Ettore continuou se sentindo péssimo, tinha pavorosos estremecimentos e intermináveis dores de cabeça. Ele precisava, urgentemente, encontrar uma solução para o seu conflito, antes que ele o consumisse, antes que Tito pusesse o seu plano em prática.

Samuel, um dos padres da paróquia, observou o quanto as olheiras de Ettore haviam se aprofundado. Sua palidez era tanta que mais parecia um boneco de cera. Sabia que o colega não estava bem. Andava mal humorado, apreensivo, mais fechado que o normal. Todos ali procuravam se aproximar dele, puxar conversa, descobrir o que o afligia, mas Ettore se esquivava de todos com a astúcia de uma raposa.

Na noite seguinte, Ettore passou por um cochilo rápido, de uns quarenta, cinquenta minutos, sabia que após aquilo não conseguiria dormir mais aquela noite, não adiantava insistir, por isso levantou-se e saiu do quarto a passos silenciosos para não acordar os colegas que dormiam no mesmo quarto. Dali seguiu para a sala de estar da casa paroquial onde encontrou Samuel lendo um livro.

– Acordado a essa hora, Samuel? – perguntou Ettore, fingindo naturalidade na voz.

O colega olhou bem para Ettore e perguntou seriamente:

– Há quantos dias não dorme, Ettore?

Ettore mordeu os lábios, queria responder, mas ao mesmo tempo não. Samuel pôs o livro sobre a mesinha de canto, levantou-se e foi até o amigo, pegou firmemente em seu ombro e o fez olhar para ele.

– O que está havendo com você, Ettore? Você não está bem e sabe que precisa de ajuda. Abra-se comigo.

A voz de Samuel soou firme e encorajadora. Ettore ia falar alguma coisa mas hesitou. Bruscamente, desvencilhou-se dos braços do colega e dirigiu-se para a porta da sala, ia passar por ela quando se sentiu mal, a vista escureceu, cambaleou, foi preciso apoiar-se à uma mesa para não cair.

267

Samuel correu rápido em seu auxílio, apoiou-o com os braços e o fez sentar na poltrona. Depois correu até a cozinha e trouxe um copo de água com açúcar para Ettore tomar.

– Beba, Ettore, vai lhe fazer bem.

Enquanto ele tomava a água açucarada, Samuel pegou um lenço e enxugou a testa do colega que transpirava fortemente. Assim que percebeu que Ettore estava mais calmo, insistiu:

– Abra-se comigo, Ettore. Vai ser melhor para você, largue de ser teimoso, de querer resolver tudo sozinho. Quem sabe, não posso ajudá-lo.

Ettore permaneceu calado.

– Se você quiser, tomarei o seu desabafo como uma confissão.

Ettore fitou o colega com novos olhos. Sentia-se agora mais à vontade para expor o que o martirizava tanto.

Contou tudo o que aconteceu entre sua família e a família de Inácio no passado e sobre os planos de vingança por parte de Inácio contra a sua família.

Ettore respirou fundo antes de acrescentar:

– Creio que Inácio vai fazer alguma coisa contra a minha sobrinha.

– Por que acha isso?

– Intuição. Está sempre com ela, ganhou a confiança de meu irmão. Pode sair com ela para qualquer lugar. Estou com medo, muito medo, Samuel. O problema é que Inácio me revelou sua intenção de vingança por meio de uma confissão. O que devo fazer se não posso quebrar o voto de confissão?

– A vida de pessoas está em jogo, Ettore.

– Só me resta rezar.

– Rezar? Rezar não basta nesse caso, Ettore. É preciso agir!

Samuel respirou fundo antes de dar sua opinião:

– De acordo com os mandamentos da igreja não se deve quebrar o voto de confissão sob nenhuma circunstância; mas eu acredito, e essa crença se emana da minha alma, que um voto que permite que a maldade seja realizada não é um voto de Deus.

– Então devo quebrá-lo, é isso que está me sugerindo?

– Siga o instinto do seu coração, Ettore.

– Não sei o que é isso. Se eu tivesse, alguma vez na vida, ouvido o instinto do meu coração eu não seria nada do que sou.

– Está na hora, então, de aprender a ouvir o seu coração, Ettore. Está mais do que na hora de fazer aquilo que seu coração dita e não o que os outros querem que você faça!

Ettore mergulhou as mãos nos cabelos num gesto desesperador. Num tom de desagrado falou:

– Poxa! Eu entreguei a minha vida para Deus, dediquei todos esses anos a fio para servi-Lo e, no entanto, Ele me joga numa situação abominável como essa! Ainda que isso tudo seja obra do diabo, por que Deus não me protege desse maldito se sou tão devotado a Ele? Deus me parece tão injusto, tão sem consideração por mim.

– Sabe Ettore, apesar de parecer, não creio que Deus esteja contra você. Que seja injusto e que não tenha consideração por você. Penso que tudo que está acontecendo com você é por um propósito maior, um propósito que no momento foge a sua compreensão, mas no futuro, quando você olhar para trás compreenderá por que tudo aconteceu do modo que aconteceu na sua vida.

Ettore surpreendeu-se com o ponto de vista do amigo. A pergunta seguinte de Samuel deixou Ettore ainda mais surpreso:

– O que o levou a ser padre, Ettore?

Ettore engoliu em seco, os lábios se contraíram antes de ele começar a contar o verdadeiro motivo que o fez tornar-se padre. Após a narrativa, Ettore acrescentou com pesar:

– Sabe o que é mais terrível? É que mesmo eu tendo dedicado a minha vida para servir a Deus, Ele não impediu que Caio acabasse onde acabou, perdido no mundo das drogas.

Ettore voltou o olhar avermelhado para o colega e perguntou entristecido:

– É justo?

Samuel respondeu com outra pergunta:

– Você é feliz, Ettore?

Ettore soltou um riso de descaso.

– Feliz? Há anos que eu não me encontro com a felicidade. Para falar a verdade, acho que se eu somar as horas em que desfrutei da companhia dela, não dá nem sequer um dia.

Ettore baixou os olhos e angustiado acrescentou:

– Eu sou um infeliz, Samuel, e o que mais me deixa infeliz é saber que mesmo após ter me tornado um padre não pude ser abençoado com o mínimo de felicidade na vida. Torno a dizer que Deus foi muito injusto comigo.

– Não foi Deus quem foi injusto com você, Ettore, foi você próprio.

As pupilas dos olhos de Ettore se dilataram e um ar trágico cobriu sua face. Samuel prosseguiu:

– Sabe, o que eu realmente penso, no íntimo, Ettore, é que Deus quer a nossa felicidade. E quando evitamos aquilo que nos fará felizes por conceitos tolos, por uma falsa moral, falsa interpretação da natureza da vida, somos, cedo ou tarde, levados a perceber que não se deve agir segundo esses conceitos deturpados, tal como, por exemplo, o que fez você tornar-se padre.

"Não acredito que ser homossexual é um erro, uma aberração da natureza, uma influência do demônio, falta de vergonha na cara, ou um ato promíscuo. Acredito que é algo intrínseco à natureza, natural tal e qual água mineral.

"Para mim, ser gay não é uma questão de escolha como afirmam certas pessoas. É uma questão de alma, aqueles que se descobrem homossexuais já nascem homossexuais. Se fosse uma questão de escolha, o indivíduo escolheria ser heterossexual para não sofrer o preconceito da sociedade.

"Defendo essa opinião porque conheci muitos homens no próprio seminário e muitos que vieram até mim para confessar, implorando a Deus que os fizesse parar de se sentirem atraídos por outros homens, a ponto de amá-los como um homem ama uma mulher. Ninguém precisaria implorar a Deus para deixar de sentir algo que escolheu para si. Bastaria apenas deixar de escolher aquilo para si. Mas isso não acontece porque a homossexualidade não é uma questão de escolha, repito, é uma questão de alma.

"Se há um propósito para Deus ter criado tudo que há no planeta, apesar de muitas vezes não parecer, há também um propósito para ter criado os gays. E se você refletir, logo descobrirá o porquê. Manter o controle da natalidade no planeta, é um dos motivos. Além da arte que só uma sensibilidade gay pode alcançar.

"Se não há como deixar de ser gay, nem mesmo dentro das igrejas, é porque, na minha opinião, Deus quer que o indivíduo seja realmente gay, que aprenda a deixar de se reprimir por causa do preconceito e perceba que esse preconceito tem como base algo infundado, ou seja, uma distorção da realidade da vida.

"Quem é preconceituoso e racista, está, na verdade, não só criticando parte da criação de Deus, mas também, dizendo indiretamente que Deus errou ao criá-las. Mas nada do que Deus criou é errado. Pode parecer a princípio, mas depois, com o avanço dos tempos, descobre-se que era extremamente necessário para o equilíbrio da vida. Tal como uma doença que nos aflige, é ela que mais tarde nos ensina a apreciar melhor a vida, a cuidar melhor do físico, a tornar-nos, enfim, uma pessoa melhor. A meu ver, tudo tem uma razão de existir, Ettore. Tudo!

Ettore Guiarone estava mais uma vez surpreso com as palavras de Samuel.

– Sabe, Ettore, se eu fosse você, repensava na sua decisão de ser padre. A arte de ser padre, bem como de ser freira é para aqueles que sentem na alma vocação para isso, não é para aqueles que querem esconder da sociedade e de si próprios a sua homossexualidade. Não acho justo nem para a Igreja nem para o indivíduo, quem se torna padre por esse motivo. Da mesma forma que não é justo também tornar-se padre ou freira para obter o apoio financeiro que a igreja dá a todos, por medo de não terem como se sustentar no futuro. Quem age assim causa inúmeros problemas não só para si, mas para a própria igreja comprometendo sua credibilidade.

"Todos querem se realizar sexualmente, quem se reprime sexualmente, cedo ou tarde, acaba perdendo o controle sobre si, chegando a molestar sexualmente crianças e jovens como vemos acontecer mundo afora, principalmente nos corredores da igreja.

"Acredito que Deus quer que cada um de nós encontre a felicidade ideal para si próprio seja ela qual for. Por isso Ele não deixa ninguém se esconder de si próprio, nem mesmo se voltando para a igreja. Sua intenção é fazer com que cada um expresse e não reprima o seu modo de ser.

"Na minha opinião, algumas pessoas nasceram realmente para ser padres ou freiras e são felizes sendo o que são. É o meu caso. Sou feliz por ser padre, tornei-me um por sentir realmente que essa era a minha missão de vida.

"Acredito que há muitos outros padres felizes assim como eu.

"Porém, você, Ettore, não está aqui porque sente que essa é a sua missão de vida. Está aqui para poupar sua família e se proteger de uma sociedade preconceituosa, se assumir quem é verdadeiramente na alma. Pensa assim porque a sociedade fala mais alto dentro de você do que o seu coração e quem não ouve o coração e a alma não pode ser feliz jamais.

"Quem se aceita como é, suas capacidades e limitações, suas semelhanças e suas diferenças torna-se uma pessoa mais feliz consigo mesma e sendo feliz torna-se mais paciente para com o seu semelhante, construindo, assim, uma sociedade mais feliz e pacífica.

"Todo aquele que colabora para a sua própria felicidade está na verdade colaborando com Deus, pois o que Deus quer, como já disse, é que todos sejam felizes!

"Portanto, meu caro Ettore, sou da opinião de que Deus não o poupou de toda essa infelicidade e de todo esse dilema que agora apunhala o seu coração, para fazê-lo perceber que não está sendo condizente com a sua alma, com a sua felicidade e, felicidade é o que Ele quer para todos. Deus não quer ver ninguém infeliz."

Samuel fez uma breve pausa antes de completar:

– E lhe digo mais, Ettore, Deus não vai ajudá-lo, se você não se ajudar. Você é os braços e as pernas de Deus na Terra. Só você poderá se libertar deste sofrimento bem como ajudar aqueles que estão ligados a você. Só você, Ettore, só você! Conte com Deus, sim, durante o processo, mas primeiro, aja, pondo a mão na massa.

"Dizem que a fé remove montanhas, eu não acredito, para mim, a fé ajuda encontrar um meio para atravessar ou contornar as montanhas. Tirá-las do seu caminho, nunca!

"Para mim, Deus não remove as montanhas, ainda que possa, não para fazer seus filhos sofrerem, mas para forçá-los a descobrir dentro de si próprios suas capacidades como ser humano. Um potencial que Ele próprio pôs dentro de cada um de nós para ser usado e desenvolvido.

"Tenha fé em Deus que Ele o ajudará se você se ajudar, se fizer a parte que lhe cabe para que as coisas na sua vida melhorem.

As palavras do colega tocaram Ettore profundamente, a ponto de abrandar seu desespero. Seu rosto chegou a se iluminar, mas logo sombreou novamente.

– O que foi? – preocupou-se Samuel.

– Acabo de perceber algo terrível – desabafou Ettore, aflito. – Mesmo que eu quebre o voto da confissão e conte para o meu irmão que Inácio pretende se vingar da nossa família ele não vai acreditar em mim. Tem verdadeira adoração por Inácio, confia nele plenamente. Em que enrascada eu me meti, não?

– Você precisa tomar um tranquilizante, Ettore, para que possa dormir. Se continuar assim, adoecerá e doente não poderá fazer nada com relação a essa situação hedionda em que se encontra. Com uma cabeça descansada você conseguirá pensar, refletir bem melhor do que com uma estressada, sem dormir há dias.

Samuel foi até suas coisas e de lá trouxe um tranquilizante natural e deu para o amigo tomar. Ettore agradeceu, afirmou que tomaria depois, mas Samuel conhecendo-o bem, insistiu para que ele tomasse o comprimido ali na sua frente.

Ettore acabou obedecendo e graças a isso pôde dormir naquela noite como há tempos não dormia.

Acordou na manhã seguinte com o gosto amargo e persistente de tranquilizante na boca. Apesar da noite bem dormida, logo sentiu a tensão que o dilema vinha lhe causando.

Assim que Samuel encontrou Ettore aquela manhã perguntou-lhe discretamente:

– Vejo que finalmente conseguiu dormir.

– Sim e graças a você, Samuel.

– E então o que pretende fazer? Já encontrou uma solução para o seu dilema?

– Sim. Logo pela manhã redigi uma carta para o Bispo renunciando ao sacerdócio. Já a despachei no correio. Assim poderei contar a toda minha família sobre as intenções maléficas de Inácio, sem me sentir um pecador.

Ettore pegou os ombros do amigo, apertou-os carinhosamente e disse:

– Graças a você, meu amigo, eu pude contemplar a solução para o meu martírio.

Samuel riu e disse:

– Não só para esse como para os demais, não é mesmo?

Ettore fez ar de interrogação.

Samuel partiu, sorrindo.

II

Naquele mesmo dia, por volta do meio-dia, um dos padres foi informar Ettore que havia uma ligação para ele.

– Para mim, quem é? – perguntou.

– Não quis dizer o nome, disse apenas que é um conhecido seu.

– Meu?

Ettore saiu em disparada para o local, pegou o telefone e disse:

– Alô.

– Padre? Sou eu...

Ettore reconheceu de imediato a voz do outro lado da linha.

– Inácio?!

– Sim, padre.

– O que houve?

– Só liguei para informá-lo de que será hoje, dentro de poucas horas, que eu completarei a minha vingança.

– Pelo amor de Deus! – exaltou-se Ettore. – Esqueça isso, homem. Abandone essa ideia, rejeite-a, enterre-a, acabe com ela. Só um imbecil seguiria em frente.

– Passar bem, padre.

– Espere! Não desligue! – berrou Ettore, desesperado.

Mas Inácio não atendeu ao seu apelo. Ettore repôs o telefone no gancho, recostou-se contra a parede e ficou ali, arquejando violentamente.

– O que houve? – perguntou Samuel assim que encontrou o amigo.

274

Um outro padre, ao passar por ali e ver o estado de Ettore, correu até o refeitório para pegar-lhe um copo de água com açúcar. Samuel fez Ettore sentar-se numa poltrona que havia ali, próxima ao telefone, na esperança de acalmá-lo.

– É hoje – confidenciou Ettore. – Inácio acabou de me ligar para dizer que será hoje.

– O quê?

– A vingança.

– Ettore!

– O que eu faço, Samuel? O pior é que não adianta ligar para o Fabrízio. Nem ele nem os demais vão acreditar em mim. Eu preciso estar lá, para desmascarar Inácio na frente de todos, pô-lo contra a parede, forçá-lo a contar sobre seus desejos de vingança.

– Então, meu caro, só lhe resta seguir para a fazenda de sua família para impedi-lo!

– Tem razão, Samuel, mais uma vez você tem toda a razão!

– Vá Ettore! Vá! – encorajou Samuel, o amigo.

Nisso o outro padre voltou à sala e entregou o copo com água com açúcar para o colega. Ettore agradeceu a gentileza, bebeu o líquido numa golada só e correu para o seu quarto, apanhou sua carteira e partiu. Cruzou o saguão com as passadas mais largas que pôde dar e quando chegou à porta que dava para a rua, sentiu-se completamente com falta de ar. Respirou fundo, algumas vezes e, finalmente, deixou o local, descendo as escadas de dois em dois degraus e depois seguiu correndo pela calçada em direção à rodoviária da cidade.

As pessoas que passavam por ele, olhavam-no com grande curiosidade. Uns chegavam a lhe dizer: "boa tarde, padre.", mas Ettore não respondia. Pela primeira vez na vida ele não se importava com o que as pessoas iriam pensar dele. Havia algo mais importante com o que se preocupar do que dar satisfações para as pessoas. A vida de um ser humano estava em jogo. De uma menina linda, sua sobrinha: Érica.

De repente, ele travou os passos e disse para si mesmo:

– Um ônibus vai levar muito tempo para chegar em Girassóis. O ideal é eu pegar um táxi para ir para lá. Nem que custe todas as minhas economias na corrida.

Assim, Ettore parou num ponto de táxi e disse para o primeiro motorista que lhe deu atenção:

– O senhor pode me levar a Girassóis, por favor?

– Está louco, padre?

– Eu pago.

– E padre tem dinheiro para pagar uma corrida dessas? Nunca!

– Tenho dinheiro sim, minha família é endinheirada, acredite-me, é uma questão de vida e morte.

– Sinto muito, padre, mas eu não me sinto disposto para fazer uma viagem longa dessas.

Ettore repetiu o pedido a outros cinco taxistas, mas nenhum deles atendeu ao seu apelo. Desesperado, desatou a chorar. Tomado de dó, um taxista voltou atrás na sua decisão.

– Eu o levo, padre – anunciou –, mas já vou avisando o senhor que essa corrida vai ficar bem cara!

– Eu pago, fique tranquilo. Pago o que for – respondeu Ettore.

Os dois homens entraram no carro e partiram. As lágrimas de Ettore ainda escorriam por sua bela face. O medo de que não fosse chegar a tempo de impedir a atrocidade que Inácio pretendia fazer contra Erica e, consequentemente, contra a sua família voltou a esmagar seu estômago. "Que Deus me faça chegar a tempo de impedir Inácio de fazer uma barbaridade dessas!" suplicava Ettore, crispando as mãos em louvor.

– Por favor, meu senhor, vá o mais rápido que puder – suplicou Ettore em desespero.

O taxista atendeu seu pedido a contragosto; não era de correr, mas percebendo o estado desesperador de seu passageiro, acabou achando melhor atender a seu pedido.

Uma hora depois, uma viatura parou o carro na estrada.

– *Diacho!* – alarmou-se o taxista. – Só nos faltava essa!

O guarda rodoviário chegou à janela e disse seriamente:

– O senhor estava correndo muito acima da velocidade permitida, meu senhor!

– Desculpe-me, senhor guarda, mas é que estamos numa emergência – informou Ettore. – Preciso chegar a Girassóis, urgentemente. É uma questão de vida e morte.

– Sei...

276

— Sou padre...

O guarda olhou para ele com ar de quem diz: "E daí?".

— Ainda que o senhor seja padre, bispo, coroinha e esteja numa emergência terei de multá-los. — completou o guarda rodoviário.

O taxista, enfurecido, olhou para Ettore pelo espelho retrovisor.

— O senhor não me entendeu, senhor guarda. Falo a verdade — argumentou Ettore.

— Meu senhor, se eu for acreditar em todas as emergências que os motoristas alegam, estou perdido. Pode ser que a sua seja verdadeira, mas como saber diante de tantas mentiras que nos pregam... ou é a vovózinha que está morrendo ou é a irmã, ou é por causa de um remédio ou é...

— Eu compreendo, meu senhor, no entanto, a minha emergência é verdadeira. Em todo caso pode aplicar a multa, eu pago — respondeu Ettore procurando tranquilizar o taxista.

— Não voltem a extrapolar o limite de velocidade permitida se quiserem evitar novas multas — alertou o guarda.

O táxi partiu.

— O senhor sabe que terá de pagar essa multa — observou o taxista assim que o carro ganhou a estrada novamente.

— Sei sim, meu senhor, se eu disse há pouco que vou pagá-la, é porque vou pagá-la. Não se preocupe, pagarei quantas multas mais recebermos, agora pisa fundo, pois eu não estou mentindo. Preciso chegar a Girassóis com urgência. É uma questão de vida ou morte!

— O senhor é quem sabe, depois não diga que eu não o avisei!

Ettore voltou a rezar enquanto enxugava o rosto e o pescoço com um lenço para conter o suor.

De repente, ele se viu perturbado com a hipótese de Inácio não estar na fazenda, de ele ter saído com Érica sem ter deixado pistas. Se isso tivesse acontecido ele não poderia impedi-lo, pois não saberia aonde encontrá-los.

"Deus meu, o que fazer neste caso?!" Que Deus lhe desse uma luz, tivesse piedade de todos eles, especialmente da sobrinha que não passava de uma criança inocente.

277

Assim que o táxi parou em frente a casa de Fabrízio e Tereza, em Girassóis, Ettore saltou de dentro do táxi e apertou a campainha. Foi Tereza quem o atendeu a porta.

— Ettore, você por aqui?!

— Tereza, cadê o Fabrízio?

— Está com a Érica na fazenda. O que houve? Algum problema?

— Não, nenhum!

Sem mais, Ettore entrou novamente no táxi e indicou o caminho da fazenda para o taxista. Ao chegarem lá, Fabrízio se surpreendeu ao ver o irmão saltar de dentro do táxi. Ficou tão surpreso com a sua chegada inesperada, que nem se deu conta do vermelhão que se apossara do rosto de Ettore.

— Ettore, você por aqui, que surpresa!

— Onde está o Inácio, Fabrízio?

— Tito?! Saiu. Por que?

— Saiu! Sozinho?

— Não, com a Érica. Foi até o rio para ensiná-la pescar. Por quê? Aconteceu alguma coisa?

Ettore não respondeu, entrou novamente no táxi e pediu ao taxista que seguisse pela estrada de terra que ia dar no rio que passava pela fazenda dos Guiarone.

Fabrízio permaneceu na varanda da casa, olhando na direção que o carro havia tomado. Tinha agora de cenho franzido e a cabeça a mil, procurando entender tudo aquilo.

Assim que chegaram às proximidades do rio, Ettore pediu ao taxista que parasse o táxi. Estava tão estabanado que saltou do veículo sem se despedir, tampouco acertar a corrida com o homem.

— Eh! — berrou o taxista. — O senhor tem de acertar a corrida comigo, padre!

Ettore abriu a carteira e pegou todo o dinheiro que dispunha.

— O troco é seu, meu senhor.

— E quanto a multa?

— Assim que eu voltar para a igreja, procuro o senhor no ponto de táxi e acertamos a conta. Combinado?

O homem fez que sim com a cabeça, entrou no carro e partiu.

Ettore correu para a margem do rio com toda força de que dispunha. Suas roupas logo ficaram encharcadas de tanto suor, grudavam em seu corpo. E gotas de suor escorriam para dentro dos seus olhos, fazendo com que ardessem, embaçando-lhe a visão.

Quando o fôlego começou a lhe faltar, Ettore pensou em parar e descansar um pouco, continuar o caminho andando e não, correndo. Mas desistiu da ideia ao lembrar-se da urgência que tinha de alcançar Inácio e impedi-lo de fazer o que pretendia fazer contra Érica.

Ao avistar a cadeia de carvalhos que margeavam o rio; ele percebeu que ainda estava muito longe do local, por isso soltou um grunhido de desânimo. Sentiu-se nesse instante como se tivesse atingindo o limite de sua resistência física. Ainda que respirando com dificuldade e sentindo as pernas pesarem como chumbo, ele seguiu caminho, tropeçando agora por entre um vasto capinzal que se estendia até as margens do rio.

"Deus tem de me ajudar a chegar a tempo", dizia para si mesmo. "Não pare! Eles estão lá, continue em frente."

Avistou então um bote a uns cinquenta, sessenta metros de distância da margem do rio. Nele estavam Inácio e Érica pescando. Sem pensar duas vezes, Ettore gritou:

– Inácio!

Tornou a gritar repetidas vezes até sentir sua garganta arder de dor.

Um bando de pássaros bateu em revoada diante de seus berros. Levou quase um minuto até que Inácio voltasse os olhos na direção de Ettore, lançando sobre ele um olhar enigmático. Só, então, remou até a margem do rio. Assim que chegou ali, ajudou Érica a descer do bote.

– Tio Ettore, o senhor por aqui?! – alegrou-se a menina. – Que surpresa!

Ettore abraçou a sobrinha forte e demoradamente, segurando-se para não chorar, não queria assustá-la.

– Érica, minha querida Érica, que bom revê-la sã e salva – desabafou. – Obrigado, Senhor por ter me feito chegar a tempo! Muito obrigado.

Assim que se desvencilhou do abraço do tio, a menina voltou-se para Inácio e disse:

– Tio Tito, vou guardar os peixes que pescamos no isopor.

Assim que a menina seguiu para o local onde havia deixado o isopor para aquela finalidade, Ettore voltou-se para Inácio que o encarava com os olhos profundos.

– O que pretendia fazer? – ralhou Ettore. – Érica não passa de uma menina inocente. Como pôde pensar em se vingar da minha família fazendo mal a uma menina linda como ela?!

Inácio se mantinha olhando sério para ele.

– Diga! – insistiu Ettore com os nervos, agora, à flor da pele.

Tito fez sinal para ele entrar no bote. Ettore, que mal se continha em pé de cansaço e tensão aceitou a sugestão, na verdade, nem sequer se deu conta do que fazia. Assim que se acomodou no pequeno assento do bote, começou a chorar baixinho.

Inácio começou a remar novamente dirigindo o bote de volta para o meio do rio. Quando Ettore recuperou um pouco mais sua calma, perguntou, olhando desafiadoramente para o Inácio:

– Eu consegui, não consegui? Impedi-lo de cometer sua vingança?

A resposta de Inácio saiu rápida, precisa:

– Não padre, não conseguiu!

– Não?! Como não?! Está louco?! – esbravejou Ettore, aturdido.

– Você se enganou, padre. Deduziu tudo errado.

– Errado?

– Sim! Pensou que eu faria algo contra a pequena Érica, como vingança, mas não é por meio dela que eu realizei minha vingança, padre.

– Realizou sua vingança, como assim realizou?

– Acalme-se, padre.

– Como posso me acalmar?

– Eu repito: acalme-se.

Ettore pendeu a cabeça para baixo, atarantado.

A voz de Inácio despertou-o daquele estado ausente e desesperador.

— Eu escolhi *você* para a minha vingança, padre.

— A mim?

— Sim, você... padre. – repetiu Tito, com ponderação.

Ettore sentiu um calafrio percorrer-lhe a espinha. Um calafrio que se repetiu ao perceber que o bote agora se encontrava quase no meio do rio. Onde Inácio poderia empurrá-lo dali e fazê-lo morrer afogado.

— O que vai fazer comigo?

— Nada. Na verdade já fiz.

— Como assim, já fez? Eu não entendo.

— Compreenderá. Sabe, Ettore, não gosto nem um pouco de ver as pessoas infelizes e descobri que você era uma pessoa muito infeliz. Então me perguntei como tirá-lo dessa infelicidade e foi minha mãe quem me deu uma sugestão: vá até a igreja onde ele trabalha, peça para se confessar com ele e na confissão diga-lhe que pretende se vingar de uma família. Fique certo de que ele marcou bem a sua fisionomia para que quando Fabrízio o apresentar a ele, ele saiba que a família que você pretende se vingar é a dele.

"Por isso fiz questão que me visse antes da confissão para que me reconhecesse depois quando Fabrízio nos apresentasse e ligasse os fatos.

"Sabendo que você, íntegro como é para com sua Igreja, jamais quebraria o voto da confissão você acabaria optando por deixar de ser padre para poder revelar a minha intenção a sua família impedindo assim a minha vingança.

"E foi o que você fez, não foi?"

Ettore olhou ainda mais atônito para ele. Inácio prosseguiu:

— O martírio que tudo isso lhe causaria serviria também para forçá-lo a rever o sentido da sua vida, o que é importante para ser feliz.

"Eu nunca quis me vingar da sua família, Ettore. Tudo não passou de uma mentira para forçá-lo a mudar de vida, ser quem é, no íntimo, porque somente sendo quem somos é que podemos encontrar a felicidade. A felicidade real.

"A melhor vingança que alguém pode dar ao próximo é fazê-lo ser feliz porque somente sendo feliz é que uma pessoa percebe que seus atos, indevidos, que causam tanto mal ao próximo, não devem ser cometidos. Somente os felizes espalham felicidade e harmonia onde quer que vão."

Ettore mal podia acreditar no que ouvia.

— Se essa era realmente a sua intenção, por que me ligou e disse que em poucas horas haveria de realizar sua vingança?

— Para que você aprendesse, meu caro Ettore, que certas coisas na vida carecem de urgência. Quando uma pessoa precisa de ajuda, ela realmente precisa, não dá para deixar para depois essa ajuda, quando tiver tempo, tem de ser rápida, largar o que se está fazendo para ajudá-la.

"O mesmo deve ser levado em conta com relação a nossa felicidade. Ela também carece de urgência, não podemos deixá-la em último plano, pensar nela só quando houver tempo...

"No amor a mesma coisa! É preciso amar as pessoas como se não houvesse amanhã. É preciso amá-las já, agora e não amanhã, depois, quem sabe, quando der... Pois esse amanhã pode nunca chegar. Não se deve também deixar de amar quem se ama por esse amor não ser aprovado, entre aspas, pela sociedade. Não é a sociedade que o sustenta, que lhe faz companhia, que lhe dá amor, é o ser amado quem lhe dá tudo isso. Portanto... É preciso lembrar que toda forma de amor é sagrada!"

Ettore estremeceu diante do que ouviu. Inácio prosseguiu.

— Pus propositadamente em suas mãos o poder de impedir que o mal se abatesse sobre uma pessoa que você ama para que perceba o poder que tem nas mãos e faça algo com ele. Tal como fazê-lo perceber que está em suas mãos o poder de ajudar alguém a se livrar do mundo das drogas...

Ettore aprofundou o olhar sobre Inácio.

— Você foi capaz de correr para cá para salvar uma pessoa que ama, e eu lhe pergunto, o que o impede de tomar a mesma atitude para ajudar o seu amigo, Caio, é esse o nome dele, não? Pois bem, Caio também vive sob a ameaça de morte, porque as drogas matam, Ettore, compreendeu?

— Quem lhe falou a respeito do Caio?

— Minha mãe. Ela está certa, não está?

Ettore pensou estar diante de um louco ao ouvir aquelas palavras. De repente, começou a chorar.

– Desculpe-me, Ettore, mas esse foi único modo de fazê-lo se dar aquilo que nunca se deu na vida: a felicidade!

Inácio remou até a margem do rio e, lá, ajudou Ettore a descer do bote. Foi, então, que Ettore falou:

– E-eu... – gaguejou, entre lágrimas –, eu não mereço ser feliz, sou um erro da natureza, uma aberração, um pecador, um imoral... Além do mais sou o responsável pela desgraça de sua família.

– Meus avós e minha mãe nunca guardaram ressentimento pelo que houve, Ettore. Acredite-me. Foram justamente eles que me pediram para ajudá-lo a rever seu ponto de vista sobre a vida, a sua vida, na esperança de que você, finalmente, encontre a felicidade.

– Eles? Leve-me até eles então...

Inácio riu.

– Por favor – insistiu Ettore.

Os dois não notaram que Fabrízio estava escondido atrás do tronco de uma árvore bem próximo ao local onde eles se encontravam. Por isso ele pôde ouvir com nitidez o que Inácio disse a seguir:

– Eu disse a verdade desde o início, Ettore. Meus avós e minha mãe moram realmente, agora, no plano espiritual. Fabrízio os viu, os ouviu e trocou ideias com eles porque é médium. Só que ele não sabe que é médium. Você sabe o que é médium, não? É aquele que tem habilidade de ver e se comunicar com os espíritos dos mortos.

"A tendência de Fabrízio era morrer, seu corpo não resistiria, mas meus avós e minha mãe junto aos espíritos de luz ajudaram-no a sobreviver, pois sua sobrevivência era muito importante para mudar a infelicidade em que todos vocês viviam. Os espíritos de luz sabiam que a alma de Fabrízio era boa, tudo que precisava ser feito era deixá-la vir à tona... Por isso eles o ajudaram.

"Os espíritos estavam certos Ettore, quando apostaram em Fabrízio. Ele realmente está deixando aflorar o que de fato é sua alma, com isso está ajudando a melhorar a vida do próximo e ajudará muito mais no futuro. O mundo espiritual sempre ajuda os encarnados a elevar o bem.

– Quer dizer que Fabrízio pode realmente interagir com os espíritos dos mortos? Por isso é que desde pequeno ele dizia que via pessoas que ninguém mais via...

– Fabrízio é médium e não sabe. Eu poderia ter dito a ele de imediato, mas seria chamado de louco por ele. Então, achei melhor que o tempo lhe revelasse a verdade. Acho que foi isso que seu avô descobriu naquele dia em frente ao túmulo de minha família, isto é, que Fabrízio era médium.

Fabrízio estava consternado com o que ouviu. Aquilo nunca havia passado por sua mente. A seguir ele se mostrou para os dois.

– Fabrízio? – espantou-se Ettore ao vê-lo.

– Eu o segui, Ettore. Achei tão estranho a sua aparição repentina na fazenda e seu comportamento estranho que me preocupei. Por isso vim para cá.

– É um longa história, Fabrízio – murmurou Ettore.

Voltando-se para Inácio, Fabrízio perguntou:

– Quer dizer então que...

Inácio adiantou-se na resposta:

– Sim, Fabrízio. Sei que deve ser muito chocante para você saber a verdade. Até mesmo inaceitável, mas essa é a verdade.

– Quer dizer que as pessoas que eu venho vendo desde pequeno e que ninguém mais vê são...

– Espíritos.

– Isso nunca me passou pela cabeça.

– Acontece. Muita gente é médium e não sabe. Vive interagindo com espíritos sem saber que são espíritos desencarnados. Aconselho você a procurar um Centro Espírita para obter melhores informações a respeito.

– Mas seus avós, sua mãe me pareceram tão reais...

– Não é porque não se encontram no plano terrestre que deixaram de ser reais, Fabrízio. Não importa onde o espírito se encontre, aqui ou do outro lado da vida, ele sempre continuará sendo real e vivo. Morto ninguém é, porque a morte nada mais é do que o desmembramento do espírito do corpo terrestre.

Fabrízio subitamente começou a chorar, Ettore foi até o irmão e o consolou em seus braços.

Inácio pensou mais uma vez no que aprendera com os avós e a mãe depois de terem partido para o plano espiritual. "Que há muito mais em nós do que julga a nossa vã filosofia!".

III

Fabrízio, ainda incerto quanto a ter tido realmente contato com espíritos desencarnados, voltou à cidade onde os avós e a mãe de Tito haviam sido sepultados. Queria ver com os próprios olhos o túmulo da família.

Encontrou a pequena cidade coberta por uma lama pegajosa, consequência dos últimos dias de chuva. Não foi fácil para ele sair do carro estacionado em frente ao cemitério para realizar o propósito de sua viagem. Um medo repentino o paralisava. Foi preciso grande esforço por parte dele para que finalmente saísse do veículo e fosse ver com os próprios olhos aquilo que gostaria de confirmar.

O lugar estava melancólico devido ao tempo fechado o que só servia para piorar as coisas. Naquele momento Fabrizio se arrependeu de não ter aceitado a sugestão de Inácio para ir com ele ao local. Com ele ali, talvez, se sentisse menos inseguro.

Fabrízio caminhou pela calçada sem pavimentação, pisando com extremo cuidado para evitar as poças. Um vento frio e lúgubre balançava as árvores que circundavam o local. Encontrou o cemitério deserto. Vagueou por entre os túmulos, seguindo as recomendações de Inácio até localizar o objetivo de sua visita.

Uma vontade louca de dar meia volta, regressar para o carro e fugir dali, o mais rápido possível assolou o seu interior repentinamente. Foi preciso respirar fundo, por diversas vezes para se acalmar. Se fugisse, como queria sua parte mais fraca, no íntimo ele estaria fugindo de si próprio. Não podia!

Minutos depois, Fabrízio parava em frente ao túmulo da família de Inácio. A verdade então se estampava à sua frente. Não havia nada sobre o lugar: apenas uma plaquinha de madeira, muito simples, cravada na terra. A tinta que escrevera os nomes dos que haviam sido sepultados ali estava desaparecendo. As poucas plantas que haviam brotado no local agora se encontravam semi-submersas nas poças d'água que a forte chuva deixara nas últimas semanas.

Ainda que visse com os próprios olhos ainda lhe era difícil acreditar no que via.

– Então é verdade – murmurou. – Os avós e a mãe de Tito que foram tão gentis comigo durante a minha convalescença pertencem realmente àquilo que os espíritas chamam de "mundo espiritual". Impressionante...

Impressionante também era perceber que muitas pessoas deveriam ser como ele, tinham contato com o Além sem se dar conta disso. Eram muitas vezes até céticos no campo da metafísica.

Fabrízio deixou o cemitério sentindo um vento frio fustigando-lhe a face. Antes de entrar no carro, bateu os pés na quina da calçada para tirar o barro dos sapatos. Nem bem girou a chave para dar partida no carro, voltou-a à posição anterior. Respirou fundo. Elevou os olhos para o céu até perder-se no horizonte.

O rosto de Juarez, Leonor e Yolanda voltaram à sua mente. Lembrou-se da história que um deles lhe contou sobre a pintora. "Não é porque o senhor não vê que não está lá!" disse a pintora para o homem que admirava o seu quadro. Aquilo era uma profunda verdade: não é porque não vemos que não está lá. O Além, a vida no Além.

Pelo canto dos olhos Fabrízio avistou um homem andando pela calçada do outro lado da rua, olhando na sua direção. Um rosto singelo. Algo de preocupante surgiu então em sua mente. Seria uma visão mediúnica ou não? Como saber? Seria bom encontrar alguém que pudesse responder a muitas de suas perguntas. Inácio lhe sugeriu um Centro Espírita, sim, aquele era o local ideal para ele encontrar as respostas que tanto buscava. Frequentaria um a partir de então.

Fabrízio sentiu em seguida a mesma sensação que teve no trem pouco antes da queda: a sensação de liberdade, leveza e paz. A viagem de trem o levara para uma viagem fantástica, impressionante, reveladora, transcendente, sobrenatural, mas acima de tudo vital, essencial para sua vida, que permitiu conhecer a si próprio, despertar o melhor de si; um melhor que nunca pensou ter, um melhor capaz de fazê-lo ajudar o próximo, consertar os erros do passado, dentre outras maravilhas.

Ele era grato, muito grato àquela viagem de trem. Graças a ela pudera despertar o melhor de si próprio e de muitos ao seu redor. Não podia deixar também de agradecer a filha, afinal, fora Érica quem o levara para aquela viagem e, indiretamente, àquela transformação pessoal e espiritual.

Fabrízio entoou em voz alta:

– Oh, Deus, maravilhoso Deus! Criador do céu e da Terra, bendito seja por sua criação, por nos ter abençoado com uma natureza tão bela. Oh, Deus, maravilhoso Deus! Deus que, apesar dos erros cometidos pelos seres humanos, não perde a fé em nós; que apesar das decepções conosco não apaga o sol que nos aquece e nos dá vida. Oh, Deus, maravilhoso Deus! Que Sua bondade, Seu dom do perdão, Sua paciência sejam o espelho de minha alma. Oh, Deus, maravilhoso Deus! Obrigado por não se cansar de nos dar sempre uma chance para sermos felizes!

Fabrízio havia frequentado a igreja a vida toda, ouvira muita coisa sobre Deus, mas nunca na verdade parou para sentir Deus no coração, observar a fundo Sua criação, compreender de verdade Sua imensidão, jamais O viu com precisão... Agora sim, aquilo estava sendo possível e era muito bom, gratificante e feliz poder ver e sentir Deus na sua grandeza. Quisera ter feito aquilo muito antes, mas como alguém já disse: "tudo tem o tempo certo para acontecer!".

Fabrízio voltou os olhos novamente para o céu e se perguntou: "onde estariam Juarez, Leonor e Yolanda numa hora daquelas?" Que estivessem bem, tão bem quanto lhe fizeram bem estando ao seu lado naqueles dias de "transformação" pessoal e espiritual.

Se estavam vivos no Além, um dia, certamente, eles haveriam de se reencontrar e ele, então, poderia lhes agradecer por tudo que fizeram por ele.

Fabrízio não sabia até então que um gesto solidário vale mais do que palavras de agradecimento. E esse gesto ele já estava tendo para com Inácio, deixando Yolanda, Leonor e Juarez profundamente gratos a ele.

IV

Semanas depois do que se passou...

Felipo Guiarone, devido ao seu estado debilitado de saúde, havia sido internado no hospital de Girassóis por exigência médica. Romani se encontrava ao lado do pai nesse momento. A expressão de Felipo não mais refletia dor, estava serena. Romani pegou sua mão e a apertou carinhosamente. Emocionado, disse:

– Estou aqui, pai.

Um sorriso se insinuou no rosto de Felipo. Ele moveu os lábios, que tremiam ligeiramente, e uma palavra mal articulada saiu através deles, depois outra e mais outra, mesmo sendo mal pronunciadas, ditas num sussurro quase que imperceptível, Romani pôde ouvir o que ele estava tentando lhe dizer:

"Tudo poderia ter sido diferente... Com Nazaré, Fabrízio, Ettore, Sofia, Juarez...".

– Eu sei, pai, eu sei... Ainda que muito do que fizemos não possa ser remediado, outras podem... o importante é sermos humildes o suficiente para percebemos que erramos e consertar os erros que ainda podem ser corrigidos. Aqueles que Deus nos permitir!

No minuto seguinte, Romani pôde testemunhar a serenidade com que Felipo Guiarone faleceu.

Fabrízio ia entrando no corredor que levava até o quarto onde Felipo estava internado quando avistou diante de um vitral com o desenho de Nossa Senhora o avô ao lado de Juarez. Fabrízio notou que o avô tinha outro aspecto, estava mais sereno agora, parecendo mais tranquilo e em paz.

Estremeceu de emoção diante do que viu. Felipo, então, acenou para o neto e Juarez endereçou a ele um sorriso de paz. Fabrízio retribuiu o sorriso, emocionado, compreendendo, definitivamente, que seus olhos podiam ver muito além do que os da maioria.

A seguir uma luz envolveu Felipo Guiarone e Juarez.

V

Romani olhou para Felipo no caixão e, como aquele rosto não parecia com o do pai quando vivo, se afastou, a fim de preservar a imagem dele com vida.

A morte do pai foi um tremendo golpe para ele. As lágrimas afloravam a seus olhos sem parar. Soube que não o queria morto. Mas por outro lado, viver do modo que vinha vivendo, tal como um vegetal, não era nada agradável, era tal como se vivesse no inferno.

A morte para Felipo havia sido uma libertação, uma nova chance de vida, sem o peso do físico destroçado pelo tempo e pelos maus hábitos adquiridos durante a vida na Terra.

Apesar de ser dolorido para os que ficam, a morte era, a seu ver, a melhor saída para aqueles que já não têm mais vida. Aquela tomada de consciência confortou Romani de certo modo.

O caixão de Felipo estava coberto por uma bandeira da cidade quando foi posto no túmulo.

VI

Dias depois, Romani se pegou pensando no inferno. Haveria ou não um inferno além da vida? Seria o inferno durante a própria vida na Terra? Se houvesse um além da vida, o pai, escaparia dele ou não?

Durante interessante palestra com o senhor que Fabrízio conheceu no Centro Espírita e o qual passou a frequentar para compreender sua mediunidade, Fabrízio quis saber sobre o inferno. O senhor lhe perguntou:

– Como um inferno feito de chamas pode fazer com que uma pessoa que foi muito má durante sua passagem pela Terra, mude? Tem o fogo o poder de fazer com que o espírito compreenda que foi mau e o force a mudar para melhor? Ou o fogo só faz com que esse espírito sinta uma dor insana que lhe impossibilita refletir sobre o que fez enquanto esteve na Terra não podendo assim evoluir em nada?

"Portanto, o inferno não é um inferno de chamas. É um inferno que permite a pessoa, o espírito, transcender suas limitações, seus modo errado de se comportar diante da vida, de Deus e do próximo. Esse inferno, entre aspas, é vivido aqui mesmo durante a encarnação.

"De que vale também um espírito perceber que errou, que deve mudar para ser mais condizente com os princípios de Deus se não há outra chance para ele mostrar a VIDA que mudou? É daí que se percebe que a vida não pode ser vivida numa só, que é preciso que o espírito reencarne para que possa ter novas chances de evolução e redenção dos seus 'pecados'."

Fabrízio agora não só tinha razão suficiente para acreditar que os espíritos sobrevivem à morte, mas também fundamentos para acreditar no processo de reencarnação.

VII

Semanas depois, quando o outono se manifestou nas árvores...

Ao avistar o casarão da fazenda à distância, Rocco foi invadido por uma onda de nostalgia. "Estou de volta, após todos esses anos. Que saudade!"

A estrutura imponente do casarão da fazenda, cercada por árvores exuberantes, fez o rapaz quase gritar de alegria. O cheiro do mato, das plantas, dos eucaliptos, da terra, ah... era bem diferente da Europa. O Brasil, para ele, tinha sua essência, única, inimitável, inigualável. Apesar de toda a elegância da Europa ele sentia muita falta do Brasil, vivia eternamente dividido entre os dois lugares.

Rocco abraçou cada membro da família demoradamente, com lágrimas caindo dos olhos de todos os presentes. Surpreendeu-se com as novidades que cercavam a família, tal como a de Sofia, Saulo e os dois filhos terem ido morar na casa da fazenda com a avó; com Saulo sendo agora o administrador da fazenda; com o fato de Ettore ter deixado a batina e ter decidido morar ali na casa da fazenda ao lado de Caio Calasans. Sim, Caio mudara-se para lá com ele. Fora o próprio Ettore quem foi buscá-lo em São Paulo e o levou para morar ali com ele. Rocco soube depois, por intermédio de Ettore, que ele havia optado por morar na fazenda para afastar Caio das drogas. Mas nem era preciso, Caio decidira começar uma nova vida ao lado de Ettore e ela excluía qualquer tipo de vício.

Rocco se surpreendeu com a naturalidade com que sua mãe e, principalmente, seu pai aceitaram a união de Ettore e Caio. Antes fosse assim com todas as famílias daqueles que amam pessoas do mesmo sexo.

Rocco surpreendeu-se também com o modo como Fabrízio reencontrou Inácio. Ele ainda se lembrava dele quando garoto. Revê-lo foi formidável. Ficou bastante impressionado também ao saber que Nazaré havia se recuperado e preferira continuar morando na clínica, trabalhando como voluntária para ajudar os pacientes carentes. Nos dias de folga, Fabrízio ia apanhá-la para passar o dia na fazenda com a família.

Quantas mudanças, surpreendeu-se Rocco. Depois contou as que aconteceram na sua vida nos últimos tempos.

Mudanças... ninguém escapa a elas. Feliz daquele que as recebe de braços abertos.

VIII

Dias depois, Fabrízio, tomava um farto café da tarde na companhia de toda a família. A certa altura sugeriu:

— Que tal fazermos uma caminhada pela fazenda, todos juntos, como fazíamos quando éramos crianças?

Todos gostaram da ideia. Minutos depois, todos os irmãos e seus cônjuges seguiam conversando por entre o verde da fazenda, contando anedotas, rindo, lembrando fatos do passado, de quando eram crianças.

Quando cansaram, escolheram a sombra de uma árvore frondosa para se sentarem. O *papo* descontraído continuou ali até o crepúsculo. Foi mais um momento agradável em família, uma família que aprendeu ainda que por dor que nada vale mais do que a união e o amor.

— No que meu marido está pensando? — perguntou Tereza, quando restou somente ela e o marido no local.

— Em tantas coisas...

— Como, por exemplo?

— Na vastidão do universo. Olhando para o céu, pensamos que não há nada mais além do que nossos olhos podem enxergar, hoje sei que há muito mais no além, no Além, além do que somos, até mesmo, além de nossas almas. A vida é muito maior e mais significante do que julga a nossa vã filosofia...

Palavras finais

Talvez você duvide que um ser humano possa mudar ao longo da vida. Bem, Fabrízio Guiarone mudou, isto é, deixou apenas aflorar o melhor de si, um melhor que muitos nem percebem possuir, mas que está lá, na alma de todos nós, seres humanos.

Deixou de ser corrupto, dedicou-se com afinco à política, procurando pôr em prática aquilo que realmente pudesse melhorar as condições da população.

Uns dizem que é o tempo, o mágico tempo, que tem o poder de despertar o melhor no ser humano. Mas não é o tempo em si que faz com que despertemos esse melhor, são os amigos encarnados ou desencarnados que encontramos através dos tempos.

São eles que, cedo ou tarde, nos levam a perceber que certos padrões de pensamento sobre a vida nos são prejudiciais e só servem para impedir o ser humano de despertar o seu melhor, bem como o da sociedade.

Esses amigos nos ajudam porque a vida quer trazer à consciência aquilo que realmente é importante para vivermos de bem com ela, com nossos semelhantes, com o planeta, com o cosmos em si.

Esses auxílios nos chegam de diversos modos, dentre eles os mais comuns: alguém se aproxima de você e lhe diz algo que o faz refletir, que o leva à solução de um problema que há muito procurava resolver; ou lhe sugere um curso que ajuda a despertar o seu melhor, que lhe ensina técnicas para estimular sua paz de espírito; ou lhe indica um livro que o ensina, indiretamente, a lidar melhor consigo mesmo e com a vida; ou, ainda, através da mediunidade.

Há certamente os do contra que percebem que estão recebendo uma ajuda do Além para despertar o seu melhor e, mesmo assim, não dão o braço a torcer. Esses são levados a despertar o seu melhor por meio da dor, porque só a dor nos faz, cedo ou tarde, tomar finalmente uma atitude em prol da VIDA.

Para muita gente é realmente difícil mudar, adquirir hábitos mais saudáveis para tornar a sua vida mais saudável física, emocional e espiritualmente. Esses que reprimem a mudança para o melhor, tendem a pichar aqueles que abraçam mudanças positivas, que descobrem um modo mais saudável de viver, que aceitam a natureza na íntegra, incondicionalmente, com todos os seus componentes.

Saber não se deixar perturbar por pessoas que vão contra as mudanças positivas é algo difícil, muitas vezes, mas altamente necessário se quiser manter o seu melhor. Todos sabem que basta uma laranja podre no meio de várias, para apodrecer as demais.

A história da família Guiarone parece ter tido um final de novela, onde tudo termina bem para os personagens, mas não é bem assim; a vida dos Guiarone não parou no último relato descrito neste livro, a vida continuou e todos tiveram que enfrentar os altos e baixos que o dia a dia nos traz.

O racismo não deixou de existir, exigindo de Sofia, Saulo e dos filhos do casal jogo de cintura, ponderação, sublimação. Quando eles perceberam que não importa o que os outros pensam, mas o que pensam de si próprios, eles deixaram de se ferir ainda mais com os olhares e ofensas do preconceito racial.

Aprenderam também que nenhum negro deve se recalcar por isso. Deve, sim, posicionar-se na sociedade com autoestíma elevada, nada de baixar a cabeça, quem quiser ser seu amigo, o aceitará da cor que é, os incomodados que se mudem.

Graças a Deus as novas gerações vêm crescendo menos racistas e os negros menos submissos.

Ettore e Caio, ainda que tenham ficado juntos, continuaram tendo de lidar com o preconceito da sociedade. Diante dos olhares maldosos e preconceituosos, tiveram de aprender que o importante não é o que as pessoas pensavam deles e, sim, o que eles pensam de si próprios.

Não tinham mais tempo para se aborrecer com isso, ajudavam o centro vocacional que Fabrízio abriu na cidade, o qual oferecia a mais de 300 crianças alimentação e estudo, diariamente.

Assim Ettore continuou auxiliando Deus, só que de um modo mais eficaz, na sua opinião.

Os dois eram queridos e respeitados pelas crianças. Quando chamados de *viados ou bichas* por um moleque, lembravam a si mesmos que aquela criança os chamava assim não porque sentisse no íntimo que havia algum problema para ele, o fato de dois homens que se amavam viverem juntos, mas porque havia aprendido com o coletivo a pichar os gays. Nunca havia parado para refletir: afinal, que mal faz dois caras que se amam viverem juntos?

Os racistas também haviam se esquecido de fazer a mesma pergunta: afinal, que mal faz uma pessoa para a sociedade, para ela, só porque ela é de cor negra? A resposta é óbvia: NENHUM! Então, para que perder o seu tempo se inflamando com isso?!

Se você tem vergonha por ter um filho ou uma filha, ou um amigo, ou um parente homossexual, tem vergonha de ter um amigos ou um ente querido casado com um negro, ou sente vergonha por ter colegas de trabalho da raça negra, saiba que vergonha mesmo a gente deve ter é do terrorismo, da miséria, da guerra, da matança das baleias, da devastação da natureza, do racismo, do preconceito, de fanáticos religiosos, de politicagem corrupta, de assaltantes, de criminosos, entre outras coisas do gênero. Agora, de gays, de outras raças, de outra cor de pele é realmente uma hipocrisia, uma afronta a Deus que criou todos nós de diferentes tamanhos, cores e gostos.

Antes de alguém ser preconceituoso e racista, gaste seu tempo, seu cérebro e suas palavras com atitudes mais prósperas, em prol da paz mundial: vá ajudar carentes, fazer algo realmente que faça com que você e Deus sintam orgulho de você mais tarde.

Porque uma coisa é certa: Deus não vai tirar do planeta gays, negros e outras raças porque você não as aceita. Tudo vai continuar o mesmo, a única diferença que pode acontecer se dará quando você aceitar a vida como ela é, tudo do jeito que Deus criou; até mesmo as baratas continuarão a existir, não é só porque você não gosta delas que elas desaparecerão. Há espaço para todos neste planeta. E todos que aqui estão, são necessários para a nossa existência. Ainda que não pareça. Pense nisso!

A verdade é uma só: quem aceita aquilo que é intrínseco à natureza da vida, vive melhor, tem condições de ser mais feliz. E felicidade é o que todos querem, portanto... Feliz daqueles que já perceberam isso!

Depende de nós desatar os nós
que impendem que despertemos
o melhor de nós...
Quando não conseguimos por nós mesmos,
a alma ajuda.

Outros sucessos *Barbara*

Quando é inverno em nosso coração

Clara amava Raymond, um humilde jardineiro. Então, aos dezessete anos, seu pai lhe informa que chegou a hora de apresentar-lhe Raphael Monie, o jovem para quem a havia prometido em casamento. Clara e Amanda, sua irmã querida, ficaram arrasadas com a notícia. Amanda deseja sem pudor algum que Raphael morra num acidente durante sua ida à mansão da família. Ela está no jardim, procurando distrair a cabeça, quando a carruagem trazendo Raphael entra na propriedade.

De tão absorta em suas reflexões e desejos maléficos pelo jovem, Amanda se esquece de observar por onde seus passos a levam. Enroscou o pé direito numa raiz trançada, desequilibra-se e cai ao chão com grande impacto.

– A senhorita está bem? – perguntou Raphael ao chegar ali.

Amanda se pôs de pé, limpando mecanicamente o vestido rodado e depois desamassando-o. Foi só então que ela encarou Raphael Monie pela primeira vez. Por Deus, que homem era aquele? Lindo, simplesmente lindo. Claro que ela sabia: era Raphael, o jovem prometido para se casar com Clara, a irmã amada. Mas Clara há muito se encantara por Raymond, do mesmo modo que agora, Amanda, se encantava por Raphael Monie.

Deveria ter sido ela, Amanda, a prometida em casamento para Raphael e não Clara. Se assim tivesse sido, ela poderia se tornar uma das mulheres mais felizes do mundo, sentia Amanda.

Se ao menos houvesse um revés do destino...

Mulheres Fênix

Em vez de ouvir o típico "eu te amo" de todo dia, Júlia ouviu: "eu quero me separar, nosso casamento acabou". A separação leva Júlia ao fundo do poço. Nem os filhos tão amados conseguem fazê-la reagir. "Por que o *meu* casamento tinha de desmoronar? E agora, o que fazer da vida? Como voltar a ser feliz?"

Júlia quer obter as respostas para as mesmas perguntas que toda mulher casada faz ao se separar. E ela as obtém de forma sobrenatural. Assim, pode renascer das cinzas e voltar a brilhar com todo o esplendor de uma mulher Fênix.

Da mesma forma sobrenatural, Raquel encontra dentro de si a coragem para se divorciar de um homem que a agride fisicamente e lhe faz ameaças; faz também com que Carla revolucione sua vida, tornando-se mais feliz; faz com que Deusdete descubra que a terceira idade pode ser a melhor idade; e com que Sandra adquira a força necessária para ajudar sua filha especial a despertar o melhor de si.

Baseado em histórias reais, *Mulheres Fênix* fala sobre mulheres que, como o pássaro Fênix da mitologia, renascem das cinzas, ou seja, saem do fundo do poço e começam uma vida nova, sem mágoa, sem rancor, mais feliz e com mais amor.

A lágrima não é só de quem chora

Christopher Angel, pouco antes de partir para a guerra, conhece Anne Campbell, uma jovem linda e misteriosa, muda, depois de uma tragédia que abalou profundamente sua vida. Os dois se apaixonam perdidamente e decidem se casar o quanto antes, entretanto, seus planos são alterados da noite para o dia com a explosão da guerra. Christopher parte, então, para os campos de batalha prometendo a Anne voltar para casa o quanto antes, casar-se com ele e ter os filhos com quem tanto sonham.

Durante a guerra Christopher conhece Benedict Simons de quem se torna grande amigo. Ele é um rapaz recém-casado que anseia voltar para a esposa que deixara grávida. No entanto, durante um bombardeio, Benedict é atingido e antes de morrer faz um pedido muito sério a Christopher. Implora ao amigo que vá até a sua casa e ampare a esposa e o filho que já deve ter nascido. Que lhe dissesse que ele, Benedict, os amava mas ele, Christopher, não lhes deixaria faltar nada. É assim que Christopher Angel conhece Elizabeth Simons e, juntos, descobrem que quando o amor se declara nem a morte separa as pessoas que se amam.

A Lágrima não é só de quem chora é um romance emocionante do começo ao fim.

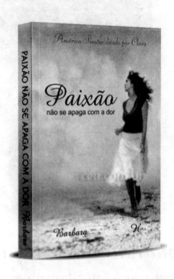

Paixão Não se Apaga com a Dor

Esta é uma história repleta de segredos, suspense, e descobertas!

Fala de uma paixão que transformou vidas, famílias e despertou tanto alegria quanto dor.

Uniu o mundo espiritual ao mundo terrestre, revelando que há mais mistérios entre o céu e a Terra do que julga a nossa vã filosofia. Há mais influência do mundo espiritual sobre o mundo terrestre do que pensamos.

Uma história que nos faz compreender que o amor possessivo nos cega e nos distancia da verdadeira essência do amor. Pois o amor verdadeiro é capaz de nos orientar ao longo de nossas vidas e nos desprender de instintos negativos que não nos permitem compreender que **paixão não se apaga com a dor,** liberta! Sem que fechemos as portas do coração nem as janelas da alma.

Um romance, enfim, surpreendente e inesquecível para se guardar para sempre na memória.

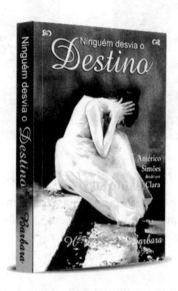

Ninguém desvia o destino

Heloise ama Álvaro. Os dois se casam prometendo serem felizes até que a morte os separe.

Surge então algo inesperado.

Visões e pesadelos assustadores começam a perturbar Heloise.

Seria um presságio? Ou lembranças fragmentadas de fatos que marcaram profundamente sua alma em outra vida?

Ninguém desvia o destino é uma história de tirar o fôlego do leitor do começo ao fim. Uma história emocionante e surpreendente. Onde o destino traçado por nós em outras vidas reserva surpresas maiores do que imaginam a nossa vã filosofia e as grutas do nosso coração.

Nenhum amor é em vão

Uma jovem inocente e pobre, nascida numa humilde fazenda do interior do Paraná, conhece por acaso o filho do novo dono de uma das fazendas mais prósperas da região. Um rapaz elegante, bonito, da alta sociedade, cercado de mulheres bonitas, estudadas e ricas.

Um encontro que vai mudar suas vidas, fazê-los aprender que **nenhum amor é em vão**. Todo amor que acontece, acontece porque é a única forma de nos conhecermos melhor, nos perguntarmos o que realmente queremos da vida? Que rumo queremos dar a ela? Pelo que vale realmente brigar na nossa existência?

Deus nunca nos deixa sós

Teodora teve medo de lhe dizer a verdade e feri-lo a ponto de fazê-lo abandoná-la para sempre e deixá-la entregue à solidão e a um sentimento de culpa pior do que aquele que já vinha apunhalando o seu coração há tempos. Sim, a verdade, acreditava Teodora, iria doer fundo em Hélio. Tão fundo quanto doeria nela se soubesse que o marido havia se casado com ela apenas por interesse financeiro, disposto a se divorciar dela em poucos anos para poder ficar com quem realmente amava, ou pensava amar.

Deus nunca nos deixa sós conta a história de três mulheres ligadas pela misteriosa mão do destino. Uma leitura envolvente que nos lembra que amor e vida continuam, mesmo diante de circunstâncias mais extraordinárias.

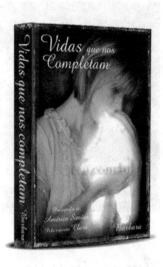

Vidas que nos completam

Vidas que nos completam conta a história de Izabel, moça humilde, nascida numa fazenda do interior de Minas Gerais, propriedade de uma família muito rica, residente no Rio de Janeiro.

Com a morte de seus pais, Izabel é convidada por Olga Scarpini, proprietária da fazenda, a viver com a família na capital carioca. Izabel se empolga com o convite, pois vai poder ficar mais próxima de Guilhermina Scarpini, moça rica, pertencente à nata da sociedade carioca, filha dos donos da fazenda, por quem nutre grande afeto.

No entanto, os planos são alterados assim que Olga Scarpini percebe que o filho está interessado em Izabel. Para afastá-la do rapaz, ela arruma uma desculpa e a manda para São Paulo.

Izabel, então, conhece Rodrigo Lessa, por quem se apaixona perdidamente, sem desconfiar que o rapaz é um velho conhecido de outra vida.

Uma história contemporânea e comovente para lembrar a todos o porquê de a vida nos unir àqueles que se tornam nossos amores, familiares e amigos... Porque toda união é necessária para que vidas se completem, conquistem o que é direito de todos: a felicidade.

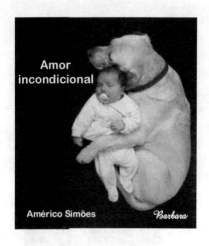

Amor inconcional

Um livro repleto de fotos lindas, coloridas, que fala sobre a importância do cão na vida do ser humano, em prol do seu equilibrio fisico e mental. Imperdível. Para todas as idades!

Suas verdades o tempo não apaga
Sem amor eu nada seria...
Por entre as flores do perdão
A solidão do espinho
A outra face do amor
Nada está perdido
entre outros...

Cadastre-se e mantenha-se informado sobre os novos lançamentos da Editora.

Informações
Blog da Editora Bárbara: http://barbaraeditora.blogspot.com
www.barbaraeditora.com.br

Contato com **Américo Simões**:
americosimoes@estadao.com.br
No **Orkut**: Américo Simões
No **Facebook**: Américo Simões
Blog: http://americosimoes.blogspot.com

$\mathcal{H}$

Para adquirir um dos livros ou obter informações sobre os
próximos lançamentos da Editora Barbara, escreva para:

BARBARA EDITORA
Av. Dr. Altino Arantes, 742 – 93 B
Vila Clementino – São Paulo – SP
CEP 04042-003
(11) 5594 5385
E-mail: barbara_ed@estadao.com.br
www.barbaraeditora.com.br

Impressão e Acabamento

Prol